영상 미디어의 이해

영상 미디어의 이해

Understanding Visual Media

Intermediality between Film, Television and Digital Image

영화, 텔레비전, 디지털 영상의 경쟁과 융합

| 김무규 지음 |

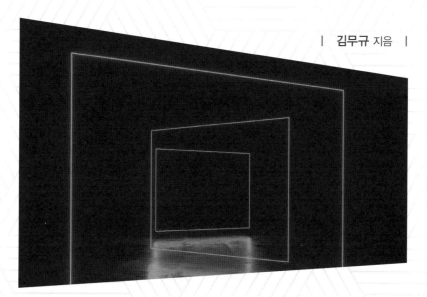

한울
아카데미

차례

제2부 영상 미디어의 역사

제3부 영상예술의 역사

제5부 영상구조와 영상 읽기

이 책은 영화, 텔레비전 디지털 영상, 이 세 가지 영상 미디어를 이해하기 위해 집필되었다. 전반부에서는 영화, 텔레비전, 디지털 영상이 발명된 이후 서로 영향을 주고받으며 발전해 온 역사에 대해 알아본다. 그리고 후반부에서는 영상 미디어를 읽고 이해하는 방법과 이에 대한 이론을 살펴본다.

이 책의 구성은 다음과 같다. 제1부 '영상 미디어의 의미'에서는 영상 미디어의 개념을 다룬다. 우선 문자와 영상의 차이에 대해 설명하면서 영상의 의미를 자세히 살펴본다. 아울러 문자와 영상이 한편으로는 어울리고 다른 한편으로는 경쟁하는 역사를 알아본다. 그다음으로는 전통 영상과 기술영상의 차이점을 살펴보면서 세 영상 미디어의 의미를 보다 구체적으로 짚어본다. 기술장치를 토대로 만들어진 영상과 그렇지 않은 영상 간에는 중요한 차이점이 있는데, 이에 대해서는 미디어학자들의 견해를 살펴볼 것이다.

제2부 '영상 미디어의 역사'에서는 영화, 텔레비전, 디지털 영상에 대해 심층적으로 알아보기 위해 세 가지 영상 미디어의 탄생과 역사적인 변천 과정을 살펴본다. 개별 영상 미디어는 독자적인 역사도 있지만 그 영상 미디어들이 서로 만나면서 관계를 맺어온 역사도 있는데, 여기에서는 두 가

지를 모두 고려한다. 여러 영상 미디어는 제각기 다른 기술적 원리를 지니고 있으며, 기능과 역사가 서로 다르다. 대체로 영화는 예술로, 텔레비전은 매스미디어로 발전해 왔기 때문에 영화 연구는 인문학의 한 분야로 인식되고 텔레비전 연구는 사회학의 한 분야로 인식된다. 하지만 두 미디어는 영상 미디어라는 넓은 범주 안에서 특정한 관계를 맺고 있다. 또한 디지털 영상이 발전되면서 영화와 텔레비전은 서로 융합하는 모습을 보이고 있다. 그 때문에 영상 미디어들을 함께 생각해 볼 필요가 있다.

제3부 '영상예술의 역사'에서는 미학적인 관점에서 세 영상 미디어를 다룬다. 영화의 미학은 대중적인 주류영화와 실험적인 예술영화의 미학으로 나누어 살펴본다. 그리고 텔레비전 예술과 디지털 영상예술의 사례도 검토한다.

제4부 '영상 언어의 세계'에서는 영상으로 의미를 전달하거나 대상을 표현할 때 활용되는 기법을 살펴본다. 이 기법은 언어의 문법이나 수사와 유사하다. 문법과 수사를 이해하면 더 정확하고 세련되게 언어를 읽고 쓸 수 있는 것처럼 영상언어를 이해하는 것은 영상을 수용하거나 제작할 때 많은 도움이 된다.

제5부 '영상구조와 영상 읽기'에서는 영상언어를 이해하는 방법과 아울러 영상언어의 이론적 토대를 살펴본다. 사실주의, 구조주의, 후기구조주의, 이렇게 세 가지 관점을 선택하고 각 관점의 장단점을 언급한다. 사실주의는 오래전부터 있어왔던 예술사조 또는 이론으로, 전통적인 인식론에 바탕을 두고 있다. 한편 구조주의는 20세기 초반에 나타난 관점으로, 사실주의와는 매우 다르게 영상을 설명한다. 그리고 후기구조주의는 구조주의를 비판하거나 발전시키려는 목적으로 제시된 새로운 관점이다. 그런데 영화를 필두로 시작된 영상 미디어의 역사는 구조주의 및 후기구

조주의가 전개되는 과정과 시기적으로 비슷해 많은 이들이 이 두 이론을 바탕으로 영상 미디어의 속성을 설명하려고 시도했다.

필자는 이 책을 집필하면서 다음 두 가지 사항을 가장 크게 염두에 두었다. 첫째, 영상을 창출하는 기술적 원리에 중점을 두었다. 예를 들어 영화가 서사를 내용으로 취하고 텔레비전이 프로그램을 내용으로 취하게 된 것은 두 영상 미디어의 기술적 원리가 상이하기 때문이라고 보았다. 같은 맥락에서 디지털 영상은 디지털의 원리로 인해 주로 상호작용적 콘텐츠를 내용으로 취한다. 이처럼 기술적 관점을 중요시하는 견해를 기술결정론 또는 미디어 결정론이라고 한다. 물론 영상 미디어의 특수성은 기술장치가 아닌 다른 요인에 의해 결정될 수도 있다. 하지만 이 책에서는 다른 요인에 대해서는 상대적으로 덜 고려했다.

둘째, 영상 미디어를 미학적 관점에서 분석했다. 영상 미디어를 바라보는 관점은 다양하다. 정치적 관점, 사회적 관점, 문화적 관점, 경제적 관점, 산업적 관점, 교육적 관점 등 영상 미디어는 매우 다양한 시각으로 관찰할 수 있다. 이 책은 그중에서 미학적 관점을 선택했다. 미학적 관점은 영상 미디어를 이해하기 위한 여러 가지 관점의 기반이다.

이 책을 쓰면서 필자가 특별하게 고려한 미학적 관점은 다음 두 가지를 의미한다. 우선, 영상 미디어가 생산하는 내용물 및 영상 미디어의 형식적인 면모를 중심으로 살펴볼 뿐, 영상 미디어가 작동하는 외적인 환경에 대해서는 크게 고려하지 않았다. 필자는 이러한 접근방식을 미학적 관점이라고 보았다. 이 책에서는 영화, 텔레비전, 디지털 영상의 독자적인 특성과 서로의 관계를 이해하기 위해서 각 영상 미디어의 내용물을 가리키는 개념을 서로 구분해 설명했다. 그다음으로는, 미학이 예술에 관한 학문이라는 점을 고려해 예술 분야에서 활용되는 영화, 텔레비전, 디지털 영상의 사례들을 살펴보았다. 전통 미학에서는 세 가지 영상 미디어 가운데 영화를 예술로 보는 것이 자연스럽지만, 현대 미학에서는 텔레비전과 디지털 영상 미디어도 예술로서 중요한 의미를 지닌다.

이 책에서는 다른 문헌 일부를 직접 인용했거나 참고한 경우 주석에서 언급했다. 그리고 본문에서 서로 연관된 영역도 주석으로 표기했다. 사례와 이론을 언급할 때에는 교양이나 인문학 공부에 도움이 될 만한 자료를 선택했다. 아무쪼록 이 책이 영상 미디어에 관해 폭넓은 지식을 습득하고 비판적으로 사유하는 출발점이 되기를 바란다.

제1부

영상 미디어의 의미

제1장

문자와 영상

1. 문자의 관습성과 영상의 유사성

이 장에서는 영상을 문자와 비교함으로써 영상의 의미를 살펴보려 한다. 문자는 우리가 어떤 대상을 자모나 알파벳으로 표현한 결과인 반면, 영상은 어떤 대상을 그림이나 사진으로 표현한 것을 말한다. 문자의 형태는 표현하려고 하는 대상과 다르지만 영상의 형태는 표현하려는 대상과 유사하다. 그래서 흔히 영상은 유사성을 지니고 있다고 말한다. 영상을 보는 사람은 표현하려는 대상이 무엇인지 상대적으로 이해하기 쉽다. 아무리 그림을 잘 그리지 못하더라도 책상이나 나무를 그림으로 그리면 쉽게 알아볼 수 있다. 반면에 우리말을 모르는 사람이 책상이나 나무라고 쓰인 문자를 보면 읽을 수도 없고 뜻을 알 수도 없다. 왜 그럴까? 문자를 활용하려면 문자와 그 문자가 의미하는 바가 어떻게 연관되어 있는지 미리 알아야 하기 때문이다. 그 연관성은 문자를 쓰는 사람과 읽는 사람 사이에 정해진 약속과도 같다. 그리고 문자들이 길게 배열되어 있는 문장을 이해하려면 문법을 알아야 하는데 그 역시 약속에 해당된다. 특정한 문자가 어떤 대상을 의미하는지 그리고 그 단어가 문법을 통해 어떻게 배열되는지에 관한 약속이 이루어져야 비로소 문자가 사용될 수 있다.

이러한 문자와 영상의 차이는 여러 가지 개념으로 표현할 수 있는데, 예를 들어 문자는 관습성(conventionality)을 지니고 있다고 일컬어진다. 문자가 대상과 달라서 자의적(arbitrary)이라고 하더라도 특정한 문화를 공유하는 사람들은 약속을 통해 관습을 형성함으로써 문제없이 문자를 사용할 수 있다. 반면에 영상은 표현하는 대상과 유사성(analogy)을 지니고 있다. 따라서 영상은 자연적(natural)일 수 있다. 영상은 문자처럼 누군가가 어떤 의도를 가지고 쓴 것이 아닐 수 있기 때문에 자연스럽다. 백사장에 찍힌 발자국은 누군가가 일부러 만들어놓은 것이 아니지만 그 형태를 보고 어떤 의미를 파악할 수 있으며, 사진으로 촬영할 때 의도하지 않았던 어떤 것이 우연히 영상 안에 배경으로 존재할 수도 있다.

그러나 영상이 항상 유사하거나 자연스러운 것은 아니다. 영상도 간혹 관습을 활용한다. 예를 들어 시계를 촬영한 영상을 보면 그것을 시계라고 인지하는 것이 보통이지만, 영화에서 시계를 보여줄 때에는 지금이 몇 시인지를 관객에게 알려주는 의도일 수도 있다. 이때에는 시계를 보면서 시간을 이해하게 된다. 왜냐하면 영상을 보는 사람들은 반복된 영상 시청을 통해 그것이 시계를 보여주려는 것이 아니라 시간을 알려주려는 것임을 알고 있기 때문이다. 영상은 유사하고 자연스러운 것이어서 문자와는 전혀 다른 것일 수도 있지만, 문자처럼 관습적인 특성을 가질 수도 있다. 영상 미디어를 이해하는 데서는 이러한 사실을 인지하는 것이 특히 중요하다.[1]

문자와 영상의 또 다른 차이는 무엇일까? 영상은 감성적인 반면, 문자는 이성적이다. 영상은 눈으로 보는 것이기에 감각을 활용해 수용한다. 따라서 감성에 호소하는 특성이 있다. 반대로 문자는 내면의 생각을 통해 그 뜻을 이해하는 과정을 거친다. 따라서 영상보다 이성적이라고 할 수 있다. 영상은 공간적이고 문자는 시간적이라는 점 또한 다르다. 영상은 공간을 차지하며 시간이 지난다고 해서 그 영상이 바뀌지 않는다. 문자도 약간의 공간을 차지하긴 하지만, 그보다 더 큰 의미를 지니는 것은 그 문자를 읽는 데에는 시간이 필요하다는 점이다. 그래서 우리는 영상을 사용하는 회화를 공간예술이라고 하고 시나 소설 같은 문학을 시간예술이라고 한다. 그러나 영화가 발명되고 영상 미디어의 역사가 시작된 이후로는 그 차이가 더 이상 의미 없어졌다. 영화를 비롯한 텔레비전, 디지털 영상 모두 공간을 보여주면서도 시간에 따라 진행되기 때문이다. 그렇다면 영상 미디어는 공간과 시간을 모두 표현할 수 있다고 보아야 할까? 문자와 영상을 구분하는 것은 그렇게 간단하지 않다. 특히 영상 미디어에 의해 영상이 구현되면서부터는 문자와 영상을 구분하기가 더욱 어려워졌다.

지금까지 문자가 지닌 관습적·이성적·시간적 특성과 영상이 지닌 자연적·감성적·공간적 특성에 대해 알아보았다. 시카고대학교에서 예술사를 가르치는 윌리엄 J. T. 미첼(William J. T. Mitchell) 교수는 회화와 문학의 차이점을 〈표 1-1〉처럼 일목요연하게 정리했는데, 이 표는 예술에 관한 내용이지만 문자와 영상을 구분할 때에도 많은 참고가 된다. 문자와 영상의 차이점은 이 외에도 끝없이 나열할 수 있다. 이러한 차이를 개념적으로 자세히 규정하는 것도 중요하지만, 그 차이 때문에 무슨 일이 생겼는지를 살펴보는 것도 중요하다. 문자와 영상이 서로 경쟁했던 역사를 돌아보

---

1   제15장 '구조주의와 기호의 영상' 참조.

표 1-1 **회화와 문학의 차이**

회화(painting)	문학(poetry)
공간(space)	시간(time)
자연적 기호(natural signs)	자의적(인공적) 기호[arbitrary(man-made) signs]
좁은 영역(narrow sphere)	무한한 범위(infinite range)
모방(imitation)	표현(expression)
몸(body)	마음(mind)
외연적(external)	내면적(internal)
아름다움(beauty)	숭고함(sublimity)
눈(eye)	귀(ear)
여성적(feminine)	남성적(masculine)

자료: W. J. T. Mitchell, *Iconology: Image, text, ideology* (University of Chicago Press, 1986), p.110.

면 이 둘 간의 중요한 차이점이 무엇인지 이해할 수 있을 것이다.

2. 종교와 성상 파괴주의

문자와 영상은 인간에게 중요한 표현수단이자 소통수단이다. 이들 소통수단은 오래전부터 서로 협력하면서 경쟁했다. 역사적으로 문자는 대략 15세기부터 인쇄되기 시작했고 19세기까지 계속해서 발전했다. 혹자는 그 시기를 문자 독점의 시대라고 칭한다. 그러나 20세기 접어들어 영상 미디어가 등장하면서 영상의 새로운 가치가 인지되기 시작했고 영상은 문자의 경쟁상대가 되었다. 우리는 지금 문자 독점에서 기술영상으로 전환되는 시기에 살고 있다고 볼 수 있다. 이에 대해 다루기 전에 문자와 영상이 반목해 온 역사를 간략히 살펴보려 한다.

8세기 초 동로마제국에서는 그리스도의 그림이나 조각상을 금지해야 한다는 주장이 제기되었다. 그 결과 726년 레오 3세가 우상 숭배를 초래할 우려가 있다고 판단해 소피아 대성당 입구에 있던 그리스도의 대형 성화를 파괴하는 큰 사건이 벌어졌다. 신성한 존재는 그림이나 형상으로 표현될 수 없다고 생각했기 때문이다. 성상 파괴는 그 후에도 계속되었다. 로마 교황청은 이에 반대했는데, 심지어 교황은 레오 3세에 대한 반란을 지원하기도 했다. 성상 파괴는 교회의 분열을 일으킨 원인 가운데 하나였다. 성상 옹호론자들은 하나님이 자신의 형상대로 인간을 창조했다는 창세기를 인용해 성상을 옹호했다. 또한 그림은 문맹에게 글과 같은 역할을 하므로 그림을 통해 성경을 잘 이해할 수 있다고 주장했다. 하지만 성상 파괴론자들은 우상 숭배를 명목으로 성상에 반대했다.

비잔틴제국 시기에 일어난 이 사건은 성상 파괴주의(iconoclasm)의 오랜 역사 가운데 한 페이지에 불과하다. 1520년대 종교개혁 시절의 칼뱅주의자들도 성상 파괴주의를 신봉했다. 그들은 성상을 묘사한 회화나 조각품들을 파괴했는데, 이러한 사건은 스위스의 바젤, 취리히, 제네바 등에서 벌어졌다. 영상에 대한 불신과 부정적인 관념이 결국 성상 파괴라는 극단적인 행위로 이어졌던 것이다.

그런데 흥미롭게도 인쇄된 문자는 개신교도들의 신념을 확산시키는 데 큰 역할을 했다. 인쇄 문자의 시대는 1445년 독일 마인츠에서 태어난 구텐베르크에 의해 처음 금속활자가 발명되면서 시작되었다. 사실 금속활자가 발명된 것은 우리나라가 먼저이지만, 구텐베르크의 금속활자는 당시 유럽 사회에 큰 변화를 일으켰다는 점에서 특별하다. 1517년 마르틴 루터는 면죄부를 판매했던 교회에 대항해 95개 조의 반박문을 비텐베르크 교회 문 앞에 붙였는데 때마침 멀리 떨어지지 않은 마인츠에서 발명된 금속활자로 그 문서를 인쇄할 수 있었고, 반박문은 한 달 만에 전 유럽에

그림 1-1 **영화 〈루터(Luther)〉 (2017)의 한 장면**

퍼지게 되었다. 그 당시 새로운 종교관을 확산하는 데 문자가 중요한 역할을 했던 것이다.

성상 파괴주의를 둘러싼 역사적 사건들로부터 영상과 문자라는 두 가지 표현 수단이 지닌 특성을 유추할 수 있다. 영상은 그 대상이 신이든 또 다른 것이든 간에 그 대상을 유사하게 표현한 결과이다. 이러한 유사성 때문에 우상 숭배를 우려하게 되었다. 문자를 활용하기 위해서는 관습적인 약속이나 지식이 필요한데 영상은 이러한 약속이나 지식을 공유하지 않은 사람들도 서로 소통할 수 있도록 해준다. 이처럼 영상은 대상을 파악하기 쉬운 이점을 갖고 있기 때문에 성상 옹호론자들은 영상을 이용하면 보통 사람도 신의 말씀을 쉽게 이해할 수 있다고 여겼다. 그런데 종교개혁 시대에 새로운 개혁의 사상을 확산시키는 데서는 문자가 더 많이 활용된 점이 흥미롭다. 문자는 관습성이 확보되어야 활용할 수 있다는 단점이 있긴 하지만, 영상보다 훨씬 빠르게 전달할 수 있다는 장점도 있다.

한편 근대에 들어서는 문자의 또 다른 특징이 강조되었는데, 지금부터는 이에 대해 알아보자.

3. 근대의 문자 중심주의

1506년 로마에서는 밭을 갈던 한 농부가 흙 속에서 커다란 대리석상을 발견했다. 그것은 1세기경 만들어진 라오콘(Laocoön) 군상이었다. 그 대리석상의 주인공은 그리스와 트로이의 전쟁 이야기에 등장하는 인물이다. 트로이 전쟁을 생각하면 영화 〈트로이(Troy)〉(2004)의 배우 브래드 피트가 먼저 떠오르지만, 실제 트로이 전쟁 이야기에는 여러 인물이 등장한다. 오랫동안 계속된 전쟁 끝에 그리스군은 군대를 철수하는 듯했다. 그리스군은 거대한 목마를 성 앞에 세워두고 사라졌다. 트로이 사람들은 그리스 사람들이 전쟁을 포기하고 물러가면서 목마를 남겨두었다고 생각해 목마를 성 안에 들이고 축제를 벌였다. 그런데 트로이의 사제인 라오콘은 목마가 계략일 수 있다고 주장해 그리스의 해신 포세이돈의 노여움을 샀다. 결국 라오콘은 두 아들과 함께 바다에 던져져 거대한 두 마리 뱀에 감겨 죽임을 당했다. 바로 그 죽음의 순간을 조각한 것이 라오콘 군상이다. 대리석상을 발견한 농부 덕분에 말이나 글로만 전해졌던 라오콘의 이야기를 눈으로 확인할 수 있게 되었다. 조각상의 예술성은 매우 뛰어나 라오콘의 고통이 보는 사람에게 전해지는 것 같다(〈그림 1-2〉).

하지만 계몽주의 시대를 살았던 독일의 극작가이자 미학자 고트홀드 에프라임 레싱(Gotthold Ephraim Lessing)의 판단은 달랐다. 1766년 그의 저서 『라오콘』에는 문자와 영상에 관한 레싱의 생각이 담겨 있다.[2] 레싱은 시각예술은 한순간만 표현할 수밖에 없다는 한계를 지니고 있으므로

그림 1-2 「라오콘 군상」, 바티칸미술관

사건의 전체적인 맥락과 의미를 보여주어야 하는 예술작품의 역할을 하지 못할 것이라고 지적했다. 그리고 작품을 시각적으로 표현하면 사람의 감성을 자극하기 때문에 전체적인 맥락을 이해하기 어려워진다고 주장했다. 「라오콘 군상」을 보면 라오콘의 고통이 느껴질 정도로 감각적인 자극을 받지만, 그 상태에서는 라오콘 이야기의 역사적인 교훈이 간과될 수 있다. 영화 〈트로이〉를 보고 나서도 브래드 피트만 기억에 남고 줄거리가 잘 기억나지 않는다면 그것이 바로 레싱이 지적한 문제점이다. 레싱은 계몽주의자였으므로 예술의 감성적인 면보다 이성적인 면을 중시했다. 그리고 예술은 사람들을 계몽시켜야 하므로 교훈적이어야 한다고 여겼다. 그러한 관점에서 본다면 레싱은 순간을 시각적으로 묘사함으로써 보는 사람의 심리를 자극하는 것에 대해 긍정적으로 평가하지 않았을 것이 분명하다.

---

2   고트홀트 에프라임 레싱, 『라오콘』, 윤도중 옮김(나남, 2008).

레싱의 판단은 영상보다 문자가 더 우월한 표현방식이라고 생각하는 많은 이들에게 참고가 되었다. 그런데 레싱의 견해에 비판적인 의견도 있다. 앞에서 언급한 미첼은 레싱의 논리가 객관적이기보다 종교적이고 이념적인 가치가 개입된 주장이므로 그 논리를 그대로 받아들일 수는 없다고 보았다. 우리는 학술연구라는 명목하에 정치적으로 활용하기 위해 전문지식을 만드는 경우를 종종 목격한다. 전문지식은 누군가의 이해관계와 연관될 수 있기 때문에 사람들에게 도움이 되기도 하고 해가 되기도 한다. 그래서 누군가는 그러한 지식을 고의로 널리 퍼트리기도 하고 몰래 감추기도 한다. 그런 상황이 과열되면 잘못된 지식이나 완성되지 않은 지식이 유포될 수도 있다. 이 때문에 프랑스 철학자 미셸 푸코(Michel Foucault)는 지식은 권력과 뒤섞여 있는 담론(discourse)의 특성을 지니고 있다고 말했다. 레싱의 책이 문자와 영상에 대한 객관적 연구로 생성된 학문연구의 결과인지, 아니면 미첼의 말대로 당시의 정치적·종교적 배경으로부터 나온 담론인지는 판단하기 어려운 문제이다.

어쨌든 영상(조형예술이나 회화)보다 문자(문자를 사용하는 문학예술)가 더 우월하다는 생각은 종교개혁 당시 시작되어 이후 19세기까지 계속되었으며, 많은 사상가와 철학자가 그 생각을 뒷받침하는 의견을 제시했다. 예를 들어 괴테는 「셰익스피어와 무한성」이라는 글에서 다음과 같은 말을 남겼다.

눈은 가장 명료한 감각으로 일컬어질 수 있다. 눈으로 가벼운 의사전달이 가능하다. 그러나 내면적 감각은 더욱 명료하다. 그리고 가장 고귀하고 빠른 전달은 단어를 통해서 내면적 감각에 도달한다. 왜냐하면 눈을 통해 파악한 것이 그 자체로 우리에게 낯설고 결코 깊이 작용하지 못할 때 진정으로 단어가 효과적이기 때문이다.

괴테는 내면적 감각이 더 명확하다고 했고 내면적 감각은 단어로 도달될 수 있는 감각이라고 했다. 내면적 감각이 무엇을 말하는지는 이해하기 어렵지만, 괴테는 감각으로 인지되는 것과는 다른 의미를 지닌 사유 — 즉, 언어로 표현되거나 소통되는 관념이나 사상 — 가 더 중요하다고 판단했다. 이것은 주로 독일을 중심으로 한 관념론적 철학에서 영상보다 문자가 더욱 우월하다고 여겼던 근거이기도 하다. 헤겔도 문학예술이 다른 어떤 예술보다 우월하다고 판단했다. 왜냐하면 헤겔은 예술이란 철학적 개념을 표현해야 하며 또 그렇게 되려면 언어가 활용되어야 한다고 보았기 때문이다. 헤겔은 무릇 예술이란 개념을 추구할 수 있어야 하는데 그 목적을 달성하는 데에는 문자가 효과적이라고 보았다. 문자는 회화나 건축 같은 다른 예술에 비해 물질에 의존하는 비중이 낮기 때문이다. 그리고 물질성이 개입된 수단을 통해 정신적이고 이성적인 것을 표현하는 것은 적절하지 않다고 보았다. 상식적으로 생각해 보더라도 논리적인 사유나 깊은 통찰은 영상보다는 문자로 잘 표현될 수 있을 것이다. 이처럼 감각을 통한 지각보다 이성적인 관념을 더 중요하게 여겼던 철학적 관점에서는 영상보다 문자가 더 효과적이고 의미 있는 의사소통 수단으로 인식되었다.

당시에는 예술과 철학적 관점에서만 문자가 더 우월하게 평가된 것이 아니었다. 실제로 문자의 사용은 급속도로 확산되었다. 18세기에 들어서는 인쇄된 종이를 묶은 소책자가 대거 유통되기 시작했다. 문자를 통한 소통은 더욱 발전해 독일에서는 왕정복고 시대에만 서적의 출판이 잠시 주춤했을 뿐, 19세기 후반 시민혁명 이후로는 출판되는 서적이 급속도로 증가했다. 1880년대에는 1만 5000종의 서적이 출판되었는데, 1910년에는 무려 3만 종이 출판되었다. 그렇게 문자와 문학예술의 발전은 시민계급의 성장과 함께 이루어졌다. 문자의 발전은 과학과 철학의 발전, 그리고 정치개혁을 의미하기도 했으며, 계몽주의와 합리주의를 토대로 한 근대 시민사회 이념의 바탕이 되기도 했다. 모든 역사를 문자와 영상 같은 소통수단의 관점에서만 판단할 수는 없지만, 근대에 접어들어 확대된 문자의 활용이 역사에 막대한 영향력을 미친 것은 엄연한 사실이다.

철학이나 세계사를 조금이라도 공부했다면 근대시대에 문자가 지녔던 의의를 알 수 있을 것이며 영상이 문자보다 더 의미 있었다고 가정하기 어려울 것이다. 하지만 20세기 들어 문자 활용의 문제점을 지적하고 영상의 장점을 말하는 견해가 나타나기 시작했다. 물론 그 이전에도 문자에 대한 부정적인 의견은 있었다. 고대 그리스 철학자 플라톤은 『파이드로스(Phaidros)』에서 문자의 단점을 언급한 적이 있다. 『파이드로스』를 보면, 이집트 왕은 테우스의 발명품 가운데 하나인 문자가 사람들에게 도움이 되는 것이 아니라 오히려 기억력을 퇴화시킬 것이라고 보았다. 그리고 문자로 인해 기호는 떠올릴 수 있지만 정작 중요한 것은 생각하지 못할 수도 있다고 여겼다.

이는 문자를 배우는 자들이 기억을 수련하는 데 소홀해져 그 혼들에 망각을 초래할 것이기 때문입니다. 적어두는 것에 대한 믿음으로 인해, 자신들의 내부로부터 자신들에 의해 상기되는 것이 아니라, 외부로부터 낯선 기호들에 의해 상기하게 되니까요. 따라서 당신은 제자들에게 지혜의 환상만 제공할 뿐, 진리를 제공하지는 않습니다.[3]

---

3   플라톤, 『플라톤의 향연/파이드로스/리시스』, 박종현 옮김(서광사, 2016), 360쪽.

4. 현대의 문자 비판과 영상

급진적인 철학자들은 문자의 문제점을 지적하면서 영상이 문자의 대안이라고 주장한다. 앞으로 이 문제에 대해서 자주 언급할 것이지만, 우선 마셜 매클루언(Marshall McLuhan)과 자크 데리다(Jacques Derrida)의 의견을 들어보자. 그들은 대표적인 미디어학자와 후기구조주의 철학자로 알려져 있다. 그런데 그들은 문자에 무슨 문제가 있다고 여겼던 것일까?

1) 매클루언의 미디어론

(1) 핫미디어와 쿨미디어

매클루언은 1968년 출판한 유명한 저서 『미디어의 이해(Understanding Media)』에서 미디어를 핫미디어(hot media)와 쿨미디어(cool media)로 분류했다.[4] 핫미디어란 미디어가 전달하는 정보의 세밀한 정도, 즉 정세도가 높은 미디어를 말한다(high definition). 따라서 그 미디어를 사용하는 이들이 관여할 수 있는 범위가 작고 또 참여의 가능성이 상대적으로 낮다(low participation). 참여도가 낮다는 말은 미디어가 전하는 정보의 양이 많아서 수용자가 정보를 보완하거나 개입할 여지가 적다는 뜻으로 이해할 수 있다. 반면에 쿨미디어는 정세도가 낮은 미디어를 말하는데, 그만큼 사용자의 참여 가능성은 높다. 예를 들어 만화는 영화에 비해 상대적으로 쿨미디어라고 할 수 있는데, 왜냐하면 만화가 표현한 영상을 보면 정보의 세밀한 정도가 낮기 때문이다. 따라서 수용자가 그림의 형태를 보충하

---

4   마셜 매클루언[마샬 맥루한], 『미디어의 이해』, 박정규 옮김(커뮤니케이션북스, 1999).

면서 그 뜻을 이해한다. 반대로 영화를 볼 때에는 영상 안에 많은 내용이 포함되어 있어서 그 내용을 모두 인지하지 못하고 지나갈 수 있다.

그리고 매클루언은 미디어가 인간의 다양한 감각기관 가운데 어느 한 가지 감각으로 편중되도록 활용되는 경우에도 미디어가 핫한 성질을 지니게 된다고 보았다. 반대로 여러 가지 감각기관을 고르게 사용하도록 감각의 평형을 이루는 미디어를 쿨미디어라고 했다. 예를 들어 문자는 인간의 여러 가지 지각 가운데 눈으로 보고 읽는 활동만 필요로 한다. 따라서 문자는 핫미디어로 규정된다. 문자가 시각적이라는 것은 소리로 소통하는 말과 비교하면 잘 알 수 있다. 말은 청각적인 감각도 필요로 하기 때문이다. 그런데 매클루언은 핫미디어로 인해 감각이 한쪽으로 편중되는 현상이 발생하며 그것이 문제를 일으킨다고 보았다. 아울러 문자에는 또 다른 약점이 있다고 주장했다. 특히 인쇄술을 통해 문자가 사용되면 쓰는 사람과 읽는 사람의 역할이 분명하게 나뉘는데, 그로 인해 사람들이 소통하고 참여할 수 있는 가능성이 축소된다고 여겼다. 문자가 종교개혁과 근대적 학문의 발전에 결정적인 역할을 했지만 그만큼 단점도 있다는 것이 매클루언의 주장이다. 매클루언이 생각하기에 문자의 문제점은 감각의 불균형과 소통의 어려움을 야기하는 것이었다.

(2) 내파와 외파

미디어의 핫한 성질과 쿨한 성질은 서로 대조적이지만, 그 때문에 한쪽에서 다른 쪽으로 자연스럽게 변화된다. 쿨미디어의 사용이 심화되면 그것은 자연스럽게 핫미디어를 유발하며, 반대로 핫미디어는 쿨미디어로 변화된다. 쿨미디어에서 핫미디어로의 변화를 매클루언은 바깥쪽으로의 폭발이라는 의미에서 외파(explosion)라고 칭하고 반대로 핫미디어에서 쿨미디어로의 변화를 안쪽으로의 폭발이라는 의미에서 내파(implosion)라고 칭했다. 심혜련은 외파를 외부확산, 내파를 내부확산이라고 번역했는데, 이 표현이 사람들의 이해를 돕는 데 더 도움이 될 것이다. 그 부분을 인용해 보겠다.

> 뜨거운 매체와 차가운 매체가 뜨거움과 차가움의 극한까지 갔을 때, 이 매체들은 어떤 변화를 겪으며, 또 매체 상황에는 어떤 변화가 초래되는가? 매클루언은 하나의 매체가 지나치게 뜨거워지거나 차가워지면 관계가 역전되는 상황이 온다고 설명한다. 외부확산이 극에 달하면 더 이상 외부로 확산될 수 없기 때문에 폭발적인 힘은 내부로 향한다. 그래서 내부확산이 발생한다. 내부확산도 마찬가지이다. 뜨거운 매체와 차가운 매체의 관계가 역전되는 문제도 바로 이러한 외부확산과 내부확산의 문제로 설명할 수 있다. 어떤 매체가 단일 감각에 의존하고 단일 감각의 힘을 극단적으로 키우면, 이와 동시에 다른 감각에 대한 요구가 생겨난다. 그렇기 때문에 뜨거운 매체는 뜨거움의 정점으로까지 외부확산을 계속하다가, 그 정점에 이르면 차가운 매체로 전환될 수 있다. 즉, 내부확산이 일어날 수 있다. 그렇기에 매클루언 이론에 따르면 구텐베르크 은하계는 종말을 고할 수밖에 없는 것이다. 시각이라는 단일 감각에 호소하는, 그리고 정세도가 높아서 수용자의 적극적인 참여를 요구하지 않는 '뜨거운' 인쇄문화는 전기시대에 들어 또 다른 '차가운' 전자매체에 의해서 결국 몰락하는 것이다.[5]

내파와 외파는 핫미디어와 쿨미디어가 역사적으로 서로 특정한 상호작

5   심혜련, 『20세기의 매체철학: 아날로그에서 디지털로』(그린비, 2012), 143쪽.

용을 통해서 변화되고 있음을 말해준다. 그리고 특정한 미디어를 집중적으로 사용하는 것이 다른 미디어의 생성이나 발전을 유도한다는 매클루언의 생각을 통해 문자와 영상이 서로 경쟁했던 과거의 역사를 이해할 수 있으며 미래도 점쳐볼 수 있다. 문자는 정세도가 높지만 참여도는 낮은 미디어이다. 그리고 단일한 감각만을 활용하기 때문에 여러 가지 감각으로 평형을 유지하려는 미디어에 의해 변화될 것이라고 매클루언은 말했다. 문자시대에서 영상시대로의 변화를 생각해 보면 매클루언의 판단이 적절하다고 여겨진다. 문자시대 이후에 도래한 영상 미디어는 단지 시각뿐만 아니라 음향이나 음악 등 청각에도 호소해 작용하기 때문이다. 매클루언은 특히 텔레비전과 같은 영상 미디어의 출현은 내파의 결과를 의미한다고 설명했다. 문자의 쇠락을 예언한 것이다.

2) 데리다의 문자론

데리다는 해체주의(deconstructivism)를 제시한 철학자로 잘 알려져 있다. 해체주의는 그 말이 함의하는 것처럼 전통적인 사고방식을 해체하듯 철저하게 비판한 사조를 말한다. 그런데 데리다가 먼저 비판한 것은 어떤 사상이나 사유방식이 아니라 그것을 가능하게 해주는 문자였다. 데리다가 제시한 차연과 이식의 개념을 생각해 보면 그가 비판한 문자의 속성을 잘 이해할 수 있다.

(1) 차연

차연이라는 것은 쉽지 않은 개념이지만, 필자의 경험을 하나 들어 이 개념을 설명해 보겠다. 필자는 오래전에 외국의 어느 도서관에 간 적이 있는

데, 그곳에서 쉽게 구할 수 없는 자료들을 접하고선 그 자료들을 복사해서 가져가기로 맘먹었다. 그래서 며칠 동안 복사만 하며 시간을 보내느라 정작 그 자료를 읽지 못했다. 그래도 복사해서 쌓아두면 언젠가는 그 자료를 보게 될 것이라고 은근히 기대했는데, 지금 생각해 보면 그때 복사를 하지 않고 바로 그 자료를 읽었으면 어땠을까 한다. 왜냐하면 복사해 놓으면 언제든지 읽을 수 있다는 생각 때문에 오히려 공부를 게을리 했기 때문이다.

　복사를 하는 일은 문자를 쓰는 것과 같다. 문자를 쓰거나 문자를 소유하게 되었다고 해서 문자의 뜻이 바로 여기 지금 우리에게 새겨지는 것이 아니기 때문이다. 앞에서 언급한 대로 문자는 의미와 형태가 서로 다르기 때문에 의미와 형태 사이에 차이(difference)가 존재한다. 그러나 그 차이를 메우고 의미를 깨닫는 것은 글을 쓸 때 발생하는 것이 아니라 언젠가 나중에 이루어진다. 따라서 모순적이지만 문자를 쓰는 일은 문자의 기능이 발휘되는 것을 계속해서 뒤로 미루면서 방해하는 결과를 가져온다. 즉, 문자의 존재는 문자의 활용을 미래로 연기(defer)한다. 이처럼 문자를 쓸수록 그 의미를 파악하는 작업이 지연된다면 문자라는 것이 무언가를 이해하는 데 정말로 도움이 되는 것인지 묻지 않을 수 없다. 그것은 마치 복사를 해두고 공부는 하지 않는 것과 같다. 데리다는 이러한 문자의 속성을 차이와 연기라고 요약했는데, 프랑스 사람인 그는 그 두 단어를 붙여서 디페랑스(différance)라고 칭했다. 우리말로 차이와 연기, 즉 차연이다.

　차연은 문자가 대상과 일치될 수 없는 근본적인 속성을 말하며, 이와 동시에 문자의 의미를 파악하는 것이 용이하지 않으며 시간상으로 나중에 의미 파악을 기대할 수밖에 없는 약점을 지니고 있음을 뜻한다. 계속해서 미루다 보면 결국 의미는 영원히 파악될 수 없다. 문자가 지니는 이러한 문제점을 이해하고 나면 책을 사기보다는 읽는 데 집중하고 읽더라도 의미를 이해하고 넘어가는 데 집중해야겠다는 생각이 든다. "구슬이 서 말이라도 꿰어야 보배"라는 우리나라 속담처럼, 읽지도 않을 문자라면 아무리 많이 쓴다고 한들 무슨 소용이 있겠는가? 데리다가 말한 차연의 의미가 이렇게 간단하지는 않지만, 이를 통해 대강이나마 그 뜻을 짚어볼 수 있다. 데리다는 바로 이러한 문자의 약점이 서구사회의 여러 문제점을 낳았고 문자 중심주의로 말미암아 사상의 편협함이 나타났다고 과감하게 주장한다.

(2) 이식

데리다가 지적한 문자의 또 다른 문제는, 문자를 활용하는 것은 이식 (grafting)을 하는 것과 같다는 것이었다. 이식이란 식물의 접붙이기를 말한다. 데리다는 글을 쓰는 일은 마치 하나의 식물에 다른 하나를 붙여서 이식시키는 것과 같다고 했다. 그러면 접붙여진 식물은 원래 있던 식물의 영향으로 자라면서 그 성질이 변하기 마련이다. 그렇게 접붙여졌음에도 불구하고 그 식물이 원래의 성질대로 자라기를 바랄 수는 없다. 사람이 문자를 활용하는 일도 마치 이와 같다는 것이 데리다의 주장이다. 우리가 문자로 글을 쓸 때면 쓰는 순간마다 그리고 그 문자를 읽을 때마다 상황이 다르기 때문에 그 문자의 의미가 변할 수밖에 없다. 그런데 문자는 그 뜻이 변하는 것을 잘 용인하지 않는다(그렇게 용인하지 않는 성질이 강화된 경우가 기호이다). 예를 들어 어떤 단어가 사전에 기록된 뜻을 의미한다고 하더라도, 그 단어를 쓰는 사람에 따라 또는 읽는 사람에 따라 의미가 조금씩 달라질 수 있다. 또 어떤 사람이 그 단어를 예전에 쓸 때와 지금 쓸 때 역시 그 의미가 달라질 수 있다. 그것은 마치 어떤 꽃이 다른 나무에 이식되면 그 꽃의 모습이 달라지는 것과 같은 이치이다. 데리다는 고집스럽게 변하지 않는 (사실은 변하는) 문자의 의미를 비꼬면서 문자를 이식에 비유했다. 문자가 지닌 이러한 문제점을 어떻게 영상으로 극복했는지에 대해서는 뒤에서 살펴볼 것이다.[6]

매클루언의 미디어론과 데리다의 문자론은 문자와 영상의 관계가 간단하지 않다는 것을 보여준다. 그리고 당연하게 여겨온 문자의 장점 이면에 문제점 또한 있다는 것을 알려준다. 지금까지 문자와 영상에 대해 살펴보았는데, 사실 문제는 이제부터 시작이다. 이제부터는 영상이 문자와 다른 어떤 특성을 지니고 있는지, 영상의 특성이 사람들에게 어떤 영향을 미치는지에 대해 살펴볼 것이다. 다음 장에서는 우리의 관심사인 영화, 텔레비전, 디지털 영상, 이 세 가지 영상 미디어가 전통 영상과 어떻게 다른지에 대해 생각해 보자.

---

6   제16장 제1절 '해체와 영상' 참조.

제2장

전통 영상과 기술영상

1. 기술영상의 의미

제1장에서는 영상에 대해 설명하면서 전통적인 방식의 영상과 기술장치로 제작된 영상을 구별하지 않았다. 물론 19세기 이전까지는 기술을 활용해서 영상을 만드는 일이 거의 불가능했지만, 사진과 영화가 발명되면서부터 영상을 제작하고 수용하는 데서 이전 세대와는 완전히 다른 새로운 방식이 도입되었다. 기술영상이란 기술장치로 생산되는 영상을 말한다. 그렇다면 기술영상은 전통적인 영상과 어떻게 다르며 앞으로 어떤 새로운 효과를 가져올까? 이 장에서는 여기에 대해 살펴볼 것이다.

앞에서 언급했던 매클루언은 문자와 같은 핫미디어가 유발하는 감각의 편중 문제를 지적하면서 쿨한 텔레비전 영상이 등장해 편중된 감각을 보완할 것이라고 주장했다. 그러한 주장은 기술영상이 다양한 감각에 호소하는 특성, 다시 말해 시청각적인 특성을 고려한 결과이다. 따라서 매클루언이 주목했던 기술영상의 특성은 쿨한 특성, 즉 시청각성이라고 할 수 있다. 다른 미디어학자들도 다양한 기술영상의 특성과 효과에 대해 언급했다. 여기서는 기술영상의 특성을 전통 영상과 대비시켜 설명한 앙드레 바쟁(André Bazin), 발터 베냐민(Walter Benjamin), 그리고 빌렘 플루서(Vilém Flusser)의 견해를 간단히 살펴보려 한다.

그들이 주목한 기술영상의 특성은 첫째, 기술적으로 촬영하면 그만큼 사람이 적게 개입해도 된다는 것이다. 수작업으로 그림을 그리는 경우와 달리 영상은 기술장치의 도움을 받으면 자동적으로 만들어진다. 둘째, 촬영된 영상은 복제가 가능하다는 것이다. 한 번 그린 그림을 똑같이 그리는 것은 어렵지만 기술을 활용하면 원본과 똑같은 복사본을 만들 수 있다. 셋째, 기술을 활용하는 방법을 익히면 누구나 손쉽게 영상작품을 창작할 수 있다는 것이다. 일반인도 핸드폰으로 영화를 촬영할 수 있고 유튜버가 되어서 방송을 할 수 있다. 기술영상의 이 세 가지 특성을 좀 더 깊이 알아보기 위해 세 명의 학자의 견해를 살펴볼 것인데, 이들의 견해는 앞으로 영상 미디어를 공부할 때 계속해서 언급될 것이다. 또한 이 책에서는 '기술영상'이라는 말을 자주 사용하는데, '기술영상'은 나중에 살펴볼 플루서의 '기술적 형상'과 달리 보다 폭넓은 의미를 내포한다.

2. 바쟁의 기술영상: 사진적 영상과 사실의 재현

1) 현실을 재현하는 사진의 출현

먼저, 바쟁이 생각한 기술영상의 의미에 대해 알아보자. 프랑스의 영화평론가이자 이론가인 앙드레 바쟁은 1958년 『영화란 무엇인가?』라는 책을 출판했다. 이 책은 초창기의 영화 연구서이지만, 영화에 내재된 기술영상의 잠재성에 대한 깊이 있는 성찰을 담고 있다. 그리고 과거 미디어나 예술에 대한 관점과는 다른 새로운 시각에서 영화를 고찰했다는 데 의의가 있다.[1] 여기서는 『영화란 무엇인가?』에 수록된 여러 에세이 가운데 「사진적 영상의 존재론」이라는 글을 살펴보겠다. 이 글에서 바쟁은 사람의 생각이나 활동이 발휘되지 않은 상태에서 기술적으로만 영상을 촬영하면 어떤 결과가 초래되는지에 대해 다루었다.

영화가 발명되었던 19세기 말에 많은 지식인들은 영화에 대해 부정적이었다. 예를 들어 소설가 토마스 만(Thomas Mann)은 "영화는 예술이 아니다. 그것은 삶과 현실 그 자체"라고 했다. 그리고 예술은 "관념화된 세계"이기 때문에 "원자재"와 같은 영화는 표현을 위한 일차적인 단계에 불과하다고 보았다. 문학가들은 있는 그대로를 모사하지 않고 현실을 통찰해서 그 결과를 문자로 표현하지만, 영화는 현실을 가감 없이 복사하듯 표현하기 때문에 예술이라고 할 수 없다는 것이었다. 만은 현실을 재현하기 위해서는 인간의 관념이 개입해야 한다고 생각했는데, 그의 이 같은 생각은 앞에서 언급했던 문자 시대의 철학과 같은 맥락에서 이해할 수 있다. 회화도 인간의 창작활동을 통해 생산되는 영상이다. 그림을 그리거나 조각작품을 창작하는 일 또한 문학작품을 창작하는 것처럼 예술가의 탁월한 재능을 필요로 하기 때문이다.

하지만 바쟁은 영화가 누군가의 손을 거치지 않고 현실을 자동적으로 표현한다는 것에 중요한 의미가 있다고 생각했다. 인간은 사진이나 영화

---

[1] 앙드레 바쟁, 『영화란 무엇인가?』, 박상규 옮김(시각과언어, 1998).

가 발명되기 전에도 눈에 보이는 대상을 있는 그대로 재현하려고 했다. 바쟁은 그것이 무엇인가를 변함없이 보존하려는 욕망, 즉 미라 콤플렉스 (mummy complex) 때문이라고 보았다. 하지만 과거에는 인간의 역량으로 그 욕망을 실현할 수 없었다. 그러나 사진이 발명된 이후로는 기술장치의 도움을 받아 드디어 보존하려는 대상을 완벽하게 재현할 수 있게 되었다. 사진이나 영화가 발명되기 이전에도 사람들은 다양한 수단을 통해 현실을 재현하려고 했는데, 기술이 미비했기 때문에 그 결과가 그리 만족스럽지 않았다. 아무리 뛰어난 화가라도 현실을 그대로 화폭에 옮겨놓을 수는 없었는데, 이제 기술장치를 통해 그것이 가능해진 것이다. 그러한 영상을 바쟁은 '사진적 영상(l'image photographique)'이라고 칭했다.

2) 객관적 관찰의 효과

사실 재현을 추구하는 예술가들에게 사진과 영화의 발명은 충격적인 사건이었을 것이다. 사실주의 화가인 귀스타브 쿠르베(Gustave Courbet)는 "나에게 신을 보여준다면 신을 그림으로 그리겠다"라고 말했는데 그에게 카메라로 있었다면 어땠을까? 실제로 사진이 발명되면서 기술영상의 발전이 시작되었다는 것을 생각해 보면 미디어 기술은 현실을 그대로 재현하기 위해 개발된 것임을 알 수 있다. 사진의 발명은 영화의 탄생으로 이어졌고 무성영화는 토키(talkie)라는 유성영화로 발전되었다. 흑백영화에서 컬러영화로의 발전 역시 그 맥락에서 이해할 수 있다. 바쟁은 토마스 만이 말했던 "관념화된 세계"로서의 예술관이 아닌 객관적 사실로서의 예술관을 견지했으며, 사진에서 시작된 기술영상의 발전을 통해 예술의 목표가 실현되었다고 주장했다.

그러나 바쟁의 주장을 이해할 때에는 다음과 같은 사실에 유의해야 한다. 바쟁에 따르면, 기술영상은 현실을 객관적으로 재현할 수는 있지만 그렇다고 해서 수용자에게 그것을 현실로 착각하도록 만드는 것은 아니다. 다시 말해서 기술영상은 수용자에게 환영을 불러일으키지는 않는다. 오히려 수용자는 사진적 영상을 보면 현실을 객관적으로 관찰할 수 있으며 그로부터 정확한 판단을 할 수 있다고 보았다. 그래서 바쟁은 사진 영상은 "마치 실물인 듯 착각을 일으키게 하는 눈속임 화법과 정면으로 대립적인 위치"에 있다고 설명했다. 간단히 말해서 기술영상은 '사실(reality)'을 재현하는 것이지, '환영(illusion)'을 만들지는 않는다. 재현된 사실은 오히려 누군가의 개입이 없는 상태에서 사람들에게 사실을 객관적으로 인식하도록 길을 열어준다.[2] 그리하여 사진적 영상은 환영에 빠져들거나 또는 동조하도록 하는 것이 아니라 오히려 객관적 시선을 유지할 수 있도록 하는 효과를 가져온다.

3. 베냐민의 기술영상: 기술적 복제와 아우라의 파기

1) 예술작품의 아우라

독일의 철학자 발터 베냐민은 「기술복제시대의 예술작품」이라는 유명한 논문에서 기술영상이 특별한 장점을 지니고 있다고 주장했다.[3] 그 장

---

2   제14장 제3절 '영화적 사실주의' 참조.
3   발터 베냐민[발터 벤야민], 『기술복제시대의 예술작품, 사진의 작은 역사 외』, 최성만 옮김 (길, 2010).

점은 한마디로 아우라(Aura)를 파기할 수 있는 특성을 말한다. 그렇다면 아우라는 과연 무엇이고 그것은 기술영상에 의해 어떻게 파기되는가? 또 아우라를 파기한다는 것은 어떤 의미를 지니는가?

아우라라는 말은 우리에게도 낯설지 않다. 아우라란 특별한 대상 또는 예술작품에서 풍기는 신비로운 분위기를 일컫는다. 예를 들어 유명한 미술작품을 사진으로만 보다가 박물관에 가서 진품을 직접 감상하면 작품에서 고귀하고 엄숙한 아우라를 느낄 수 있다. 영화나 드라마에서 자주 보던 배우를 실제로 만나서 왠지 모를 신비로움을 느낄 때면 그 사람에게 아우라가 있다고 말한다. 아우라는 진품에서 나타나는 신비로운 분위기를 말하는데 그 분위기는 특별한 상황에서 발생한다. 배우를 만나면 그 사람이 아무리 가까운 곳에 있더라도 범접할 수 없이 멀리 있다는 느낌을 받는데, 그와 비슷하게 베냐민은 아우라를 "가까워도 먼 곳에 존재하는 것"으로부터 발생하는 현상이라고 했다.

신비로운 분위기를 뿜어내는 이유는 이 세상에 단 하나뿐인 어떤 것이 지금 내 앞에 있기 때문이다. 유명한 예술작품이나 기념물의 경우 복사본이 많지만 원본은 유일하게 하나만 존재하는데, 원본을 직접 접했을 때 이같은 아우라를 경험할 수 있다. 그렇다면 아우라는 어떤 효과를 가져올까? 베냐민에 따르면, 예전에는 전통적인 예술작품이 풍기는 아우라가 제식(ritual)적 가치 또는 숭배의 가치를 지니고 있었다. 앞에서 성상 파괴주의를 설명하면서 성상 옹호론자들은 사람들의 교화와 선교에 활용될 수 있기 때문에 성상을 옹호했다고 언급했다. 그러한 생각 또한 성상에서 풍겨 나오는 아우라의 의미를 염두에 둔 것이었다. 성상의 신비로운 분위기를 배경으로 신을 섬기는 제식이 이루어지면 사람들에게 엄숙한 숭배의 마음이 더욱 우러났을 것이다. 그러한 아우라는 종교적으로 사람들을 교화하는 데에만 활용된 것이 아니라 정치적 이데올로기를 확산하는 데에도 활용되었다. 그런데 베냐민에 따르면 나중에는 예술작품도 교화나 정치적 목적으로 사용되었다. 그러나 그는 예술작품에 빠져드는 것을 경계해야 한다고 주장한다. 반대로 예술작품을 감상하면서 비판적으로 판단하는 비평가의 안목을 지녀야 한다고 당부했다. 종교든 사상이든 간에 그것에 몰입하는 것보다 나름대로 거리를 두고 받아들이는 것이 더욱 중요하다고 보았기 때문이다. 그렇게 하려면 종교나 사상을 맹목적으로 전파하는 예술작품의 아우라를 제거해야 하는데, 예술작품의 아우라를 제거하려면 어떻게 해야 할까?

2) 아우라의 파기와 분산적 지각

베냐민은 예술작품을 기술적으로 복제하면 예술작품의 아우라를 제거할 수 있다고 여겼다. 기술적 복제 가능성(technical reproducibility)이란 사진이나 영화와 같은 기술장치를 통해 예술작품을 재현하는 것을 말한다. 그러면 예술작품이 무미건조하게 재현되어 예술작품에서 풍기던 아우라가 사라지기 때문에 감상자는 거리를 두고 그 대상을 분석하듯 관찰할 수 있다. 그렇게 아우라가 파기되면 수용자는 자신이 마치 비평가가 된 것처럼 객관적인 시각에서 작품을 바라볼 수 있고 작품에 대해 비평도 할 수 있다. 그리고 사상이나 이데올로기가 아우라를 통해 일방적으로 전달되어 수용자들에게 흡수되는 것도 피할 수 있다.

기술적 복제를 통해 비판적인 거리를 유지할 수 있는 이유는, 복제 상태에서는 감상자가 분산적 지각(distracted perception)을 발휘할 수 있기 때문이다. 기술적 복제를 거친 작품을 감상하면 자신이 처한 위치를 망각하지 않고 지각할 수 있다. 반면에 아우라를 지닌 대상을 바라보면 우리는 그 속으로 끌려 들어가게 된다. 베냐민은 이렇게 상이한 두 지각방식을 각각 "분산"과 "집중"이라고 칭했다. 집중이란 감상자가 현재를 망각하고 작품으로 "빠져드는" 상태를 말하고, 분산이란 반대로 작품이 나에게로 "빠져 들어오게끔" 하는 것, 그러니까 감상자의 시점과 위치로 그 작품을 가져오는 것을 말한다. 예를 들어 영화관에서 영화를 볼 때면 많은 이들과 함께 감상하는데, 산만하고 혼란스러운 상태에서 관객은 영화를 보면서 동시에 감상하는 현장의 순간도 의식하게 된다. 스크린의 큰 영상을 보고, 영사기가 돌아가는 소리를 듣고, 옆에 앉아 있는 친구와 영화에 대해 이런저런 이야기를 속닥거림으로써 내가 지금 영화를 보는 상황에 놓여 있다는 점을 의식하게 될 것이다. 그 상태가 바로 아우라가 파기되고 분산적 지각을 통해 감상자의 존재가 의식되는 순간이다. 그러니까 우리는 두 가지 일을 동시에 하게 된다. 영화를 보면서 내용에 잠시 몰입하는 동시에 영화에서 빠져나와 거리를 두고 나름대로 영화에 대해 생각하기도 한다. 영화 자체를 생각하는 것과 상영되는 현장을 인지하는 것은 감상자의 존재를 의식했기에 가능한 일이다. 즉, 영화관에서의 상황은 한 가지 지각으로 통합되는 상태가 아니라 두 가지 이상의 상이한 지각이 서로 제각기 다르게 작용하는 상태를 의미한다. 영화는 오락적이면서도 대중적이라서 산만한 상황에서도 수용되는데, 베냐민은 바로 그 상황에서 오히려 긍정적인 면모를 발견했다. 그것은 여러 가지 지각을 동원해 두 가지 상황을 모두 수용할 수 있는 가능성이다.

베냐민은 예술작품에 빠져들지 않기 위해서는 기술영상을 이용하는 것이 효과적이라고 생각했다. 즉, 사진이나 영화로 대상을 촬영하면 예술작품의 마법 같은 신비로움, 즉 아우라가 사라지고 이로 인해 인간이 다양한 감각을 예민하게 사용할 수 있는 계기가 마련된다고 여겼다. 하지만 베냐민이 살았던 당시는 초기 영화 시대여서 지금과는 다른 형태의 영화가 상영되었다. 이후 대중영화는 관객들에게 강한 몰입을 유도하도록 발전했는데 베냐민은 그러한 역사적 변천을 예상하지 못했을 것이다.[4] 이제는 예술영화나 실험영화에서만 아우라의 파기와 분산적 지각을 기대할 수 있게 되었다. 베냐민이 생각한 영화는 지금 우리가 알고 있는 대중영화가 아니다.

4. 플루서의 기술영상: 기술적 형상과 상상의 실현

1) 작동자로서의 창작자

플루서는 미디어에 관한 깊은 사유를 담은 여러 저작에서 기술적 형상(technical image)이라는 개념을 제시했고 그 개념을 통해 전통 영상과 기술영상의 경계를 명확히 했다. 플루서는 체코에서 태어난 유대인으로, 나치 독일의 박해를 피해 브라질로 망명해 활동했다. 그의 철학은 역시 유대인이었던 베냐민으로부터 많은 영향을 받았다. 그런데 기술적 형상이라는 개념은 바쟁의 사진적 영상이나 베냐민의 기술적 복제와는 다른 의미를 지니고 있다. 플루서의 생각은 깊이 있고 복잡하지만, 그 핵심은 기술 장치로 만들어진 기술적 형상을 통해 많은 '보통 사람'들이 '창조의 가능성'을 갖게 되었다는 것이다. 다음에서는 '보통 사람'과 '창조의 가능성'이

---

4   제3장 제4절 '주류영화의 확립' 참조.

의미하는 바에 대해 알아보자.

창조란 특별한 재능을 지닌 예술가나 지적 능력을 지닌 작가가 무언가를 창작하는 일을 가리키는 것이 아니다. 창조란 보통 사람이라도 누구나 할 수 있는 작업이다. 카메라로 사진을 찍거나 영화를 촬영하거나 컴퓨터를 이용해 영상을 만들거나 편집하는 모든 작업이 창조에 해당한다. 전통 영상의 시대나 문자의 시대에는 그런 일이 가능하지 않았지만, 사진이 발명된 이후 기술영상이 발전함에 따라 상황이 달라졌다. 뤼미에르 형제가 처음 영화를 만들었을 당시 그들은 자신들의 발명품으로 가족들의 일상이나 주변의 모습을 촬영했는데, 그들이 발명한 시네마토그래프는 뛰어난 예술가가 아니더라도 다룰 수 있는 기술장치였다.

기술적 형상을 대중적으로 활용하는 경향은 디지털 기기가 상용화되기 시작한 최근에 본격적으로 시작되었다. 플루서가 스마트폰 영화나 유튜브 채널을 생전에 직접 보았더라면 자신의 생각이 옳았다고 생각했을 것이다. 그런데 유튜브 같은 디지털 미디어가 아닌 주류영화나 텔레비전 방송도 누구나 창작할 수 있다는 플루서의 주장은 동의하기 어려울 수 있다. 플루서에 따르면, 엘리트의 기술적 형상과 대중적인 기술적 형상은 구분된다. 플루서는 기술적 형상을 작동시키는 사람들에 의해 영상이 어렵지 않게 제작될 수 있다고 보았다. 플루서는 기술적 원리를 고려해 기술적 형상이 대중적이라고 주장했는데, 다양한 영상이 디지털로 수렴되는 현재 상황을 볼 때 그의 주장은 적절한 것 같다.

하지만 기술적 형상이 대중성을 지니려면 특정한 조건이 필요하다. "무엇보다도 수용자들이 커뮤니케이션 구조의 본질을 의식하려는 자세를 갖추고 있다면, 그리고 수용자들이 프로그램을 수용할 때 커뮤니케이션 구조에 대해 무엇을 알고 있는가를 의식하는 데 많은 노력을 기울인다면"[5]

비로소 기술적 형상의 특성이 발휘될 수 있다. 다시 말해 수용자가 창작자가 되려면 커뮤니케이션에 대한 의식이 필요하다. 커뮤니케이션 및 커뮤니케이션에 필요한 장치의 기능에 익숙해지면 누구라도 영상을 제작할 수 있는 것이다. 그러한 의미에서 플루서는 기술적 형상을 다루는 자를 기구-작동자(Apparat-Operator)라고 칭했다.

2) 기술적 형상의 창조

대중적인 기술적 형상이 갖는 의미를 설명하기 위해 플루서는 미디어 역사를 몇 단계로 나누어 정리했다. 그 가운데 중요한 세 단계는 첫째, 전통적 영상의 시대, 둘째, 문자의 시대, 그리고 셋째, 지금의 기술적 형상의 시대이다. 여기에 대해 좀 더 자세히 알아보자.

(1) 전통적 영상의 시대

전통적 영상의 시대란 사람들이 영상으로 표현된 것을 실재하는 것이라고 믿었던 시대를 말한다. 원시인들은 동굴의 벽에 짐승을 그리면 그것을 실제로 먹을 수 있다고 생각했다. 아주 먼 과거에는 실재하는 것과 그린 그림이 같다고 믿었던 것이다. 이것은 전통적 영상이 지닌 주술적 기능이다. 그러나 전통적 영상이 아득한 과거에만 있었던 것은 아니다. 할리우드 영화에 등장하는 영웅이나 그 영웅이 사는 멋진 곳이 실재한다고 착각하는 것도 전통적 영상을 수용하는 것과 비슷하다. 하지만 그것은 환상일 뿐이다. 동굴 원시인이나 블록버스터 관객 모두 영상을 보면서 힘든 현

---

5   빌렘 플루서, 『코무니콜로기』, 김성재 옮김(커뮤니케이션북스, 2001). 219~220쪽.

실에서 오는 허망한 마음을 달랬을 뿐이다. 그 마음은 이해가 되지만 그렇다고 해서 실제로 현실이 달라지는 것은 아니다.

(2) 문자의 시대

이 때문에 사람들은 환상에서 벗어나려 했고 스스로 문제를 해결하려고 했다. 그러려면 세상의 이치를 이해해야 했다. 사람들은 실제로 먹을수 있는 짐승을 구하려면 그림을 그려봐야 아무 소용없고 자연현상의 원리를 알아내야 한다는 점을 깨달았다. 그때 활용된 것이 문자였다.

문자의 특성 가운데 선형성과 개념성은 세상일의 원인과 결과를 이해하고 기록하는 데 매우 중요했다. 선형성은 문자를 쓰거나 읽을 때 선형적으로 한쪽에서 다른 한쪽으로 이동하는 특성을 뜻한다. 따라서 문자를 사용해 인과관계의 논리적 흐름을 기록할 수 있었다. 개념성은 개념을 내포하는 문자의 특성을 뜻한다. 자연의 원리와 세상의 이치는 추상적이므로 추상적인 개념을 기록하거나 전달하려면 문자가 필요했다.

문자가 지닌 이 두 가지 특성, 즉 선형성과 개념성을 바탕으로 사람들은 전통적 영상이 지닌 주술성을 타파할 수 있었다. 전통적 영상의 시대에는 자연에 순응했다면, 문자의 시대에는 자연을 이해하고 극복했다고 할 수있다.

(3) 기술적 형상의 시대

플루서가 관심을 가진 것은 전통적 영상이나 문자와는 다른 의미를 지닌 기술적 형상의 시대이다. 이것은 사람이 자연을 이해하고 필요한 것을 취하는 데서 벗어나 아예 자연을 창조해서 만드는 시대를 말한다. 이제 자연은 설명되거나 해석될 수 있는 대상이 아니라 디자인되어 창조될 수 있는 대상이 된 것이다. 세상에는 자연에 존재하는 것도 있고 인간이 만든 것도 있는데, 플루서는 전자를 다텐(daten), 후자를 팍텐(fakten)이라고 칭했다. 과거에는 모든 것이 다텐이었으나 새로운 시대에는 자연이 팍텐이다. 그리고 팍텐을 실현시켜 주는 것이 바로 기술적 형상이다. 다텐은 신이 창조한 이상적인 자연을 의미하는 것으로, 그동안 인간은 자연을 설명하거나 모방해야 했다. 그러나 기술적 형상을 소유하게 된 인간은 과학적 탐구나 모방으로서의 예술에서 벗어나 스스로 자연을 창조할 수 있게 되었다. 그것이 과거의 영상과 미래의 (디지털) 영상의 차이점이다.

그런데 팍텐을 창조할 수 있으려면 상상력과 기획력이 필요하다. 플루서는 이를 가리켜 기술적 상상(technisches Einbilden)이라고 칭했는데, 흥미롭게도 독일어로 'Einbilden'은 '상상'을 의미하지만 'bilden'은 '만든다'라는 뜻을 지니고 있다. 따라서 기술적 상상이란 상상한 것에 그치지 않고 상상을 현실 또는 자연으로 실현하는 것을 뜻한다고 풀이할 수 있다. 아울러 기획력이 필요하다는 의미로 인간을 주체 — 즉, 서브젝트(subject) — 가 아닌 기획 — 즉, 프로젝트(project) — 이라고 규정했다. 플루서가 전하려는 핵심은 모방과 창조의 대조적인 의미가 바로 전통적 영상과 기술적 형상의 차이이며, 기술적 형상의 도움으로 제작된 영상의 본질은 기획에 의한 디자인이라는 것이다. 인간의 과제는 이제 과학적 탐구를 하거나 자연을 모방하는 것이 아니라 기술적 상상을 통해 자연을 기획하고 그렇게 디자인된 자연을 기술적 형상으로 실현하는 것이다. 여기서 기술적 형상이란 결국 디지털 기술영상을 말하는데, 디지털 기술의 어떤 특성이 이것을 가능케 하는지는 뒤에서 다시 다룰 것이다.[6]

---

6   제6장 제1절 '디지털 영상의 원리와 특징' 참조.

영상을 창출하는 미디어의 기술적 원리는 영화, 텔레비전, 디지털 영상에 따라 각기 다르며, 가장 진보된 디지털 영상의 기술을 파악해야 플루서의 미디어 철학을 자세히 알 수 있다. 결국 인간은 배가 고파서 그림을 그리던 시대, 자연을 연구해서 짐승을 사냥하던 시대를 지나 먹을 것을 만들수 있는 시대를 맞이했는데 이것을 가능해진 것은 진보된 기술 덕분이라는 것이 플루서의 주장이다.

제2부

영상 미디어의 역사

제3장

영화의 탄생

1. 영상 미디어를 연구하는 두 가지 방식

무언가에 대해 아는 데에는 두 가지 길이 있는데 그 두 가지 길은 갈림길과 같아서 한쪽으로 가면 다른 쪽으로 갈 수 없다. 그중 하나의 길은 역사적인 변천 과정을 연구하는 것이다. 그리고 다른 하나의 길은 시간이 흘러도 변하지 않는 특성을 파악하는 것이다. 예를 들어 영상 미디어를 공부할 때에는 영상 미디어가 탄생한 이후 역사적으로 변화해 온 과정을 살펴볼 수 있는데, 이런 방식을 역사적인 접근이라고 한다. 반대로 역사가 바뀌어도 변하지 않는 법칙을 탐구하는 것은 체계적인 접근이다. 어떤 대상에 대해 깊이 이해하기 위해서는 역사적인 방식과 체계적인 방식 중 하나가 필요하다. 혹자는 두 가지가 서로 모순되기 때문에 다르게 생각해야 한다고 주장한다. 만약 어떤 대상이 역사적으로 변한다는 사실을 전제로 하여 그 대상을 역사적 방식으로 연구한다면 시간이 흘러도 변하지 않는 특성에 대해서는 연구할 수 없기 때문에 서로 모순적이라고 할 수 있다. 따라서 연구자는 두 가지 방법 가운데 하나를 선택할 수밖에 없다.

수학 법칙이나 자연현상의 원리는 대체로 역사적 방식이 아니라 체계적 방식으로 탐구한다. 왜냐하면 수학 공식이 시대마다 달라질 수는 없기 때문이다. 피타고라스의 정리가 희랍 시대의 직각삼각형에만 적용되고 요즘의 직각삼각형에는 적용되지 않을 수 있겠는가? 자연현상에 대한 지식은 체계적 특성이 큰 반면, 인간이나 사회현상은 시간이 흐르면 변하기 쉽기 때문에 역사적 특성이 크다. 하지만 아무리 자연현상이 보편적인 법칙으로 설명될 수 있다고 해도 오랜 시간이 지나면 그 법칙이 바뀔 수 있으며, 반대로 역사적으로 변화하기 쉬운 인간이나 사회현상에도 변하지 않는 법칙이 있다. 특히 구조주의(structuralism)라는 철학 또는 인식론은 역사적이라고 생각되었던 인간이나 문화도 보편법칙을 지니고 있고 또 보편법칙으로 설명될 수 있다고 보았다. 그리하여 역사적으로 고찰해야 한다고 생각했던 연구대상으로부터 체계적인 구조나 법칙을 발견하려는 시도가 나타나기도 했다. 그런데 나중에는 그 구조 역시 역사적으로 변한다는 또 다른 주장이 제기되었다. 그러한 주장은 대체로 후기구조주의(poststructuralism) 인식론에 관한 문제인데 그 주장에 대해서는 뒤에서 다룰 것이다.

결국 영상 미디어를 공부하려면 역사적 탐구와 체계적 탐구가 서로 다른 영역의 문제임을 이해하고 영상 미디어를 두 가지 영역으로 나누어서 생각해야 한다. 따라서 이후로는 영상 미디어에 대해 역사적 변천 과정과 보편적 특성을 나누어 살펴볼 것이다. 제2부와 제3부는 주로 역사적인 문제를, 제4부와 제5부는 체계적인 문제를 다룰 것이다. 이렇게 나누더라도 두 영역이 겹치는 부분이 있을 것이며 서로 모순되는 부분도 있을 것이다.

2. 뤼미에르 형제와 영화의 탄생

역사 기록에 따르면 최초로 영화가 상영된 것은 1895년 12월 28일이다. 그날 오귀스트 뤼미에르(Auguste Lumiere)와 루이 뤼미에르(Louise Lumiere) 형제는 자신들이 발명한 시네마토그래프(cinématographe)라는 장치로 파리 그랑 카페(grande café)의 인디언 살롱(salon indien)에서 처음으로 영화를 선보였다. 그것은 영화의 시작을 알리는 사건이자 동시에 영상 미디어 역사의 출발점이었다. 그림이 아닌 기술영상, 그것도 현실과 똑같이 움직이는 영상이 처음으로 대중에게 공개된 날이기 때문이다. 우리는 그 사건을 자세히 다루면서 최초의 영상 미디어인 영화에 대해 알아보려고 한다.

당시에는 영상장치를 발명하기 위해 많은 사람이 노력했는데, 그 가운데 뤼미에르 형제의 발명품이 왜 영상 미디어의 시초인지를 설명하기 위해서는 다음 세 가지 질문을 살펴봐야 한다. 첫째, 그들이 발명한 영상 미디어의 원리는 무엇이었는가? 둘째, 뤼미에르 형제는 왜 카페에서 영화를 상영했는가? 셋째, 카페에서 사람들이 본 것은 무엇이었으며 현재 그것은 어떻게 변화했는가?

1) 시네마토그래프를 가능하게 한 사진기술의 발전

우선 첫째 질문, 뤼미에르 형제가 발명한 영상 미디어의 원리에 대해 살펴보자. 시네마토그래프는 뤼미에르 형제가 발명한 기술장치로, 그들이 특허권을 보유하고 있다. 하지만 장치의 모든 부분이 그들에 의해 발명된 것은 아니었으며 이미 존재하던 기술도 일부 활용되었다. 특히 사진기술과 영사기술이 적용되었다. 그 두 가지 모두 영화를 이해하는 데 중요한 의미를 지닌다.

우선 사진기술에 대해 알아보자. 영화는 사진이 없었더라면 발명되지 않았을 것이다. 심지어 영화는 사진으로 구성된 미디어라고 할 수도 있다. 왜냐하면 시네마토그래프는 많은 사진을 다루는 장치, 더 자세히 말하자면 짧은 시간에 여러 장의 사진을 찍을 수 있는 장치였기 때문이다. 책에서 한 장마다 조금씩 다른 그림을 그리고 나서 책을 손으로 넘기면 그림들이 서로 합쳐져서 움직이는 것처럼 보이는데 시네마토그래프는 바로 그 원리를 이용했다. 사람이 한 번 보았던 것은 짧은 시간 동안 눈에 그대로 남아 있기 때문에 그 상태에서 다른 사진을 보면 두 사진이 서로 연결된 것처럼 인지된다. 그것을 잔상효과(persistence of vision)라고 한다. 그 효과로 사람은 짧은 시간 동안 여러 장의 사진을 보면 그것을 이어진 움직임으로 인식한다. 그러한 원리로 움직이는 영상을 구현하려면 많은 사진을 재빨리 찍어야 하는데, 시네마토그래프가 바로 이러한 작업을 가능하게 해주었다.

사진은 영화가 발명되기 이전부터 이미 사용되고 있었다. 1826년 조제프 니세포르 니에프스(Joseph Nicéphore Niepce)에 의해 최초로 사진이 촬영된 이후 계속해서 사진기술이 발전했다. 사진은 감광유제(emulation)에 의해 화학적 반응이 일어난 결과이다. 감광유제란 빛에 반응하는 화학적 물질을 말한다. 감광유제를 필름의 표면에 발라두고 빛을 쏘이면 필름에 영상이 맺힌다. 이것은 지금은 일부 사진 애호가만 사용하는 전통적인 사진 촬영 원리이다. 초창기의 사진은 감광유제에 반응하는 속도가 느렸다. 니에프스는 최초의 사진을 촬영하기 위해 8시간 동안이나 노출을 시켜야 했다(〈그림 3-1〉).

따라서 사진기술의 발전이란 감광유제의 혁신을 의미했다. 혁신을 이

그림 3-1 **1826년 조제프 니세포르 니에프스가 촬영한 최초의 사진**

룬 사진기술자들의 노력이 없었더라면 사진을 빨리 찍어야 하는 영화의
발명도 기대하기 어려웠을 것이다. 예를 들어 루이 다게르(Louis Daquerre)
는 노출 시간을 30분으로 단축하는 기술을 개발했다. 노출 시간을 단축하
는 것은 매우 중요했다. 지금은 보통 1초에 24장의 사진을 촬영해서 영화
를 만드는데, 뤼미에르 형제의 시네마토그래프는 영화를 보여주기 위해 1
초에 16장의 사진을 찍었다. 〈그림 3-2〉의 시네마토그래프 내부를 보면
알 수 있듯이, 윗부분에 감겨 있는 많은 필름이 차례로 풀려나오면서 여러
장의 사진이 연달아 촬영될 수 있었다.

뤼미에르 영화의 원리를 생각할 때 흥미로운 사실은, 사진기술을 적용
해 시네마토그래프를 발명했지만 영화를 보는 사람은 그것이 사진임을
인지할 수 없었다는 것이다. 사람들은 이어진 사진을 현실과 같은 움직이
는 영상으로 생각했다. 사진의 발전은 결국 영화라는 영상 미디어의 기반
이 되었고 이와 동시에 사람들에게 사진의 존재를 느낄 수 없도록 했다.
영화는 사진 미디어를 망각시키는 영상 미디어였다.

그림 3-2 **시네마토그래프의 내부**

2) 영화의 상호미디어성

영화가 발명되던 시기에 텔레비전의 원리도 개발되었다. 텔레비전은 뤼미에르의 방식과 달리 셀레늄이라는 화학물질에 빛을 쏘이면 전자파가 발생하는 원리를 이용해 대상을 포착했다. 텔레비전도 움직이는 영상을 보여주는 유력한 방식이었으므로 나름대로 특색을 지닌 영상 미디어로 발전했다. 그러나 영화는 텔레비전보다 더욱 품질 좋은 영상을 관객에게 보여줄 수 있었다. 영화 영상은 세밀한 화학적 반응으로 촬영되는 사진을 이용하기 때문에 그만큼 현실과 똑같은 섬세한 영상을 구현할 수 있었다.

지금도 텔레비전과 달리 영화는 대상을 예술적으로 표현하고 또 이야기를 들려주는 영상 미디어로 인식되는데, 그것은 영화가 사진기술을 기반으로 하는 미디어이기 때문이다. 영화가 단순히 눈에 보이는 현실을 재현하는 데 그치지 않고 재미있는 이야기를 들려주거나 예술가들의 창작에 활용되려면 영상의 섬세함을 통해 풍부한 표현기법을 구사해야 한다. 예를 들어 영화 영상은 높은 화질 덕분에 인물의 표정과 사건의 배경을 세밀하게 보여줄 수 있으며, 사진을 이용하면 편집도 쉽게 할 수 있다. 사진의 화학적 반응을 기반으로 하는 영화 미디어는 자신의 장점을 살려 예술과 서사의 특징을 계속해서 발전시켰다. 이렇게 다양한 영상기술을 비교해 보면 각각의 영상 미디어가 지니는 차별화된 특성을 알 수 있으며, 영화가 왜 예술이나 서사로 발전되어 텔레비전과는 다른 기능을 수행하게 되었는지를 이해할 수 있다.

한편 사진과 영화의 관계를 상호미디어성(intermediality)이라고 한다. 미디어 기술의 개발은 무에서 유를 창조하는 것이 아니라 항상 다른 기술이나 미디어와의 관계로부터 이루어진다. 영상 미디어도 예외는 아니다. 그리고 하나의 미디어가 개발되려면 다른 미디어의 도움이 필요하다. 따라서 영상기술의 발명은 갑작스러운 사건이 아니라 기존의 것을 변형한 결과라고 보는 것이 더 적절하다. 그러한 미디어들 사이의 변형 관계를 상호미디어성이라고 한다. 아울러 상호미디어성이 지닌 의미는 영화가 문학과 같은 다른 미디어로부터 받은 도움을 생각해 보아도 잘 이해할 수 있다. 주류영화가 발전한 것은 문학적 서사를 참고한 결과이다. 그리고 디지털 시대에는 영화와 텔레비전이 서로 융합하는 현상이 나타나는데, 이 또한 미디어의 독자성보다 연관성이 더 중요하다는 것을 보여준다.

3. 에디슨의 실패와 공론장

1) 카페에서 영사된 영화

시네마토그래프가 완성되는 데에는 사진기술 외에 다른 기술도 응용되었다. 뤼미에르 형제가 발명한 시네마토그래프라는 발명품은 촬영만 하는 장치였던 것이 아니라 영상을 확대해서 보여줄 수 있는 기능, 즉 영사(projection)의 기능도 지니고 있었다. 뤼미에르 형제는 자신들의 발명품을 야외로 가지고 나가서 풍경을 촬영한 다음에 필름을 실내로 가져와 영사해서 사람들에게 보여주었다. 시네마토그래프로 촬영된 여러 장의 사진을 거꾸로 돌린 뒤 그 사진들을 후면에서 빛으로 비추면 움직이는 영상이 스크린에 크게 확대되어 나타났다.

이것은 라테르나 마기카(laterna magica)라는 장치의 원리를 적용한 결과였다. 라테르나 마기카는 환등기 같은 장치를 말하는데, 당시에는 이미 많은 사람들이 함께 모여 환등기로 크게 확대된 영상을 보면서 즐기는 문화가 있었다(〈그림 3-3〉). 동영상을 영사하면 많은 이들이 한 군데 모여서 영상을 볼 수 있다는 장점이 있었다. 그런데 여러 사람이 동시에 영상을 볼 수 있도록 한 뤼미에르 형제의 착안은 시네마토그래프를 최초의 영화 장치로 만들어주는 데 결정적인 역할을 했다. 그렇게 영화를 상영하면 영상을 크게 볼 수 있었고 수익을 창출하기에도 용이했다.

그런데 이러한 영사방식에는 사회적이고 문화적인 의미도 포함되어 있었다. 그 의미를 이해하기 위해 당시의 역사를 살펴보자. 특히 시민계층과 연관된 역사를 눈여겨 볼 필요가 있다. 영화가 탄생했던 19세기는 시민계층이 주도권을 갖고 있던 시기였다. 그들은 주로 상공업에 종사하거

그림 3-3 **라테르나 마기카로 영상을 즐기는 광경**

나 공장을 운영하던 사람들이었는데 경제력을 바탕으로 점차 정치적인 힘을 갖게 되었다. 그리고 프랑스 혁명을 비롯해 유럽 곳곳에서 벌어진 시민혁명을 통해 역사의 주인공으로 등장하게 되었다. 시민계층이 귀족이나 성직자와 대적하기 위해서는 여러 가지가 필요했지만, 특히 새로운 사상이 필요했다. 시민계층의 사상은 한마디로 말하면 과학과 철학을 바탕으로 한 합리성이었다. 이러한 합리성의 이념은 귀족이나 성직자들이 지니고 있던 종교적 세계관과 달리 논리적이고 과학적이었다.

시민계층은 합리성을 형성하기 위해 서로 의견을 교환하고 토론을 하며 지식을 축적하는 방식을 취했다. 시민계급에 속한 사람들은 혼자서 사유하기보다 많은 사람을 만나 이야기를 나누었기 때문에 집이나 교회가 아닌 다른 공간이 필요했다. 또한 자신들의 새로운 사상을 빨리 유포해야 정치적 힘을 가질 수 있었다. 지금은 신문이나 방송과 같은 매스미디어가 새로운 소식을 유포하는 기능을 담당하고 있지만, 당시만 해도 많은 이들이 모여서 의견을 교환할 기회가 상대적으로 적었다. 그래서 시민들은 카페 같은 곳에 모여 서로 대화하면서 지식을 전파했다. 뒤에 언급하겠지만 위르겐 하버마스(Jürgen Habermas)는 그러한 공간을 공공성 또는 공론장(Öffentlichkeit/public sphere)이라고 칭했다. 카페는 공론장의 초창기 형태이다.

발명가들은 사람들에게 다양한 방식으로 영상을 보여주려고 했는데, 영사를 통해 영화를 상영하는 시네마토그래프가 시대의 요구에 잘 맞았다. 영사방식을 적용해 여러 사람이 함께 모여 영화를 볼 수 있었던 시네마토그래프는 당시 시민들이 필요로 하는 공론장과 어울리는 영상 미디어였다. 따라서 카페에서 영화를 상영하는 것이 일반적인 방식이 되었고 이를 통해 영화의 역사가 시작되었다. 즉, 뤼미에르의 영화는 공론장으로서 기능할 수 있는 특징을 지니고 있었고, 라테르나 마기카에서 착안한 영사방식의 영화는 당시의 문화를 반영한 결과였다.

2) 에디슨의 키네토스코프

당시 상황에 대해 자세히 이해하려면 뤼미에르 형제와 경쟁했던 에디슨의 사례를 살펴보는 것이 도움이 될 것이다. 우리는 에디슨을 발명왕이라고 알고 있지만, 그의 영화 발명품은 성공적이지 못했다. 사실 기술 개발로만 한정지으면 동영상 기술을 발명한 것은 에디슨이 뤼미에르보다 먼저였다. 에디슨이 발명한 동영상 장치를 키네토스코프(kinetoscope)라고 한다(〈그림 3-4〉). 〈그림 3-5〉는 최초의 영화인 뤼미에르의 〈공장을 나

그림 3-4 **에디슨의 키네토스코프 영화관**

서는 사람들(Sortie d'usine)〉(1895)이고, 〈그림 3-6〉은 에디슨의 영화 〈대
장장이(Blacksmith)〉(1893)인데, 화면상으로는 두 영화가 크게 다를 것 없
다. 왜냐하면 뤼미에르가 발명한 시네마토그래프와 에디슨이 발명한 키
네토스코프의 차이는 영상에 있었던 것이 아니라 영상을 수용하는 방식
에 있었기 때문이다.

   에디슨의 발명팀에서 일했던 연구원 윌리엄 K. L. 딕슨(William K. L.
Dickson)은 블랙 마리아(black maria)라는 스튜디오를 만들고 그곳에서 영
화를 촬영했다. 이렇게 만들어진 영화들은 1889년에 키네토스코프를 통
해 사람들에게 선보였으나 그 장치로는 단 한 명만 영화를 볼 수 있었다.
키네토스코프는 커다란 상자처럼 된 장치인데, 그 안에서 연속된 사진들
을 작동시켜 동영상이 만들어지면 사람들이 상자의 위쪽에 있는 구멍을
통해 그 영상을 보는 방식이었다. 그런데 이 장치로는 뤼미에르 영화처럼

그림 3-5 **뤼미에르의 〈공장을 나서는 사람들〉**

그림 3-6 **에디슨의 〈대장장이〉**

많은 사람이 함께 영화를 감상할 수 없었다. 다시 말해 키네토스코프를 통해서는 공론장의 기능을 기대할 수 없었다.

뤼미에르와 에디슨이 서로 경쟁했던 과거를 돌이켜보면 왜 영화가 단순한 기술이 아닌지 이해할 수 있다. 사진촬영 장치와 영사장치를 조합해 만든 시네마토그래프는 기술과 문화를 융합한 성공적인 발명품이었다.

디지털 기술이 도입되기 전까지 영화는 사진을 이용하는 방식을 고수했고 또 그렇게 촬영된 영화를 여러 사람이 모이는 장소에서 영사하는 방식도 계속되었다. 카페는 영화관으로 바뀌었지만 여러 사람이 모여서 영화를 관람하는 방식은 지금도 변함이 없다. 텔레비전과 비디오가 상용화되고 또 디지털 기기가 개발되면서 이제는 다양한 방식으로 영화를 감상할 수 있게 되었지만, 그럼에도 영화를 수용하는 기본적인 장소는 뤼미에르의 카페와 유사한 지금의 영화관이다. 그러나 카페와 영화관은 비슷하면서도 다르다. 카페는 혼란스럽고 산만하며 사람들이 아무런 제약 없이 이동하지만, 영화관은 영상에 집중할 수 있도록 어두우며 사람들이 대화를 나누거나 움직이지 않는다. 영화가 이런 방식으로 변화한 데에는 또 다른 이유가 있는데, 이제 이에 대해 살펴보자. 카페에서 시작된 영화는 왜 그렇게 어두운 장소로 자리를 옮기게 되었을까? 이것은 영상 미디어의 발전일까 아니면 퇴보일까?

4. 주류영화의 확립

1) 매혹의 영화에서 서사영화로

지금까지 시네마토그래프의 원리와 최초의 영화가 상영되었던 장소에 대해 알아보았다. 이제 당시 사람들이 관람한 영화의 내용에 대해 알아볼 차례이다. 사실 발명가들의 노력으로 영화가 탄생했지만, 초창기에는 영화의 내용이 무엇인지는 그리 중요하지 않았으며 영화의 쓰임새가 명확하지도 않았다. 카페에서 상영된 영화는 관객들에게 흥미로운 볼거리에 지나지 않았던 것이다.

그림 3-7 **1892년 파리 그랑카페에서 시네마토그래프로 영화를 상영하는 모습**

그럼에도 불구하고 초기 영화에는 어떤 특별함이 있었다. 톰 거닝(Tom Gunning)이라는 영화학자는 초기 영화가 조야한 오락으로 보이지만 매력적인 미디어라고 여겨 "매혹의 영화(cinema of attraction)"라고 칭했다. 그렇다면 거닝이 말한 초기 영화의 매력이란 무엇일까? 〈그림 3-7〉은 그랑카페에서 영화를 상영했던 때를 기록한 사진인데, 특이한 점은 시네마토그래프가 객석의 한가운데 위치했었다는 사실이다. 관객들은 스크린에 영사되는 영화의 내용을 감상하면서 자랑스럽게 전시된 기술장치도 관찰할 수 있었다. 사람들은 영상에만 몰입했던 것이 아니라 신기한 장치도 구경하면서 색다른 상황을 체험할 수 있었던 것이다. 이것은 지금 영화관에서 영화를 감상하는 방식과는 매우 다르다. 그런데 거닝은 기술장치에도 사람들의 관심을 집중시키는 이 초기 영화의 특징이 중요하다고 보았다. 왜냐하면 여러 가지를 동시에 보는 그런 상황은 연극을 볼 때나 소설을 읽을 때는 체험할 수 없기 때문이다. 베냐민은 영화가 여러 가지 감각을 사용하도록 하여 아우라를 제거해 주는 특별한 미디어라고 했는데, 이 또한

매혹의 영화 개념과 관련이 있다.[1]

그런데 매혹의 영화로 표현될 수 있는 초창기 영화의 독특함은 역사적 과정을 겪으며 변화했다. 그 변화의 과정은 두 가지 다른 길로 진행되었다. 하나는 거닝이 말한 매혹의 요인이 활성화되는 방향이고, 다른 하나는 매혹의 요인이 축소되는 방향이다. 이중적인 지각과 감상방식을 유지하면서 영화의 새로운 표현과 수용의 가능성을 살리는 방향은 실험예술 또는 전위예술로의 발전을 말한다. 영화가 새로운 예술로 발전한 과정에 대해서는 뒤에서 자세히 살펴볼 것이다.[2] 그러나 주류영화는 다른 방향으로 전개되었는데, 이로 인해 초기 영화의 색다른 매력은 축소되었다. 이는 영화가 또 다른 방향의 역사를 갖게 되었음을 의미한다. 영화관은 지금처럼 어두운 객석 공간과 밝은 스크린 공간으로 분리되었고 그 상태에서 관객의 시선은 스크린으로 집중되었다. 보는 장소가 어두워야 보아야 할 대상을 잘 볼 수 있기 때문이다. 관객이 어두운 곳에 그리고 편안한 좌석에 자리를 잡게 되면서 거닝이 말한 매혹의 요소는 사라졌다. 즉, 관객들은 시네마토그래프가 영화를 영사한다는 사실을 망각하게 된 것이다. 그리하여 영화는 두 번째 망각의 역사를 경험하게 되는데, 첫 번째는 사진을 망각한 것이고 두 번째는 시네마토그래프를 망각한 것이다. 영화 미디어는 자신을 구동하는 특정한 기술을 관객들에게 잊히게 함으로써 발전을 거듭했다. 혹자는 다른 것을 작동시키기 위해 스스로의 모습을 감추는 현상이 모든 미디어의 본질적인 속성이라고 주장하기도 한다.

자신의 모습을 감추는 미디어의 속성이 반영된 결과로 인해 매혹의 작용은 사라졌지만, 영화는 사람들에게 한 편의 소설처럼 흥미로운 이야기

---

1   제2장 제3절 '베냐민의 기술영상: 기술적 복제와 아우라의 파기' 참조.
2   제8장 '예술영화의 도전'; 제9장 '텔레비전 실험과 디지털 영상예술' 참조.

를 할 수 있게 되었다. 여러 가지를 동시에 관찰하는 혼란스러운 상황에서
는 서사가 제대로 전달될 수 없었다. 내용에 집중하려면 내가 지금 영화를
보고 있다는 사실조차 머릿속에서 지워버려야 하기 때문이다. 거닝은 그
것을 "서사적 집중의 영화(cinema of narrative concentration)"라고 칭했다.
역설적이게도 주류영화 또는 대중영화가 발전한 것은 매혹의 영화라는
초기 영화에 잠재된 특성이 사라진 결과인 것이다. 그렇게 영화는 어두운
영화관에서 상영되면서 전통적 예술이나 주류 문화에 편입되었다.

　영화의 내용이 서사로 채워지기 시작한 것은 텔레비전과도 연관이 있
다. 예전에는 많은 이들이 영화를 통해 뉴스를 접했다. 특히 우리나라에
서는, 다소 다른 이유 때문이기는 하지만, 1994년까지 관객들이 영화관에
서 '대한뉴스'를 보았다. 그러나 1930년대에 영국과 독일에서 텔레비전이
처음 방송되고 1950년대 이후로는 가정에 보급되면서 영화는 매스미디
어의 기능을 점차 텔레비전에 넘겨주었다. 텔레비전은 영화와 비교할 수
없을 만큼 전송력이 뛰어났으므로 뉴스 전달의 역할을 담당하기에 더 적
절했기 때문이다. 그 과정에서 영화의 서사 기능이 두드러졌고, 1920년대
부터 영화는 허구와 환상의 이야기를 전하는 대표적인 영상 미디어로 자
리 잡게 되었다(1920년대는 할리우드의 전성기이기도 하다).

　지금도 영화를 본다는 것은 정보를 얻거나 뉴스를 접하는 것이 아니라
소설 같은 이야기를 감상하는 것을 뜻하는데, 그렇게 된 데에는 복잡한 역
사적 배경이 작용했다. 영화는 서사로 발전해 왔지만, 그 발전은 전통적
예술로의 회귀를 의미하기도 한다. 또 한편으로는 영화의 발전은 텔레비
전과 분업한 결과이기도 하다. 초기 영화가 카페가 아닌 영화관에서 상영
되고 그 내용이 서사로 채워지도록 변모해 온 역사적인 변화를 '제도화
(institutionalization)'라고 표현하는데, 이는 영화가 매혹의 영상 미디어에

그림 3-8 **1940년대의 영화관의 모습**

서 주류영화로 변모함에 따라 사회적 체계의 내부로 흡수되었음을 의미한다. 주류영화의 서사화에 대해서는 뒤에서 자세히 살펴볼 것이다.[3]

2) 영화산업의 구조화

영화가 제도화된 데에는 다른 요인도 작용했다. 특히 미국에서 영화산업 체계가 점차 구축된 것이 결정적인 요인이었다. 시네마토그래프를 최초로 발명한 뤼미에르 형제는 프랑스 사람이었지만 영화가 산업으로 발전한 것은 미국에서였다. 그리고 그 중심지는 에디슨이 키네토스코프 영화를 상영했던 뉴욕이 아니라 로스앤젤레스의 할리우드였다. 뉴욕에서 영화산업의 틀을 마련하려 했던 에디슨은 영화의 제작과 배급을 빠르게

---

3   제7장 제1절 '주류영화의 서사화와 탈서사화' 참조.

독점하기 위해 영화의 특허를 관리하는 회사 MPPC(Motion Pictures Patent Company)를 설립했다. 그러나 많은 영화인은 에디슨의 독점망을 피해 서쪽으로 자리를 옮겼다. 미국 서부는 동부보다 날씨가 좋고 인적 자원이 풍부해 영화를 촬영하기에 좋은 환경을 제공해 주었다. 그곳에서 영화가 제작될 수 있는 체계가 일찌감치 마련되어 지금과 같은 산업구조가 만들어졌다. 여기에서 말하는 산업구조란 영화가 만들어져서 사람들에 의해 관람되기까지 전 과정이 분업화되고 조직화된 것을 말한다.

제작 측면에서 살펴보면, 초창기의 제도화는 감독 시스템으로의 변화를 의미한다. 예를 들어 〈대열차강도(The Great Train Robbery)〉(1903)는 에드윈 포터(Edwin Porter)에 의해 만들어졌는데, 그는 기획, 시나리오 작성, 촬영, 그리고 편집까지 담당했다. 이처럼 초창기의 영화 제작은 한 사람에 의해 이루어졌지만, 이후로는 영화 제작 과정이 분업화되었고 그 결과 감독 시스템이 구축되었다. 감독 시스템이란 여러 사람이 영화 제작에 필요한 부분을 나누어 담당하고 전체적인 과정을 감독 한 사람이 관리하는 시스템을 말한다. 그 결과 영화는 대량생산될 수 있었고 제작에 소요되는 비용도 절감할 수 있었다.

메이저 영화사들이 만들어진 것도 이때였다. 그리하여 스튜디오 시스템이 형성되었다. 워너브라더스, MGM, 폭스, 파라마운트, 그리고 RKO의 다섯 개 대형 영화사, 즉 빅 파이브(big five)가 있었고, 그보다 작은 규모의 영화사로는 콜롬비아, 유니버셜, 유나이티드 아티스츠, 즉 리틀 쓰리(little three)가 있었다. 메이저 영화사들은 영화산업을 획기적으로 발전시키고 견고한 산업적 토대를 마련하는 데 중요한 역할을 했다. 그렇게 발전하게 된 영화사는 배급과 상영을 담당하던 회사들을 인수하고 합병했다. 거대 영화사는 제작뿐만 아니라 배급과 상영에까지 관여해 모든 영화의 제작과 유통의 흐름을 장악하게 되었다. 이러한 형태의 통합을 수직적 통합(vertical integration)이라고 한다. 수직적 통합이란 동일한 업무를 수행하는 영화사들끼리 통합하는 것을 말하는 것이 아니라 제작, 배급, 상영과 같이 영화 유통에 필요한 상이한 단계를 담당하는 회사들이 통합하는 것을 의미한다. 이러한 방식으로 기획단계에서부터 상영에 이르기까지 전체적인 과정을 관리하기 때문에 효율적인 구조가 형성될 수 있었다.

또 다른 요인으로는 스타 시스템을 들 수 있다. 스타 시스템이란 인기 배우가 장기계약을 체결해 특정 영화사가 제작한 영화에 계속해서 출연할 수 있도록 하는 체계를 말한다. 인기 있는 배우가 출연한다는 사실만으로 영화의 성공이 보장되었고 배우도 안정적인 환경에서 연기할 수 있었다. 스타는 영화의 홍보 수단임과 동시에 흥행의 보증수표와 같았다. 스타의 개념은 이처럼 영화산업이 제도화되는 과정에서 나타난 것이다.

한편 영화사는 다양한 영화를 몇 가지 유형으로 구분하기 시작했다. 이렇게 유형을 분류함으로써 장르라는 것이 만들어졌다. 영화장르를 체계화하는 것은 영화를 제작하는 사람이나 관람하는 사람 모두에게 유용하다. 특정 장르에 속한 영화는 줄거리와 형식이 비슷하므로 제작이 체계적으로 진행될 수 있었다. 그리고 관객은 장르에 관한 지식을 통해 영화가 어떤 성격일지 미리 알 수 있으므로 영화를 쉽게 이해하고 즐길 수 있었다.

감독 시스템, 수직적 통합, 스타 시스템, 그리고 장르 시스템은 1920년대에 미국에서 영화산업의 발전을 촉진시킨 중요한 요인이다. 그리고 현재 우리나라를 비롯한 여러 국가에서도 이러한 제도를 갖추게 되었다는데서 알 수 있듯이, 당시 미국이 영화산업 시스템을 구축한 것은 주류영화의 성장에 큰 영향을 미쳤다.

제4장

텔레비전의 발전

1. 텔레비전의 발명

　지금까지는 영화가 이야기를 전달하는 영상 미디어로 발전해 온 과정을 살펴보았다. 그렇다면 텔레비전은 어떨까? 텔레비전이 영상을 제작하는 방식은 영화와 다르다. 텔레비전은 대상을 작은 부분으로 나누고 분할된 부분을 전기신호로 변환시켜서 그 신호를 전송하는 방식으로 영상을 만든다. 1884년 독일의 파울 닙코(Paul Nipkow)라는 대학생은 텔레비전의 원형인 방식을 고안해 특허를 받았는데, 그것을 '닙코의 회전원판'이라고 한다. 닙코의 방식은 빛에 반응해 전기를 일으키는 셀레늄을 이용했다. 회전원판에 뚫린 구멍으로 물체를 스캔하고 그 빛을 셀레늄에 비추게 하여 전기가 발생하면 그 전기를 이용해 다른 회전원판으로 영상이 복원되었다(〈그림 4-1〉). 닙코가 고안했던 영상기술은 대상의 형태를 전기신호로 전환하고 그 신호를 다시 다른 장소에서 조합해 영상을 창출하는 텔

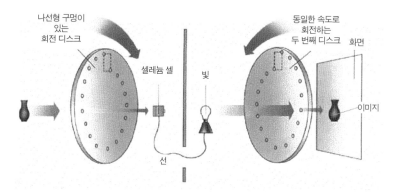

그림 4-1 **닙코 원판의 원리**

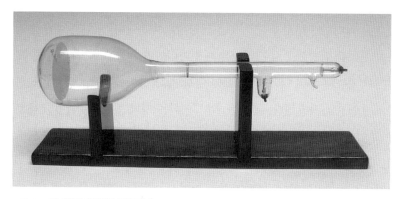

그림 4-2 **브라운이 발명한 음극선관**

레비전의 기본적인 원리이다. 1897년에는 카를 F. 브라운(Karl F. Braun)
에 의해 브라운관이라고 불리는 음극선관(cathode-ray tube)이 개발되어
텔레비전 기술이 진일보했다(〈그림 4-2〉). 음극선관의 도입으로 인해 닙
코의 방식에 기반한 기계식 텔레비전은 전자식 텔레비전으로 발전했다.
브라운관은 전자총에서 나온 전자를 형광물질에 접촉시켜 유발된 빛을
이용하는데, 이것 역시 전기신호를 영상으로 변환시키는 장치이다. 브라

운관을 이용한 텔레비전은 닙코의 방식과 달리 전자적으로 작동하지만, 전기신호를 활용한다는 점과 영상을 먼 곳으로 전송할 수 있다는 점에는 변함이 없었다. 텔레비전이 상용화되기까지 많은 이들이 기술 개발에 경쟁적으로 참여해 텔레비전은 기술적 진보를 거듭했다. 그리고 1929년에 드디어 영국의 공영방송사인 BBC에 의해 최초의 텔레비전 방송이 시작되었다.

그런데 영화가 발명과 동시에 그 역사가 시작된 것과 달리, 텔레비전은 개발되고 난 뒤 수십 년이 지나서야 영상 미디어로서의 특성을 발휘할 수 있었다. 이후 영화와 텔레비전은 서로 평행선을 달리듯이 발전했는데, 그것은 두 미디어가 서로 다른 기능을 담당했기 때문이다. 영화는 예술과 서사의 기능을 담당했고 텔레비전은 매스미디어의 기능을 담당했다. 두 미디어의 기능이 차이 나게 된 데에는 영상 제작 방식이 서로 다른 것도 하나의 요인으로 작용했다. 우리는 흔히 "영화는 영화관에서 보아야 제대로 볼 수 있다"라고 말한다. 영화는 커다란 화면에 여러 인물을 담을 수 있으며, 생생한 음향으로 섬세한 소리도 표현할 수 있다. 하지만 텔레비전의 장점은 다른 데 있었다. 텔레비전은 전기신호를 회전원판이나 브라운관을 통해 영상으로 재조직하는 기술을 기반으로 하기 때문에 영화가 할 수 없는 중요한 기능을 수행할 수 있었다. 텔레비전은 전기신호가 닿을 수 있는 곳이면 어디에서든지 시청할 수 있었던 것이다. 우리는 텔레비전을 통해 지구 반대편에서 벌어지는 사건들, 예를 들어 전쟁 상황이나 다른 나라의 대통령 선거결과도 실시간으로 확인할 수 있다.

영화와 텔레비전은 영상을 제작하는 과정도 다르다. 영화는 촬영부터 상영에 이르기까지 길고 복잡한 과정을 거쳐야 한다. 영화는 촬영이 끝났다고 해서 즉시 감상할 수 있는 것이 아니다. 후반작업(post-production)의

긴 과정을 거쳐야 하며, 또한 완성된 필름은 영화관으로 배급(distribution)
되어야 한다. 전체적인 과정이 더디다는 약점이 있지만, 여러 번의 촬영
으로 좋은 영상을 선별할 수 있고 시간을 들여 섬세하게 편집할 수도 있
다. 그렇게 만들어진 영화는 한 편의 예술작품이라고 할 만하다. 무엇인
가를 작품으로 만들려는 의도가 있다면 다른 어떤 영상 미디어보다 영화
가 적합하다.

　반면에 텔레비전은 예술적 관점에서 판단하기에 적합하지 않다. 예술
이 될 가능성이 전혀 없었던 것은 아니지만 텔레비전은 자신의 장점을 적
극 활용하는 방향으로 발전했다. 우리는 차분하게 천천히 삶을 돌아보아
야 할 때도 있지만 시시각각 변하는 세상을 빨리 파악해야 할 때도 있다.
전기신호를 실시간으로 어느 곳으로든 보낼 수 있는 텔레비전은 후자에
적합하다. 따라서 우리는 텔레비전 영상을 보도영상 또는 방송영상이라
고 한다. 이는 영화가 보여주는 예술영상, 서사영상과는 대조적이다. 텔레
비전 프로그램은 중대한 사건이 발생하면 속보를 위해 중단되기도 하는데
토마스 엘세서(Thomas Elsaesser)는 텔레비전이 이처럼 실시간으로 변화
할 수 있으므로 '대기 양식(stand-by mode)'의 특징을 지니고 있다고 했다.
이러한 특징을 지니는 것은 영화와 달리 실시간 전송을 할 수 있는 텔레비
전의 영상 기술 덕분이다. 또 방송을 뜻하는 영어 단어 broadcasting은 '널
리 전파한다'라는 의미를 갖고 있는데, 방송영상의 이러한 기능을 충족시
켜 주는 것이 텔레비전 기술이다. 텔레비전은 많은 사람에게 유용한 정보
를 신속하게 전하는 사회적이고 공적인 역할을 한다. 즉, 매스미디어인 것
이다.

2. 매스미디어 텔레비전

텔레비전이 매스미디어로 발전했다는 사실은 기술발전의 경로를 보더라도 잘 이해할 수 있다. 전기신호를 이용하는 텔레비전은 전화와 비슷한 통신장치의 원리를 기반으로 하므로 쌍방향 소통이 가능한 기술장치였다. 1920년대에 라디오는 생방송을 하거나 단방향으로 정보를 전달하는 미디어로 자리 잡고 있었는데, 텔레비전 기술은 그 길을 따라갔다. 텔레비전은 쌍방향 통신기능보다 단방향 전송기능이 강화되는 쪽으로 기술개발이 이루어졌고 전화보다 라디오와 유사한 미디어로 발전했다. 다시 말해서 정보가 전달자와 수용자 사이를 오고 가는 것이 아니라 정보를 한쪽에서 다른 한쪽으로 전달하는 영상 미디어가 되었다.

그렇다면 매스미디어란 무엇인가? 독일의 커뮤니케이션학자 게르하르트 말레츠케(Gerhard Maletzke)는 『매스미디어의 심리』에서 모든 미디어를 매스미디어로 간주할 수는 없지만 일정한 조건이 충족되면 그 미디어를 매스미디어로 간주할 수 있다고 했다. 그가 말한 일정한 조건이란, 특정한 정보를 ① 공적으로 ② 간접적으로 ③ 일방향으로 ④ 산재된 수용자에게 전달하는 ⑤ 기술적인 도구나 장치이다. 여기에 해당하는 것은 영화가 아니라 텔레비전이다. 텔레비전은 한쪽으로 정보를 전달하도록 발전했으며, 전기신호로 변형된 영상은 산재된(dispersed) 수용자에게 쉽게 전송될 수 있기 때문이다. 그리고 보다 많은 사람에게 접근할 수 있으므로 공공성을 확보하는 데에도 유리하다. 말레츠케가 언급한 매스미디어의 여러 조건 가운데에는 특히 공적인 조건이 중요하다. 여기서는 공공성에 관해 검토하기 위해 앞에서 나왔던 하버마스의 견해를 조금 더 살펴보자.

하버마스는 20세기에 큰 영향력을 끼친 철학자들 가운데 한 사람이다.

두 차례의 세계대전 이후에 독일이 부활할 수 있었던 데에는 하버마스와 같은 철학자의 사유가 큰 역할을 했다. 그는 프랑스 후기구조주의자들이 비판했던 인간의 이성이나 합리성을 끝까지 신뢰했던 학자이다. 하버마스가 인간의 이성이나 합리성을 신뢰한 데에는 중요한 이유가 있었다. 그는 합리적인 의사소통이 발생하는 공간, 즉 생활세계(Lebenswelt)의 의미에 대해 확신했기 때문이다. 생활세계란 간단히 말해서 사람들이 신분이나 계층에 관계없이 서로 모여서 의견을 주고받을 수 있는 이상적인 환경을 말한다. 특히 이러한 공간에서 인간의 정제되고 규범적인 언어활동이 이루어진다. 언어를 통해 의견을 주고받는 행위는 단순히 사람들이 만나고 접촉하는 일로만 국한되는 것이 아니다. 이성적인 인간의 올바른 언어활동이 이루어져야 생활세계가 성립될 수 있다. 그리고 하버마스는 그 공간이 18세기 이후 시민계급의 성장에 의해 활성화되었다고 주장했다.[1] 앞에서 언급한 공론장을 의미한다.

초기 공론장으로 하버마스가 언급한 사례는 시민들이 모여 토론할 수 있는 영국의 커피하우스나 프랑스의 살롱 같은 곳이었다. 공론장이 지닌 의미를 생각하면 영화가 카페에서 처음 상영된 이유 또한 쉽사리 이해할 수 있을 것이다. 공론장은 사람들이 모여 물건을 사고파는 경제활동을 하는 공간이 아니며 종교활동을 위한 공간도 아니었다. 공론장은 이미 형성된 사회체계나 이데올로기가 작동한 곳이 아니라 반대로 그것을 비판하며 새롭게 형성된 공간이다. 왜냐하면 시민들은 실로 오랜 세월 동안 지속되었던 생각이나 생활방식을 수정하고 새롭게 만들어야 했기 때문이다. 그리고 그 작업을 함께할 장소도 필요했다. 초기 공론장은 카페 같은

---

1   위르겐 하버마스, 『공론장의 구조변동』, 한승완 옮김(나남, 2001).

곳이었고 이후 진보된 형태의 공론장으로는 매스미디어가 그 기능을 떠맡았다.

영국의 사회학자 존 톰슨(John Thompson)은 매스미디어가 갖는 공론장의 기능에 대해 강조하면서 매스미디어를 통한 다수의 참여가 어떤 의미를 지니는지 설명했다. 예를 들어 파놉티콘(panopticon)은 소수의 사람이 다수의 사람을 볼 수 있는 시설을 말하는데, 이러한 상태에서는 소수의 사람이 다수를 관찰하면서 다수에 대한 정보를 획득하기가 용이하다. 이러한 원리는 감옥 건축에도 응용되었다. 푸코는 『감시와 처벌』이라는 책에서 파놉티콘에 대해 자세히 다루기도 했다.[2] 그런데 매스미디어는 파놉티콘과 상반되는 원리를 지니고 있다. 불특정한 다수의 사람이 소수의 사람으로부터 정보를 얻는 구조를 갖추고 있기 때문이다. 파놉티콘은 소수의 사람이 많은 사람을 볼 수 있도록 하기 때문에 소수의 사람이 많은 사람에게 권력을 행사할 수 있도록 만든다. 그와는 반대로 매스미디어는 다수의 사람이 정보를 획득할 수 있는 수단을 제공하기 때문에 권력의 영향 아래 놓여 있던 많은 사람들로 하여금 권력을 행사할 수 있게 만든다.[3]

공론장에서 매스미디어가 수행하는 역할에 관한 톰슨의 의견을 따라가면 전기신호를 송신하는 원리로 영상을 만드는 텔레비전이 어떤 의미를 지니고 있는지 알 수 있다. 하지만 한편으로는 매스미디어가 공론장의 역할을 한다는 인식이 문제점으로 지적되기도 한다. 공론장으로서의 매스미디어의 역할에 대해서는 매스미디어가 공론장이 되어야 한다는 당위성이나 공론장이 되었으면 좋겠다는 바람에 불과할 뿐, 현실에서 실제로 매스미디어가 진보된 공론장의 기능을 제대로 수행하는 것은 아니라고 비

---

2   미셸 푸코, 『감시와 처벌』, 오생근 옮김(나남, 2020).
3   존 톰슨, 『미디어와 현대성』, 강재호 외 옮김(이음, 2010).

판하는 사람도 많다. 그리고 처음부터 공론장으로서의 기능에 대해 회의적인 사람도 있다.

예를 들어 테오도르 아도르노(Theodor Adorno)는 텔레비전이 다수에게 정보를 전달하기는 하지만 그러한 특징이 악용될 수도 있다는 점을 강조했다. 그는 프랑크푸르트학파의 비판이론가 가운데 한 사람이었다. 프랑크푸르트학파가 비판했던 대상은 주로 정치적 파시즘과 심화된 산업화의 경향이었는데 그들은 매스미디어가 오히려 이러한 산업화를 부추긴다고 주장했다. 그리고 매스미디어가 많은 사람에게 정보를 전해주기도 하지만, 다른 한편으로는 매스미디어를 통해 똑같은 정보를 동시에 수용하기 때문에 사람들이 획일적인 견해를 가지게 될 것이라고 우려했다. 그 상태에서 매스미디어가 정보를 조작한다면 대중이 거짓을 사실이라고 믿을 수도 있다는 점을 지적했다. 아도르노는 이를 "대중기만"이라고 표현했다. 정보가 전기신호를 타고 산재한 수용자들에게 신속하게 전달되는 데에는 분명 긍정적인 측면과 함께 부정적인 측면도 있다. 우리가 텔레비전에서 유익한 정보를 얻기도 하지만 반대로 텔레비전이 우리를 기만할 수도 있기 때문이다.

3. 텔레비전의 전성기와 시청자

텔레비전을 보는 것은 영화를 감상하는 것과 다르다. 사람들은 텔레비전을 보면서 '예술작품(artwork)'을 감상한다고 말하기보다 '프로그램(program)'을 본다고 말한다. 그리고 텔레비전을 켜는 사람들이 기대하는 바는 영화표를 예매하는 사람들이 기대하는 바와 다르다. 텔레비전은 영화관처럼 특별한 장소가 아닌 우리가 생활하는 가정에서 시청되기 때문이다. 따라서 텔레비전은 일상생활에 필요한 정보를 전달해 주는 미디어의 기능을 수행하게 되었고 공적인 매스미디어가 될 수 있었다. 그러나 이러한 차별성이 확고해진 것은 제2차 세계대전 이후의 일이다. 그전까지 텔레비전은 수십 년 동안 전성기를 누리던 할리우드의 영광을 지켜보아야만 했다. 그런데 1949년에 미국에서 텔레비전 보급이 400%나 증가하자 영화 관객이 20% 정도 감소했다. 그러한 변화는 유럽에서도 나타났다.

제2차 세계대전 이후 가파른 경제성장의 결과로 대다수 가정에서는 텔레비전을 일상적인 가전제품으로 소유하게 되었다. 텔레비전은 전송능력이 뛰어나지만, 이를 수신할 수 있는 환경이 마련되어야 그러한 장점이 발휘될 수 있다. 그 때문에 텔레비전이 발명된 이후 상용화될 때까지는 오랜 시간이 걸렸다. 1960년대에는 컬러텔레비전이 개발되어 시청자가 더욱 늘어났다. 또한 비디오 리코더까지 개발되자 텔레비전 영상을 저장하거나 보관할 수 있게 되었고 방송은 시공간적 제약으로부터 더욱 자유로워졌다. 산재된 다수의 수용자가 집에서 영상을 빠르고 편안하게 볼 수 있게 되자 텔레비전의 기능은 더욱 확대되었다.

매스미디어의 기능을 떠맡은 텔레비전은 같은 이유에서 가정의 일상생활과도 밀착되었다. 일상생활과 밀접한 덕분에 텔레비전은 또 다른 특징을 지니게 되었는데, 이 점도 주목할 필요가 있다. 텔레비전 시청은 영화처럼 집중한 상태에서 이루어지지 않는다. 식사를 하면서도 텔레비전을 켜놓고 있으며 식구들끼리 모여 심각한 대화를 할 때에도 텔레비전은 쉬지 않고 영상을 보여준다. 릭 앨트먼(Rick Altman)은 이렇게 집중하지 않는 텔레비전 수용자를 '간헐적 시청자(intermittent viewer)'라고 칭했다. 사람들은 드라마를 보다가 중단하고 다른 일을 하기도 하고, 관심 가는 프로그램이 시작되면 하던 일을 멈추고 다시 텔레비전에 주의를 기울이기도 한다. 간헐적 시청자는 특정한 프로그램이 아니라 단지 텔레비전에서 방송되는 무엇인가를 보기 위해 텔레비전을 켠다. 우리는 본방사수라는 말을 하는데, 그 말은 텔레비전 시청의 특성을 설명하기보다 오히려 텔레비전 시청자의 무관심을 반증한다.

텔레비전 프로그램 중에서는 드라마가 영화와 유사하다고 할 수 있다. 서사구조를 지닌 드라마의 경우 상대적으로 많은 집중력을 필요로 하기 때문에 시청자는 드라마가 방송되는 시간에 맞추어 텔레비전을 보려고 한다. 하지만 드라마 역시 간헐적 시청을 고려해서 제작된다. 시청률이 높은 드라마라고 하더라도 하나의 에피소드가 끝나면 다음 날 이어지는 에피소드를 기다리는 반복 시청자가 평균적으로 50%가 채 되지 않는다. 그렇기 때문에 드라마는 영화와 다른 서사구조를 지니고 있다. 예를 들어 영화에서는 주인공을 중심으로 이야기가 진행되지만, 드라마에서는 여러 인물이 등장하며, 어떤 순간에는 특정 인물이 주인공인 것처럼 그들의 갈등이나 내면의 심리가 묘사된다. 그렇다고 해서 인물과 사건의 패턴이 다양한 것은 아니며 구조화된 유형이 계속해서 반복된다.

텔레비전 드라마가 이런 특성을 지니는 것은 방송시간이 길기 때문이기도 하지만 사실 간헐적 시청을 고려한 결과이다. 드라마는 시청자가 잠깐 시청을 중단했다가 다시 돌아오더라도, 또 에피소드를 한두 차례 건너뛰더라도 문제없이 볼 수 있도록 서사가 반복적이고 구조적인 특성이 강하다. 다시 말해 영화나 텔레비전의 내용은 해당 미디어의 기술적 기반이나 미디어 특성, 또 해당 미디어에 적응하려는 수용자의 특성으로부터 영향을 받는다.

그러나 최근에는 수용자의 이러한 시청태도에 변화가 생겼다. 몰아보기 또는 정주행(binge-watching)이 늘어났고 보고 싶은 프로그램을 골라 보는 시청자도 많아졌다. 이러한 변화가 나타난 것은 디지털 기술이 도입된 이후, 그러니까 20세기 말 이후이다.

지금까지는 텔레비전 시청자의 특징을 알아보았다. 이제 텔레비전 내용물의 특징에 대해 알아보자. 텔레비전의 내용은 영화보다 복잡하고 다양하다. 허구적 서사를 보여주는 영화를 주류영화라고 할 만큼 영화는 대표적인 형식이 있는 반면, 텔레비전은 다양한 장르로 구성되어 있다. 초창기에는 다룰 수 있는 내용이 제한적이었지만 텔레비전이 전성기를 맞이하면서 곧 다양한 장르가 텔레비전 내용을 가득 채우게 되었다. 그리고 시청자들은 특정한 장르만 수용하는 것이 아니라 다양한 장르를 계속해서 시청할 수 있었다. 텔레비전 시청자들은 하나의 콘텐츠가 끝나면 곧 다른 콘텐츠도 볼 수 있다. 뉴스를 본 다음에 드라마를 보기도 하고, 드라마 다음에 이어서 방송되는 스포츠 중계나 예능 프로그램을 보기도 한다. 이처럼 뉴스, 다큐멘터리, 드라마, 예능, 스포츠 등 다양한 장르에 속하는 프로그램들이 서로 촘촘하게 짜여 있다. 텔레비전은 쉬지 않고 무엇인가를 우리에게 보여준다. 따라서 텔레비전의 내용물을 작품이라고 하지 않고 프로그램이라고 한다. 한편 이러한 개별 프로그램을 서로 배열하는 일이 중요한데, 이러한 작업을 프로그래밍(programming) 또는 편성이라고 한다. 방송사나 제작사 입장에서는 콘텐츠를 만드는 것도 중요하지만 수많은 프로그램을 언제 어느 채널에 편성할지 정하는 것도 중요한 문제이다.

4. 프로그램의 흐름

1) 프로그램의 의미

텔레비전의 내용을 이해하기 위해서는 프로그램의 속성과 그 프로그램
이 제작된 배경을 살펴봐야 한다. 그리고 프로그램의 편성이 어떤 의미를
지니는지 이해하는 것도 중요하다. 애초에 텔레비전은 단방향 전송을 위
한 영상 미디어였기 때문에 많은 정보를 끊임없이 시청자들에게 제공하
는 매스미디어가 되었다. 따라서 텔레비전의 내용물은 작품으로서의 특
징을 지니기보다 프로그램의 속성을 지닌다. 텔레비전의 기술적인 특수
성이 영상에 프로그램의 속성을 부여한 것이다.

그렇다면 프로그램이란 무엇인가? 영어 단어 program은 '이전에 또는
앞에(pro) 있는 글(gram)'을 의미한다. 원래 있어야 할 글보다 더 앞에 있
다는 의미이다. 부연설명하자면, 프로그램은 미래에 읽게 될 글이나 보게
될 방송에 대한 정보이자 많은 내용이 어떻게 배열되어 있는지 알려주는
또 다른 글을 말한다. 즉, 프로그램은 글에 관한 글이다. 그런데 텔레비전
의 내용물이 왜 글에 관한 글인가? 프로그램의 목적은 계획된 것과 실행
된 것 간의 차이를 좁히는 것이다. 영상 미디어의 경우 프로그램은 영상의
제작과 영상의 수용 간의 차이를 좁혀주는 역할을 한다. 즉, 계획된 대로
실행될 가능성을 높이는 것이 프로그램의 목적이다. 텔레비전 내용물은
양도 많고 종류도 다양하기 때문에 제대로 정리되어야만 시청자들에게
필요한 정보를 안전하게 전달할 수 있다. 이는 또한 높은 시청률과 방송사
의 이윤창출로도 이어진다. 공론장의 기능을 위해서든 산업적 측면에서
든 프로그램은 매우 중요하다.

계획을 잘 실행하기 위해서는 다음 두 가지 조치를 생각해 볼 수 있다. 첫째, 테트리스를 하듯이 여러 장르의 많은 콘텐츠를 시간별·채널별로 잘 배치하는 것이다. 둘째, 개별 콘텐츠를 제작할 때 처음부터 다른 콘텐츠와 관련성을 갖도록 하는 것이다. 그렇게 하면 시청자들이 많은 개별 프로그램의 전체적인 맥락을 파악할 수 있게 된다. 첫째 조치를 선택하면 그 결과로 개별 프로그램, 즉 다양한 장르의 텔레비전 콘텐츠들을 적절하게 방송할 수 있는 하나의 계획이 작성된다. 텔레비전을 시청하기 전에 사람들은 다른 미디어를 통해 잘 정리된 프로그램을 파악할 수 있으므로 많은 내용물 가운데 언제 어느 것을 시청할지 정하게 된다. 둘째 조치를 선택하면 그 결과로 하나의 개별 콘텐츠가 다른 콘텐츠들과 관련성을 갖게 된다. 따라서 텔레비전의 개별 콘텐츠들도 마찬가지로 프로그램이라고 칭한다.

이처럼 프로그램은 방송의 내용을 안내하는 정보를 뜻하기도 하지만, 개별 텔레비전 콘텐츠를 지칭하는 의미로도 사용된다. 모순적이라고 여겨질 수도 있지만 그만큼 하나의 방송 프로그램은 다른 것과 긴밀하게 연관되어 서로에 대한 정보를 제공한다. 물론 프로그램의 첫째 의미와 둘째 의미가 일치하는 경우도 있다. 텔레비전은 다른 프로그램에 대한 정보를 전해주는 프로그램을 많이 지니고 있기 때문이다. 예를 들어, 토크쇼에 출연한 연기자가 자신의 드라마를 홍보한다면 당연히 그 토크쇼는 다른 프로그램으로 안내하는 또 다른 프로그램이다. 더 확실한 예로는 다른 프로그램을 소개하는 트레일러(trailer)를 들 수 있다. 광고도 다른 프로그램과의 연관성을 지니고 있다. 텔레비전은 장르와 채널을 넘어 다른 콘텐츠에 대해 끊임없이 이야기하는 미디어이며, 텔레비전 프로그램은 다른 프로그램과 연관성을 지니고 있다.

그렇다면 프로그래밍, 다시 말해 편성은 무엇을 뜻할까? 방송사가 개별 프로그램의 연관성을 유지하기 위해서는 개별 프로그램을 어떻게 제작할 것인지 또는 어떻게 편성할 것인지가 매우 큰 관건이다. 방송사는 제작할 프로그램의 장르나 포맷뿐 아니라 제작된 다양한 프로그램을 의미 있게 배치하는 것도 고민해야 한다. 예를 들어 어떤 프로그램을 매일 동일한 시간대에 편성할 경우 시청자들은 자신의 일정과 조율해 그 프로그램을 일정 시간에 보는 습관을 지니게 된다. 이러한 방식을 줄띠 편성(strip programming)이라고 한다. 한편 같은 장르의 프로그램 또는 유사한 내용을 지닌 프로그램을 오랜 시간 동안 계속해서 편성하면 그러한 프로그램을 좋아하는 시청자들은 채널을 돌리지 않을 것이다. 이러한 방식은 구획 편성(block programming)이라고 한다. 줄띠 편성이나 구획 편성은 여러 가지 편성 전략 가운데 일부분이다. 이러한 편성 전략의 목적은 프로그램을 이어서 배열함으로써 각 프로그램이 서로 관련성을 맺도록 하는 것인다. 이를 통해 개별 콘텐츠는 각기 독립적인 것이 아니라 다른 콘텐츠와 관련성을 지닌다는 사실을 알 수 있다.

편성에서 고려할 점은 그것뿐만이 아니다. 특정한 장르의 프로그램을 일정한 비중으로 편성하도록 강제하는 법적 규제도 있기 때문이다. 방송사는 상업적 이익을 고려해야 하지만 공적 책무도 지니고 있기 때문에 법적인 문제 또한 감안해야 한다. 시청자들은 별생각 없이 텔레비전을 즐기지만, 방송인들은 이면에서 이처럼 복잡한 수 싸움을 하고 있다.

2) 흐름과 상호텍스트

텔레비전 프로그램은 다음 두 가지 속성을 지니고 있다. 첫째, 시청자가 텔레비전을 끄지 않는 이상 끝없이 계속된다는 점이며, 둘째, 텔레비전의 내용은 인접한 프로그램과 관계가 있다는 점이다. 이 두 가지 속성은 텔레비전 콘텐츠가 영화 미디어에 영향을 준 전통적 예술작품과 다르다는 사실을 잘 보여준다. 레이먼드 윌리엄스(Raymond Williams)는 이러한 텔레비전 미디어의 특징을 흐름 또는 플로(flow)라고 칭했다. 텔레비전을 수용하는 곳이 영화관이나 미술관 같은 특별한 장소가 아니라 우리가 생활하는 집 안이라는 점을 고려하면 텔레비전은 시청자를 위해 흐름을 타야 한다. 흐름을 연결하는 것은 방송의 전략 또는 책무이지만 비단 방송사만 흐름이 연결되기를 원하는 것은 아니다. 시청자들도 텔레비전과 일상생활을 함께하고 텔레비전을 간헐적으로 시청하길 원하기 때문에 흐름이 연결되기를 원한다. 윌리엄스는 다음과 같이 말했다.

> 모든 발달된 형태의 방송시스템은 특정한 구조와 그에 따른 특정한 경험을 갖는데, 그것은 다름 아닌 연속(sequence) 또는 흐름(flow)이다. 계획된 흐름(planned flow)이라는 이 독특한 현상은 기술로서의 방송과 동시에 문화적 형식으로서의 방송이 가진 특징을 결정적으로 이끌어내는 차별적인 요소이다.[4]

"텔레비전을 본다"라거나 "라디오를 듣는다"라는 표현을 사용할 때, 우리는 개별적인 특정 프로그램에 대한 경험만 언급하는 것일까? 아니다. 우리는 개별적인 프로그램 이상의 전체적인 경험을 언급하는 것이다. [……] 라디오와 텔레비전 방송의 초기 단계에는 프로그램들 사이에 시간적 틈이 있었는데, 이 틈을 메우면서 동시에 방송이 계속 진행 중이라는 표시를 할

---

4   레이먼드 윌리엄스, 『텔레비전론』, 박효숙 옮김(현대미학사, 1996), 143쪽.

필요가 생겨나자 음악이나 특정 화면을 고정적으로 제공하는 관례가 생겨 났다.[5]

윌리엄스는 초창기에는 음악이나 특정 화면을 제공하는 것이 흐름을 유지하기 위한 방법이었다고 언급했다. 그러나 흐름을 유지하기 위한 방법은 다양하다. 서로 다른 장르에 속하는 뉴스나 드라마가 연이어서 방송 되는 경우 프로그램을 제작하고 배열하는 방송국은 뉴스에서 화제가 되 었던 인물이 등장하거나 비슷한 사건을 다루는 드라마를 연속으로 시청 할 수 있도록 편성하곤 한다. 방송국의 이러한 편성방식은 시청자들을 텔 레비전 앞에 묶어두려는 하나의 전략이다. 뉴스 프로그램 이후에는 관련 된 주제에 관한 토론 프로그램을 방영하기도 한다. 하지만 때로는 이런 편 성이 장르를 뛰어넘어 이루어지기도 한다. 예를 들어 선거철이 되면 개표 방송 뒤에 선거를 주제로 한 영화를 연이어서 방영하기도 한다. 방송사는 간헐적 시청자를 위해 여러 가지 아이디어를 짜는데, 이러한 텔레비전의 특징 역시 윌리엄스가 말한 흐름의 한 단면이다.

한 편의 서사작품을 감상하는 것과 달리 텔레비전 시청자들은 다양한 조각을 연속적으로 수용한다. 영화보다 늦게 출발한 텔레비전은 영상의 형식적·미학적 차원에서 영화로부터 많은 도움을 받았지만, 프로그램이 라는 독특한 내용을 지니게 되었으며 또 흐름이라는 문법을 발전시켰다. 텔레비전이 이러한 방식으로 발전한 것은 영상을 제작하는 방식이 애초 에 영화와 달랐기 때문이다. 영화 미디어는 하나의 작품을 생산하는 반면, 텔레비전 미디어는 개별적인 작품이 한데 모여 덩어리처럼 된 것, 그러나

---

5   같은 책, 147쪽.

개별적인 요소들의 위치가 계획에 따라 정해진 것을 내용으로 한다.

　이러한 차이점은 넓은 시각에서 해석할 수 있다. 텔레비전이 프로그램의 흐름을 갖게 된 것은 단순히 텔레비전이 대중적이거나 기술적이기 때문만은 아니다. 또한 특정 방송사가 시청자를 자신의 채널에 묶어두려는 상업적인 의도를 지녔기 때문만도 아니다. 사실 20세기 중반 이후부터는 비평가들이 예술작품을 이해하는 태도가 많이 달라졌는데, 혹자는 이를 모더니즘 또는 포스트모더니즘이라고 칭한다. 텔레비전 프로그램의 속성은 이처럼 달라진 생각과 맥을 같이한다. 이에 대해 잠시 살펴보자. 지금까지 영화와 텔레비전, 두 미디어가 만들어내는 생산물의 차이가 작품과 프로그램이라는 셈을 비교하면서 살펴보았다. 그런데 독립된 예술작품도 프로그램처럼 다른 작품과 서로 연관되어 있다는 인식이 20세기 중후반에 나타나기 시작했다. 그 결과 예술작품도 독립적으로 기능하지 않는다는 관점이 등장했다. 그 가운데 하나가 인터텍스트성(intertextuality) 또는 상호텍스트성 이론이다. 이러한 개념은 현대적인 비평개념을 이끌었던 프랑스 철학자 가운데 한 사람인 줄리아 크리스테바(Julia Kristeva)에 의해 제안되었다.[6]

　예전에는 예술작품이란 하나의 완결된 체계를 지니고 있으며, 그 체계 속에서 어떤 삶의 모습이나 본받을 만한 인물이 형상화된다고 여겨졌다. 그것을 예술의 자율성이라고 한다. 이러한 전통적인 생각은 여러 방향에서 공격을 받는데 상호텍스트성 이론도 이 같은 비판의 결과이다. 사실 천재적인 예술가가 어떤 영감을 받아서 뛰어난 작품을 창조했다고 여길 수도 있지만, 달리 생각해 보면 그 예술가의 창작은 그가 다른 예술작품을

6　줄리아 크리스테바, 『시적 언어의 혁명』, 김인환 옮김(동문선, 2000).

감상하면서 받은 자극이 변형된 결과라고 볼 수 있다. 그렇게 본다면 예술가는 창조하는 사람이 아니라 다른 예술작품을 재조직하는 사람에 불과하다. 따라서 문학 같은 예술작품은 여러 작품이 상호작용한 결과로 볼 수 있는데, 그러한 특성을 상호텍스트성이라고 부른다. 상호텍스트성 이론은 글을 읽는 독자나 영상을 감상하는 관객의 활동을 설명하기 위해 활용된다.

우리는 글을 읽을 때 항상 예전에 읽었던 어떤 것과 지금 읽는 것을 서로 연관시켜서 의미를 이해한다. 그렇게 본다면 독서와 이해란 어떤 내용을 깨닫는 것이 아니라 과거에 읽었던 글과 지금 읽고 있는 글 사이를 연결 짓는 행위라고 볼 수 있다. 이 때문에 상호텍스트성 이론가들은 문헌을 대하는 일이 마치 실을 엮어서 옷감을 만드는 것과 비슷하다고 여겼다. 그리고 그들은 문헌, 문자, 글, 작품 같은 용어보다 옷감(textile)을 의미하는 '텍스트'라는 표현을 더 많이 사용했다. 예술작품을 상호텍스트성 이론으로 분석한다는 것은 하나의 작품이 다른 작품과 어떤 관계가 있는지 이해하려는 시도를 의미한다. 그렇다면 결국 예술작품도 텔레비전 프로그램의 특징을 지니고 있다고 볼 수 있다. 상호텍스트성 이론이 옳은지 아니면 너무 과장되었는지에 대한 논란은 있지만, 이 이론을 통해 영화를 비롯한 많은 예술작품도 텔레비전처럼 프로그램의 속성을 지닌다는 점을 이해할 수 있다.

제5장

영화와 텔레비전

1. 영화의 환상과 텔레비전의 현실

　영화와 텔레비전은 둘 다 움직이는 영상을 보여주는 미디어이지만 제
각기 다른 기능을 수행한다. 영화는 예술 미디어로, 텔레비전은 매스미디
어로 기능했고, 그 결과 영화는 서사로서 한 편의 작품처럼 되었다. 텔레
비전도 서사에 중점을 두기도 하지만, 영화같이 사건의 맥락을 예술적으
로 표현하기보다 많은 이들에게 빠르고 정확하게 정보를 전달하는 것이
주요 목적이다. 영화를 감상하는 사람은 감동과 교훈을 얻기 위해 영화에
집중하려는 마음가짐을 갖는다. 하지만 텔레비전을 보는 마음가짐은 다
르다. 텔레비전은 언제든지 켤 수 있으며, 잠깐 여유가 생겨도 텔레비전
을 볼 수 있다. 간헐적으로 볼 수도 있어서 시청자는 상대적으로 분산된
심리상태로 텔레비전을 대한다.
　보도나 시사 프로그램은 말할 것도 없고 텔레비전 드라마도 상대적으로

일상적인 소재를 주로 다룬다. 지구가 멸망하거나 공룡이 부활하는 것처럼 황당한 내용이나 연쇄살인범의 잔혹한 이야기는 영화에 어울린다. 텔레비전이 일상적인 데에는 또 다른 이유가 있다. 텔레비전은 시청률을 위해 또는 방송의 공적인 의무를 다하기 위해 많은 사람에게 관심이 있는 프로그램을 제작하기 때문이다. 그렇기 때문에 아무래도 일상적인 내용이나 생활에 도움이 되는 정보를 소재로 활용한다. 텔레비전의 이야기 구조는 영화에 비해 단순하며 시청자들의 몰입 또한 복잡한 구조를 소화할 만큼 충분하지 않다. 영화는 관객이 몰입의 상태에서 특별한 체험을 할 수 있도록 여러 가지 장치를 이용하는 반면, 텔레비전은 정보를 빠르게 전달하거나 시청자들이 다양한 프로그램을 볼 수 있도록 기술이 발전되어 왔다.

텔레비전은 끝없는 계속되는 우리의 삶과 닮아 있으며 따라서 일상적이고 사실적인 특징을 갖고 있다. 따라서 텔레비전 드라마의 인물이나 예능 프로그램에 등장하는 연예인은 마치 우리가 잘 아는 친구처럼 느껴진다. 요즘은 특히 배우나 가수, 코미디언이 텔레비전 예능에 자주 등장하는데 여기서도 텔레비전 프로그램의 개방적인 속성을 파악할 수 있다. 그들은 서로 다른 장르 프로그램에 출연해 서로 다른 역할을 연기하더라도 자신의 정체성을 어느 정도 유지한다.

영화도 실제로 벌어졌던 역사적 사건을 소재로 삼는 경우가 자주 있다. 하지만 실제 사건을 다룰 때에는 각색해서 영화화한다. 각색의 강도가 높아지면 그것은 팩션(faction)이 된다. 팩션은 팩트(fact)와 픽션(fiction)의 합성어이다. 팩션은 영화에서 더 많이 허용되며, 시간을 내어 값비싼 영화표를 구매한 관객에게 어울린다. 영화를 관람하는 관객은 이벤트를 즐기면서 일상에서 벗어나 환상과 꿈의 세계로 들어가려 한다. 사실 영화가 꿈과 유사하다는 주장도 있다. 우리는 영화관에 가면 마치 어두운 굴속에 들어가듯 어렵게 자리를 찾아간다. 그러다가 영화가 시작되면 점점 밝아지는 영상을 본다. 그것은 깊은 잠이 들어 꿈을 꾸는 경험과 비슷하다. 꿈속에서 황당무계한 일이 벌어져도 이상하지 않듯 영화의 환상도 그렇게 이상하게 느껴지지 않는다. 실제로 영화를 꿈과 비교해 설명하려는 시도가 있었다.[1]

하지만 텔레비전은 꿈에 비유할 수 없다. 간헐적 시청을 하면서 환상에 깊이 빠질 수는 없기 때문이다. 게다가 텔레비전 화면은 작고 영상도 영화처럼 섬세하지 못해 환상을 그럴듯하게 표현하기 어렵다. 텔레비전을 켜는 시청자는 매스미디어로부터 정보를 얻거나 여가를 즐기고자 하기 때문에 텔레비전에서 뛰어난 영상미를 추구하는 것은 큰 의미가 없다. 오히려 텔레비전은 자막이나 내레이션을 통해 무엇이든 정확하게 전달하는 것이 중요하다. 뉴스를 통해 정보를 얻으려는 사람들에게는 영상의 아름다움보다 메시지가 더 중요하기 때문이다.

2. 영화와 텔레비전의 상호미디어성

1) 콘텐츠 차용

지금까지 텔레비전과 영화가 다루는 내용의 차이점을 예술작품과 프로그램, 몰입과 분산, 환상과 현실, 이벤트와 정보 같은 용어들로 구분해서 보았다. 그렇다고 텔레비전과 영화가 계속해서 서로 다른 길을 간 것은 아

---

1   제16장 제3절 '구조 발생의 근원' 참조.

니다. 서로 협력하기도 하며 기능이 중첩되는 경우도 상당하다. 이것을 상호미디어성이라고 한다. 상호미디어성에는 여러 가지 유형이 있지만, 여기서는 두 가지 측면, 즉 내용 차원에서의 교류와 미디어 차원에서의 교류에 대해 살펴보자.

내용 차원에서 교류하는 대표적인 사례는 하나의 미디어 내용을 다른 미디어에서 차용(adaptation)하는 것이다. 이러한 사례는 과거의 예술이나 미디어에서도 빈번하게 있었다. 한 예로 문학작품을 영화화(literary adaptation)하는 것을 들 수 있다. 회화나 음악이 문학으로 변형되는 경우도 있고, 그 반대의 경우도 있다. 차용으로 상호교류함으로써 특정한 예술이나 미디어의 단점을 보완할 수 있다는 주장이 있다. 전통적으로 오페라 공연이나 클래식 음악 연주회는 귀족들에 의해 향유되는 예술이었고, 지금도 큰 비용을 지불해야 관람할 수 있다. 하지만 이러한 공연을 텔레비전으로 방송해 시청자들이 편하게 가정에서 감상할 수 있다면 그것은 텔레비전 미디어의 장점이 잘 발휘된 결과일 것이다. 이는 상호미디어성의 이점을 아주 현실적인 관점에서 살펴본 것이다.

영화가 흥행에 성공하면 그 영화를 각색해서 텔레비전으로 방송하는 경우도 있고, 반대로 텔레비전 드라마를 영화가 차용하는 경우도 있다. 이것은 OSMU(one source multi use)의 좋은 예이다. OSMU란 하나의 내용 원천을 여러 미디어에서 활용하는 콘텐츠 제작전략을 말한다. 이는 두 영상 미디어가 시청자나 관객을 두고 경쟁만 하는 것이 아니라 서로 협력하기도 한다는 것을 의미한다. 다만 개별 미디어를 수용하는 환경이 서로 다르기 때문에 개작을 해서 미디어의 특성에 잘 맞도록 이야기를 변형시킨다.

예를 하나 들어보자. 미국 ABC 방송사에서 제작해 1966년부터 방송된

그림 5-1 **드라마 시리즈 〈미션 임파서블〉**

그림 5-2 **영화 〈미션 임파서블〉**

〈미션 임파서블(Mission Impossible)〉은 인기 있던 스파이 액션 드라마이

다(드라마 〈미션 임파서블〉은 1969년 KBS에서 〈제5전선〉이라는 제목으로 방송

되기도 했다). 1973년까지 모두 171편의 에피소드가 방송되었는데, 그 시

리즈는 1996년 톰 크루즈 주연의 영화로 각색되었고 흥행에 성공한 이후

일곱 편이나 더 제작되었다. 이 두 작품을 비교하면 영상 미디어의 특성에

맞추어 어떻게 개작이 이루어지는지 이해할 수 있다. 드라마 〈미션 임파서블〉에는 기발한 아이디어를 갖추고 첨단 기술을 사용하는 요원들이 등장한다. 따라서 활력 있는 액션과 스펙터클한 영상으로 묘사되는 영화 〈미션 임파서블〉과는 다른 재미가 있다. 드라마 〈미션 임파서블〉의 스파이는 감정을 잘 드러내지 않고 액션도 절제하기 때문에 영화 〈미션 임파서블〉에서 톰 크루즈가 연기한 스파이와는 매우 다르다. 텔레비전 시리즈의 인물들은 임무를 수행한 뒤 자신들의 존재와 활동을 밝히지 않는다는 점도 흥미롭다. 이 또한 원한이나 복수, 치열한 대결의 이야기가 전개되는 영화 〈미션 임파서블〉과 대조적이다. 앞에서 살펴본 영화와 텔레비전의 차이를 상기한다면 드라마 〈미션 임파서블〉과 영화 〈미션 임파서블〉이 왜 그렇게 다른지 이해할 수 있을 것이다.

영화관을 찾은 관객들은 강렬한 액션과 진기한 이야기를 기대하지만, 텔레비전 시청자들은 현실에서 벌어질 법한 사랑과 가족의 이야기를 선호한다. 그 차이점은 영화 〈친구〉(2001)를 각색한 MBC 드라마 〈친구, 우리들의 전설〉(2009)을 비교하면 이해할 수 있다. 드라마 〈친구〉는 사건의 맥락이 더 세밀하게 표현되어 인물의 성격이나 행동이 자세하게 묘사된다. 이는 115분 러닝타임의 영화 〈친구〉가 20부작으로 개작되었기 때문이기도 하다. 그리고 인물들의 관계에 대한 장면을 많이 추가해 멜로드라마나 가족 이야기의 분위기가 강해졌다. 따라서 시청자들은 드라마를 통해서는 영화에 등장하는 인물들의 친숙하고 인간적인 면모를 접할 수 있다. 〈미션 임파서블〉이나 〈친구〉는 영화와 텔레비전이 서로 공생하는 관계이면서도 서로 소재를 교환하는 과정에서는 각기 다른 미디어임을 보여준다.

2) 상호미디어 지시

　하나의 영상 미디어는 다른 영상 미디어가 다룬 내용만 빌려오는 것이 아니라 다른 미디어 자체를 내용으로 다루는 경우도 많다. 혹자는 그러한 미디어 간 관계를 상호미디어 지시(intermedial reference)라고 한다. 여기서 하나의 영상 미디어는 다른 영상 미디어를 소재로 삼아 이야기하거나 논평하는 입장을 취한다. 그렇게 다른 미디어를 지시하는 방식은 각각의 미디어 특성에 맞게 이루어진다. 서사 위주의 영화는 텔레비전에 관한 내용을 이야기로 만들고, 반대로 보도 위주의 텔레비전은 영화에 관한 내용을 뉴스나 다큐멘터리 형식으로 다룬다. 다른 영상 미디어를 다루면서도 그 방법에서는 본래의 미디어의 특성을 잘 반영하는 것이다.

　예를 들어 영화 〈브로드캐스트 뉴스(Broadcast News)〉(1987)는 방송사에서 뉴스를 제작하는 사람들의 욕망과 갈등을 흥미롭고 극적인 서사로 만들었다(〈그림 12-10〉). 그러나 객관적인 사실보도를 해야 하는 방송뉴스가 지닌 부정적인 면을 은연중에 암시한다. 반면에 텔레비전도 영화를 영상 미디어로 다루는데, 텔레비전의 특성에 맞게 영화에 대해 보도하거나 비평한다. 이것은 일종의 영화 저널리즘이다. 영화 저널리즘이란 주로 잡지나 신문을 통해 영화를 소개하거나 비평문을 게재하는 저널리즘 형식을 말한다. 방송사들은 영화에 관한 프로그램을 편성함으로써 영화 저널리즘의 기능을 수행한다. 시청자들은 텔레비전에 출연한 영화배우나 감독이 영화를 제작할 당시 벌어졌던 일에 대해 이야기하는 것을 들으며 영화에 관한 정보를 얻는다. 이처럼 영화가 텔레비전 미디어를 다룰 때에는 텔레비전 미디어를 허구화하고 서사화하지만, 텔레비전이 영화 미디어를 다룰 때에는 영화 미디어 속 허구적 이야기의 현실적인 면을 부각시킨다.

영화 〈도가니〉(2011)는 상호미디어성을 잘 보여주는 특별한 사례이다. 이 영화는 보도의 기능을 매스미디어보다 더 잘 수행한 대표적인 사례로, 영화가 비현실적인 내용만 다루는 것은 아니라는 점을 잘 보여준다. 〈도가니〉는 지나칠 수도 있었던 사회문제를 의제화시켰고 그 결과 도가니법이 제정되었다. 영화는 시류성에서 뒤떨어지기 때문에 사건이 발생하고 나서 몇 년 후에 뒤늦게 문제를 제기했지만, 사건을 심층적으로 다루었기 때문에 그 문제를 다시 공론화시켰다. 영화가 달콤한 꿈을 포기하고 껄끄러운 사회문제를 직시해 마침내 사회적 과제를 해결했던 것이다.

3. 제작 상호협력

1) 영화의 텔레비전 방송

영화와 텔레비전이 콘텐츠 차원에서만 교류했던 것은 아니다. 넓게 보면 두 영상 미디어의 협력은 다른 영역에서도 계속되었다. 텔레비전 프로그램이 점차 다양한 장르로 확대되면서 섬세한 영상미학이 필요해졌다. 영화는 탄생 직후부터 영상을 통해 의미를 전달하고 복잡한 이야기를 구성할 수 있는 방식을 발전시켰는데, 텔레비전은 그러한 영화의 미학적인 성과를 흡수했다. 텔레비전 영상을 질적으로 향상하기 위해서는 영화가 축적한 촬영 및 편집 기법의 도움이 절실했다.

한편 텔레비전은 영화 제작을 직접적으로 지원했다. 영화는 우수한 텔레비전 프로그램 가운데 하나이기 때문에 방송사들은 많은 영화를 구매해 방송한다. 영화와 텔레비전 간 경쟁이 심화되던 시기에도 마찬가지였다. 텔레비전에 의해 영화산업이 위축되던 때에 두 영상 미디어 간에 이루어진 협력관계에 대해 존 벨턴(John Belton)은 다음과 같이 쓰고 있다.

> 1954년 디즈니는 디즈니의 영화뿐만 아니라 1955년에 문을 연 디즈니랜드를 홍보하기 위해 주간 TV 쇼 〈디즈니랜드〉를 제작하기로 ABC와 계약을 맺었다. 1955년에 최근 RKO의 자산을 획득한 제너럴 텔레라디오는 스튜디오의 극영화와 단편영화를 텔레비전에 팔았다. 1956년 컬럼비아, 워너브라더스, 폭스, MGM은 1946년 이전에 나온 영화들을 텔레비전에 팔거나 내어했다. [……] 같은 시기에 할리우드 스튜디오들은 '워너브라더스 제공', 'MGM 퍼레이드', '20세기 폭스 극장'과 같은 주간 프로그램을 텔레비전용으로 제작하기 시작했고 스튜디오의 더 최근 영화들을 텔레비전에 개봉할 수 있도록 하는 판권계약을 확보하기 위해 주요 동업자 조합들과 협상에 들어갔다. 제작자와 조합 간의 계약이 체결된 직후인 1961년 9월에 〈백만장자와 결혼하는 법〉을 'NBC 토요명화' 시간에 방송하는 것을 시작으로 최근 극영화의 프라임 타임 방송 시대가 열렸다.[2]

방송사들은 과거에 흥행했던 영화사로부터 영화 판권을 사들여 방송했고 이로써 영화가 방송되는 횟수는 급속도로 증가했다. 하지만 텔레비전에서 방영되는 영화는 영화관에서 상영되는 영화와 달랐다. 1950년대에 제작된 와이드스크린(widescreen) 영화가 텔레비전에서 방송되면서 영상은 4 대 3의 좁은 텔레비전 화면에 맞추어졌다. 와이드스크린은 16 대 9의

---

2   존 벨턴, 『미국 영화, 미국 문화』, 이형식 옮김(경문사, 2008), 311쪽.

비율을 지닌 영상으로 보통의 영상보다 좌우로 더 넓다. 그 결과 텔레비전에서는 영화배우의 몸 일부만 나오기도 했고 화면의 가장자리에 있는 인물이나 소품이 통째로 잘리기도 했다. 따라서 텔레비전 영화는 온전히 영화라고 보기 어려웠다. 영화가 텔레비전에 팔리는 것이 불만스러웠던 영화감독들은 일부러 중요한 인물을 텔레비전 화면에서는 보이지 않는 곳에 위치시키기도 했다.

텔레비전과 영화는 서로 협력했지만, 보이지 않는 곳에서는 암투도 벌어졌다. 흐름의 특징을 지닌 텔레비전에서 방송된 영화는 끝과 시작이 분명한 서사형식의 영화관 상영용 영화와 달랐다. 영화가 텔레비전 프로그램으로 변모되는 과정에서 영화의 장엄한 오프닝과 엔딩은 축소되었고 그 부분은 트레일러나 광고로 메워졌다. 전후반부가 삭제되는 것 또한 환상의 영화가 일상의 텔레비전으로 변형된 결과였다. 물론 검열기준도 달라서 영화의 특정 부분을 들어내기도 했고 텔레비전 편성에 맞추기 위해 러닝타임을 조정하기도 했다. 이처럼 영화가 영화관을 떠나 텔레비전으로 자리를 옮기면 예술작품으로서의 특징은 축소되고 프로그램으로서의 특징이 확대된다.

2) 텔레비전의 영화 제작 지원

텔레비전이 영화보다 우월한 위치를 점한 이후부터는 방송사들이 영화 제작에 직접 투자하는 일도 점차 늘어났다. 영화와 텔레비전 간 제작 협력 관계가 맺어진 데에는 프로그램을 채우려는 방송사의 필요 외에 또 다른 이유가 있었다. 예를 하나 들어보겠다. 독일에서는 1974년 텔레비전 방송사가 영화 제작을 의무적으로 지원하는 것이 법제화되었다. 독일에서는 1940년대 후반부터 텔레비전이 가정에 보급되면서 시청자층이 형성되었는데, 이는 미국의 사정과 비슷했다. 그런데 텔레비전이 발전하자 지식인들은 이 새로운 미디어에 대해 비판적인 의견을 제시했다. 앞에서 언급했던 아도르노의 텔레비전 비판론도 1953년에 제기되었다.

그 결과 텔레비전에서 영화를 상영하는 것이 좋은 대안이 될 것이라는 주장이 제기되었다. 아울러 교양영화나 예술영화를 활성화하는 것도 대안으로 떠올랐다. 그리하여 독일의 공영방송사는 1960년대 이후 많은 예술영화의 판권을 직접 구매하기 시작했고, 급기야 1974년 11월 4일 독일의 공영방송사 ZDF와 ARD는 매년 일정한 액수를 영화 제작에 직접 투자하는 법 제도를 마련했다. 법 시행 첫해에 두 방송사는 영화 제작을 위해 1억 7000만 마르크를 지출했으며, 1992년까지 모두 31억 6000만 마르크의 적지 않은 금액을 지출했다.

이처럼 영화를 텔레비전에서 방송함으로써 두 영상 미디어가 협력관계를 맺기도 했지만 텔레비전은 예술영화의 제작을 직접 돕는 역할을 하기도 했다. 그리하여 지금도 예술영화 역사에 남는 좋은 작품들이 제작될 수 있었다. 존 엘리스(John Ellis)는 방송사의 지원이 없었더라면 당대 예술영화의 대표적인 영화감독인 피터 그리너웨이(Peter Greenaway)도 작품활동을 하지 못했을 것이라고 말했다. 엘리스의 냉소적인 논평이 흥미롭다.

이들[텔레비전 방송사]이 없었다면, 도대체 프랑스에서 영화 제작이 몇 편이나 가능했을까? 영화 측에서 보면, 텔레비전이 쥔 돈을 취하고자 한다. 영화는 이 돈을 텔레비전이 감히 보여줄 수 없는 그런 작품을 만드는 데 사용하면서 자신의 체면과 자존심을 유지한다. 멀리서 찾을 것 없이 피터 그리너웨이의 경우가 한 예가 될 것이다. 그리너웨이와 그의 네덜란드 제작자는 텔레비전에서 타 낸 돈으로 스크린 위에다가 벌거벗은 육체와 난해한 수수께끼, 그리고 현란한 잔혹 장면 등을 채워 넣는다.[3]

4. 기술발전과 새로운 상황

지금까지 영화와 텔레비전의 차이 및 두 영상 미디어의 협력 관계에 대해 몇 가지 사례를 통해 살펴보았다. 한편 텔레비전과 영화는 계속해서 새로운 기술을 장착했기 때문에 디지털 기술이 상용화된 지금은 무엇이 영화이고 무엇이 텔레비전인지 분간할 수 없을 정도가 되었다. 게다가 그 미디어들이 생산하는 결과물도 구분하기 어려워졌다. 그야말로 융합의 시대가 도래했는데, 그 배후에는 디지털이라는 새로운 영상 제작방식이 자리하고 있다. 디지털 방식은 셀룰로이드 필름에 화학적 반응을 일으키는 방식도 아니고, 촬영대상의 형태를 전기신호로 바꾸어 재조합하는 방식도 아니다. 디지털 영상에 대해서는 뒤에서 본격적으로 다룰 것이지만, 그전에 영화와 텔레비전이 새로운 기술을 도입하면서 변화하기 시작한 시기에 대해 알아보자.

1) 텔레비전의 혁신

앞에서는 텔레비전 내용물이 지닌 특성을 프로그램과 흐름이라는 용어로 정리했다. 그런데 그 개념들이 적합했던 시기는 지속되지 않았다. 텔

---

3   존 엘리스, 「영화와 텔레비전: 라이오스와 오이디푸스」, 토마스 앨새서·케이 호프만, 『디지털 시대의 영화』, 김성욱 외 옮김(한나래, 2002), 178~192, 181쪽.

그림 5-3 **JVC가 개발한 VHS 시스템**

레비선 기술을 보완했던 장치들이 도입된 사례들을 보면 이러한 변화의 조짐을 이해할 수 있다. 1970년부터 일본은 VHS(Video Home System)를 개발해 판매하기 시작했다. VHS 시스템은 우리말로 비디오라고 불리었던 장치로, 1970년대 JVC사를 비롯한 몇몇 일본 기업에서 개발되었고 그때의 포맷이 표준화되었다(〈그림 5-3〉). VHS는 텔레비전으로 방송되는 프로그램을 아날로그 테이프에 녹화하는 장치였는데 VHS를 통해 시청자들은 보고 싶은 프로그램을 원하는 시간에 볼 수 있었다. VHS는 디지털 미디어가 상용화되기 전까지 30년 동안 텔레비전 옆에 놓여 있었다. 당시 비디오의 영향력을 잘 보여주는 한 광고가 있다. 광고의 내용은 회사가 끝나고 황급히 집에 돌아온 남편을 위해 아내가 축구중계를 비디오로 녹화해 두는 것으로, "남자는 여자 하기 나름이에요"라는 카피로 크게 유행한 바 있다. 그런데 남편이 곧이어 개발된 자동 녹화기능을 설정해 두었더라면 아내에게 잡혀 살지는 않았을 것이다. VHS는 텔레비전이 전성기를 맞이한 지 얼마 되지 않아 개발되었는데, VHS로 인해 텔레비전의 개념도 상당히 바뀌었다. 텔레비전에서 물 흐르듯 계속되는 흐름의 중요성이 희석

되었고 편성의 의미도 달라졌다. 보고 싶은 프로그램을 테이프에 녹화해 둔다고 해서 편성의 의미가 퇴색한 것은 아니지만, 기존의 텔레비전 프로그램과 흐름이 지녔던 중요성에 변화가 일어날 여지가 생긴 것이다.

VHS는 전송 기능을 위주로 하는 텔레비전에 저장 기능을 보완했다. 그리하여 방송시간을 조절하거나 어떤 프로그램에서 특정 부분만 다시 볼 수 있게 되었고, 시청자들의 활동도 그만큼 중요해지게 되었다. 텔레비전 기술의 발전은 점차 수용자의 능동적인 활동을 지향하게 되었는데 이와 관련된 또 다른 장치는 리모컨(remote control)이다. 1950년대부터 개발된 리모컨은 초창기에는 모터를 사용하는 기계식 장치였다. 그러나 비디오의 개발이 완성되던 1970년대 즈음, 뷰스타라는 캐나다 기업에 의해 전자식 리모컨이 개발되었다. 이 장치가 필립스사에 의해 판매된 것은 1980년대 이후이다. 시청자들이 리모컨을 다루게 되면서 개별 프로그램이 끝없이 연결되는 흐름의 특성은 더욱 약화되었다. 시청자들이 손쉽게 채널을 돌리거나 텔레비전을 켜고 끌 수 있게 되었기 때문이다.

텔레비전이 발명된 이후 방송을 수신하는 방식도 계속해서 발전했다. 지상파(terrestrial) 방송으로 수신하다가 방송위성을 이용한 위성방송(satellite)으로 발전되었고 이후에 케이블 방송으로 텔레비전을 볼 수 있게 되었다. 우리나라에서는 1990년대부터 케이블 방송으로 텔레비전을 보게 되었다. 이러한 일련의 발전으로 난시청 문제가 해소되었고 곳곳에서 화질 좋은 영상을 수신할 수 있게 되었다. 채널도 많아졌다. 우리나라 케이블 방송의 게임 채널에서 컴퓨터게임 스타크래프트를 생방송으로 중계하는 것도 수신기술 발전을 통한 채널 다양화 덕택이다. 수신방식의 변화, 즉 지상파 방송, 위성방송, 케이블 방송, 지금의 인터넷 방송까지 포함한 전체적인 발전과정을 돌이켜보면 텔레비전의 전송기능이 계속해서 발전해 왔음을 실감할 수 있다. VHS와 리모컨의 개발과 더불어 수신방식의 발전 같은 기술혁신은 시청자들의 다양한 취향을 만족시켜 주었으며 시청자들이 선택할 수 있는 폭도 확대해 주었다.

이 같은 현상은 방송에 디지털 기술이 도입된 이후 더욱 가속화되었다. 디지털 기술의 도입으로 텔레비전 콘텐츠를 저장하는 것이 더욱 간편해졌고 시청하는 시작 지점과 끝 지점도 손쉽게 선택할 수 있게 되었다. 물론 영상의 품질 문제나 난시청 문제도 크게 개선되었지만, 무엇보다 중요한 것은 우리가 상호작용성(interactivity)을 실감할 수 있을 만큼 시청자의 역할과 참여가 확대되었다는 사실이다. 물론 텔레비전 기술의 진보가 반드시 상호작용성을 목표로 이루어진 것은 아니다. 텔레비진 기술이 진보된 데에는 텔레비전 앞에 앉은 시청자를 텔레비전에 몰입시키려는 목표역시 중요하게 작용했다. 이러한 목표는 시청자에게 능동적으로 결정할수 있는 기회를 제공하는 목표와 상반된다. 결국 텔레비전의 디지털화는두 가지 목적을 위해 필요했다고 볼 수 있다. 첫째는 시청자들에게 선택권을 부여해 자유로움을 제공하는 것이고, 둘째는 고화질 영상을 통해 시청자의 몰입을 유도하는 것이다.

2) 영화의 대응

텔레비전의 성공이 영화의 발전을 위협했지만, 영화도 나름대로 텔레비전에 대응해 왔다. 영화의 변화를 요약하면, 첫째, 유럽에서 나타난 예술영화의 움직임, 둘째, 영화산업의 혁신을 통한 대응을 들 수 있다. 두 번의 세계대전 이후 유럽에서는 새로운 영화들이 나타나 이른바 현대 예술영화 사조가 출현했다. 영화는 한편으로는 예술적인 특성을 심화시키면

그림 5-4 **히치콕 감독의 3D 영화 〈다이얼 M을 돌려라〉**

서 세련된 영상미학을 발전시켰고, 다른 한편으로는 텔레비전의 대중성
이나 통속성을 비꼬았다. 하지만 영화는 텔레비전의 세상을 바꿀 수 없었
으므로 실험을 계속하면서 미래를 기약해야 했다.

한편 텔레비전에 관객을 빼앗긴 영화는 새로운 기술로 부활을 시도했
다. 기술적 진보를 토대로 더욱 품질 좋은 영상과 음향을 제공함으로써 작
은 텔레비전으로 수신된 영상으로는 전할 수 없는 강렬한 체험을 전하려
고 했다. 다시 말해 3D 영화나 시네마스코프 같은 새로운 형태의 영상으
로 관객을 매혹하려 했다. 입체감 있는 영상을 보여주는 3D 영화는 1950
년대 초중반에 많은 인기를 누렸고 영화산업에 큰 수익을 가져다주었다.
1954년 히치콕 감독의 〈다이얼 M을 돌려라(Dial M for Murder)〉와 같은
명작영화도 3D로 제작되어 개봉되었다(〈그림 5-4〉). 이것은 전성기를 맞
이한 텔레비전에 대항하기 위한 영화산업의 전략이었다. 관객들은 입체

감 있는 영상에 흥미를 느꼈지만, 동시에 눈에 통증을 느끼는 등 불편함을 호소해 이러한 방법은 오래 가지 못했다.

3차원 방식과 달리 화면의 크기를 넓힌 와이드스크린 방식 또한 텔레비전과의 차별화를 위해 개발되었다. 영화가 발명되기 이전에도 넓은 화면으로 영상을 보여줌으로써 사람들에게 시각적 쾌감을 전달하는 파노라마 (panorama)라는 장치가 있었는데, 와이드스크린 방식도 같은 맥락에서 이해할 수 있다. 사람들은 자신의 시야보다 넓은 경치를 보면 시각적 쾌감을 느낀다. 그래서 산 정상이나 높은 타워에서 도시 전체를 내려다보는 일은 항상 흥미롭다. 영화도 넓은 영상을 보여줌으로써 관객들에게 그러한 만족감을 선해줄 수 있었다. 와이드스크린은 텔레비전으로는 보여줄 수 없는 영화 영상의 화면비율(aspect ratio)로 자리 잡았다. 하지만 3D 영화나 와이드스크린은 관객에게 이야기를 들려주기보다 시각적 체험을 제공하는 것이기 때문에 관객이 반복해서 즐기기에는 한계가 있었다.

제2차 세계대전 이후 할리우드 전성기가 지나면서 영화 관객은 급감했지만, 그것이 영화의 종말을 의미하는 것은 아니었다. 왜냐하면 예술영화가 진보된 미학적 실험을 하면서 영화의 존재 이유를 찾아냈기 때문이다.[4] 그러나 주류영화가 산업으로서 살아날 수 있는 더욱 큰 동력을 마련하기 위해서는 조지 루카스나 스티븐 스필버그 같은 명감독의 블록버스터급 등장을 1980년대까지 기다려야 했다.[5]

1950년대에 첨예해진 두 영상 미디어의 경쟁은 기술적 진보를 촉진했지만, 그 결과로 영화와 텔레비전의 본질적 특성은 조금씩 바뀌기 시작했다. 텔레비전은 시청자에 의해 흐름이 제어될 수 있게 되었고 영화는 관객

---

4   앨런 레너드 리스, 『실험영화와 비디오의 역사』, 성준기 옮김(커뮤니케이션북스, 2013).
5   제7장 제2절 '블록버스터' 참조.

을 시각적으로 만족시킬 수 있게 되었다. 이러한 변화를 더욱 가속시킨 것은 디지털 영상의 등장이다. 디지털 기술이 도입된 이후 상황은 달라졌다. 다시 말해 영화와 텔레비전이 서로 경쟁하며 협력한 것은 디지털 기술이 출현하기 이전까지의 시기에 해당한다. 디지털 영상의 출현은 이 모든 상황을 혼란스럽게 만들었다. 지금은 영화와 텔레비전 두 영상 미디어가 함께 블랙홀로 빨려 들어가는 것 같다.

제6장

디지털 영상의 융합

1. 디지털 영상의 원리와 특징

1) 디지털 영상의 원리

이 장에서는 먼저 디지털 영상의 원리와 구체적인 사례들에 대해 살펴보려 한다. 또한 영화와 텔레비전이 디지털 기술을 도입한 이후 발생한 변화들과 그로 인해 나타난 새로운 영상 미디어에 대해서도 다룰 것이다.

19세기 후반에 시작된 영상 미디어의 역사는 발전을 거듭해 한 세기가 지난 지금 완전히 새로운 방식의 영상기술이 개발되었다. 그것은 바로 디지털 영상이다. 우선 디지털의 의미에 대해 생각해 보자. 우리가 대상을 재현하거나 그 대상을 정보로 표시하는 방법으로는 연속적(continuous) 방식과 불연속적(discontinuous) 방식 두 가지가 있다. 연속적 방식은 자연적인(natural) 방식을 말하는 것으로, 아날로그(analog) 방식이라고 한다. 반면에 불연속적 방식은 연속적인 것을 샘플링(sampling)해서 일정한 단위에 따라 조각을 내어 정보를 표시하는 것을 말한다. 시계를 예로 들어 보자. 1초에 한 번씩 바늘이 움직이는 시계는 시간을 불연속적인 정보로 전해준다. 왜냐하면 바늘의 움직임은 1초를 한순간으로 샘플링한 결과여서 시간의 연속적인 흐름과는 다르기 때문이다. 이 경우 1초가 하나의 단위를 형성하게 되고 연속적인 시간은 많은 조각으로 나뉘게 된다. 반면에 아날로그 방식으로 시간을 표시하면 시계바늘은 시간의 변화와 유사하게 움직이며 그 움직임을 한 부분으로 분할할 수 없다.

앞에서 공부했던 문자도 일종의 불연속적인 정보이다. 한글을 예로 들면, 대상과 유사하게 표시하는 것이 아니라 문자를 쓰기 위해 24개의 자음과 모음을 활용하기 때문이다. 그리하여 불연속적인 정보에는 일정한 단위와 몇 가지의 요소가 필요하다. 우리가 물리량을 표시할 때 사용하는 숫자는 10개이며 의미를 표현하는 자모는 24개이다. 10개 또는 24개의 요소를 사용하는 셈이다. 그래서 수는 10진법이라 하고 시간은 60진법 또는 24진법이라고 한다. 그런데 디지털은 이러한 요소를 최소화해 단 두 가지만 사용한 방식, 즉 2진법 방식을 취한다. 더 이상의 최소화는 불가능하다. 그래서 디지털 방식은 2진법 코드(binary code)를 사용한다. 사실 최초의 컴퓨터라고 알려진 에니악(Electronic Numerical Integrator and Computer: ENIAC)은 2진법이 아닌 3진법을 활용했었다. 그런데 이후 존 폰 노이만(John von Neumann)이 에니악의 문제점을 보완해 에드박(Electronic Discrete Variable Automatic Computer: EDVAC)을 설계했는데 이때 이진법 코드가 도입되었고 이후 이 방식이 계속해서 사용되고 있다.

불연속적인 정보화 방식 가운데 디지털 방식은 ○ 또는 ×, 0 또는 1 두 가지 요소만 사용한다. 이렇게 두 가지만 사용하면 간편하지만, 다음과 같은 두 가지 문제점이 있다. 이는 10진법 수를 2진법으로 바꾸어서 사용하는 경우를 가정해 보면 알 수 있다. 첫째 문제는, 2진법은 기록되는 요소의 양이 많다는 것이다. 실제로 그림 한 장을 디지털화해 0과 1로만 표시한다면 그 분량은 백과사전 한 권만큼이나 많아질 것이다. 해상도를 높이면 더 두꺼운 백과사전이 될 것이다. 사진 한 장을 보기 위해 백과사전 한 권을 읽을 수는 없는 노릇이다. 둘째 문제는 코드에 관한 것이다. 문자와 영상을 비교하면서 언급했듯이, 대상을 문자로 기록하려면 사람들 사이에 미리 약속이 되어 있어야 한다. 이러한 약속을 코드라고도 한다. 코드는 특정한 문자나 기호가 여러 사람에 의해 사용되도록 만든 체계를 말한다. 그런데 요소의 양이 적을수록 미리 알아 두어야 하는 코드는 더 복잡해진다. 적은 요소를 사용해 정보를 전달하기 위해서는 많은 것을 미리 약속해 두어야 하기 때문이다. 10진법을 2진법으로 바꿔서 사용하려면 열 개의 숫자가 0 또는 1로 어떻게 표시되는지 추가로 알아야 한다. 따라서 디지털 방식은 코드의 성질이 가장 강한 정보이며 디지털 방식을 사용하기 위해서는 복잡한 체계들을 알아야 한다.

하지만 계산기인 컴퓨터가 이 두 가지 문제를 해결해 주었다. 컴퓨터를 사용하면 아무리 많은 양의 0과 1을 기록하더라도 걱정할 필요가 없다. 매우 빠른 속도로 엄청난 작업을 처리해 주는 컴퓨터 덕분에 디지털 방식을 문제없이 활용할 수 있기 때문이다. 그렇게 컴퓨터는 상상을 초월한 계산능력으로 디지털 방식의 장점, 즉 2진법은 살리고 단점, 즉 양이 많다는 문제는 해결한다. 코드의 문제도 마찬가지이다. 컴퓨터는 디지털 코드를 우리가 일반적으로 사용하는 언어 같은 코드로 번역해서 보여주는데, 그렇게 변형시키는 과정 또한 매우 빠르게 진행된다. 그래서 컴퓨터를 다룰 때면 마치 우리가 평소에 사용하는 언어를 사용하는 것같이 느

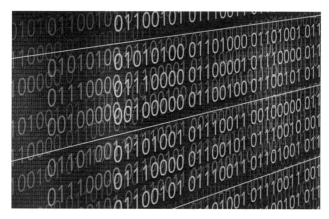

그림 6-1 **디지털의 2진법 코드**

껴진다. 이처럼 컴퓨터는 디지털 코드를 사람의 코드로 바꾸면서 저장작업과 실행작업을 반복해서 수행한다. 이것을 각각 인코딩(encoding)과 디코딩(decoding)이라고 한다. 아날로그 정보를 디지털로 전환하는 것을 인코딩, 그리고 디지털 정보를 우리가 사용하는 코드로 전환하는 것을 디코딩이라고 한다.

디지털 영상을 생각해 보자. 사실 디지털 방식은 그 대상이 문자이든 영상이든 음향이든 간에 모든 종류의 콘텐츠를 제작하고 실행하는 데 동일한 디지털 정보를 사용하며, 작업하는 원리도 동일하다. 이것이 가능한 이유는 모든 디지털은 2진법 코드를 사용하기 때문이다. 디지털 카메라는 영화가 활용했던 필름의 화학적 반응이나 텔레비전의 전기 작용을 필요로 하지 않는다. 촬영할 대상을 센서가 감지하면 그 정보가 디지털 코드로 변환되어 파일로 저장된다. 그렇게 저장된 파일을 다시 불러내어 실행시키면 영상을 볼 수 있다. 이때 사용되는 센서를 CCD(charge-coupled device)라고 한다. 그리고 센서로 감지된 영상은 ADC(analog-digital converter)에 의해 디지털화된다. 디지털 카메라로 촬영한 영상을 보면 영화나 텔레비전 영상과 다를 것이 없지만, 영상이 생성되는 기술적 과정은 매우 다르다.

2) 모듈성과 가변성

영상 미디어가 디지털로 전환됨으로써 나타나는 변화는 두 가지 방향으로 진행된다. 첫째는 영화와 텔레비전이 지닌 고유한 특성이 더욱 강화되는 방향이다. 디지털 방식으로 영화를 촬영하거나 편집을 하면 복잡하고 힘들었던 여러 작업이 간편해지고 결과도 더욱 만족스러워진다. 해상도를 높이면 필름보다 더 섬세한 영상을 얻을 수 있고 편집할 때 필름을 가위로 잘라내거나 붙일 필요가 없다. 몇 차례 편집을 해보고 마음에 드는 것을 골라낼 수도 있다. 텔레비전의 경우는 어떠한가? 전기신호를 디지털화하면 안정적으로 전송할 수 있으며, 난시청의 문제도 해소된다. 화질 문제까지 해결할 수 있다.

이러한 디지털 방식의 이점 때문에 영화와 텔레비전은 서둘러 디지털화되었다. 하지만 디지털 영상은 두 영상 미디어와 기술적으로 많이 다르기 때문에 활용하는 방식에 따라 특별한 기능이 발휘될 수 있다. 즉, 앞에서 언급한 디지털 코드의 특성과 디지털 코드를 빠르게 처리할 수 있는 컴퓨터의 역량을 영화나 텔레비전의 본래 기능과는 다른 방향으로 활용할 수 있다. 이것이 디지털화로 인해 나타난 둘째 변화이다. 첫째 방향을 양적 확대, 둘째 방향을 질적 변화라고 할 수 있다. 양적 효과는 기존의 두 영상 미디어의 특성을 확대시킨 반면, 질적 효과는 영화와 텔레비전의 기능, 즉 서사예술 영상과 보도방송 영상의 기능과는 다른 새로운 특성을 초래했다.

디지털 미디어 문제로 고민한 여러 학자의 주장도 첫째 방향과 둘째 방향으로 분류된다. 예를 들어 미디어학자 데이비드 J. 볼터(David J. Bolter)는 뉴미디어를 '재매개(remediation)'라는 개념으로 규정했다. 볼터가 주장한 재매개론의 내용은 다음과 같다. 미디어는 본디 대상을 재현하는 목적으로 활용되는 것이며 만약 재현이 완벽하게 이루어지면 사람들은 그것이 재현되었다는 사실조차 인지하지 못하게 된다. 이것을 비매개(immediacy)의 상태라고 한다. 그런데 올드미디어 시대에는 기술이 뛰어나지 않아서 비매개가 이루어질 수 없었다. 하지만 디지털 기술이 개발된 이후 뉴미디어의 활용이 가능해지자 비로소 대상과 똑같이 재현할 수 있게 되었다. 애초에 미디어가 목표했던 비매개의 상태가 실현된 것이다. 이제 사람들은 예전에 성공적이지 못했던 재현 결과물을 디지털 미디어로 다시 작업하게 되었는데, 다시 매개한다는 의미에서 이것을 재매개라고 한다.[1]

재매개는 볼터가 뉴미디어를 고찰하면서 제시한 개념인데, 앞에서 언급한 맥락에서 살펴보면 재매개는 양적 확대와 질적 변화 두 가지 발전 방향 가운데 전자에 속한다. 물론 볼터도 질적 변화의 방향을 언급했지만, 질적 변화를 강조해 디지털 기술의 의미를 고려한 대표적인 연구자로는 레프 마노비치(Lev Manovich)를 들 수 있다.

마노비치는 『뉴미디어의 언어』라는 책에서 디지털의 원리를 수적 재현(numerical representation), 모듈성(modularity), 자동화(automatization), 가변성(variability), 부호변환(transcoding)의 다섯 가지 개념으로 정리했다.[2] 그 가운데 모듈성과 가변성에 주목해 보겠다. 마노비치는 디지털 정

1   제이 볼터·리차드 그루신, 『재매개: 뉴미디어의 계보학』, 이재현 옮김(커뮤니케이션북스, 2006).
2   레프 마노비치, 『뉴미디어의 언어』, 서정신 옮김(커뮤니케이션북스, 2014), 35~65쪽.

보의 구성단위를 모듈(module)이라고 했는데, 모듈은 단일한 성질을 지닌 다수의 요소를 말한다. 또한 모든 형태의 디지털 정보는 균일한 요소들의 양적 조합으로 이루어져 있는데, 그러한 특성을 모듈성이라고 했다. 모듈로 이루어진 디지털 정보는 항상 쉽게 변화될 수 있다는 흥미로운 특성을 지니고 있다. 다시 말해서 디지털 방식으로 생산된 모든 콘텐츠는 결국 같은 모듈로 이루어져 있기 때문에, 모듈들을 재배열하면 곧 다른 형태로 바꿀 수 있다. 아울러 그러한 변환이 컴퓨터에 의해 자동으로 이루어진다는 점을 생각하면, 디지털 콘텐츠가 변형되기 매우 쉬운 성질을 지니고 있다는 것을 잘 알 수 있다. 따라서 디지털 작업의 결과물은 변화에는 강하고 확정에는 약하다. 좀 과장해서 말하면 디지털 콘텐츠는 항상 변화를 기다리며 미결정 상태에 놓여 있다고도 할 수 있다. 물이나 쌀알처럼 잘 흩어지기 때문에 하나의 형태로 고정해 두기 힘들다. 다른 말로 점성(viscosity)이 낮다고 표현한다. 마노비치는 이러한 특성을 디지털의 가변성이라고 칭했다.

3) 레고와 T-1000

마노비치가 언급한 모듈성과 가변성, 이 두 용어의 의미를 이해하면 디지털 영상을 비롯한 여러 가지 디지털 정보의 특성을 파악할 수 있다. 쉽게 이해하기 위해 장난감 레고를 예로 들어보자. 부모라면 누구나 한번쯤 아이가 레고를 사달라고 조르는 일을 경험했을 것이다. 비싼 장난감을 사주는 것이 썩 내키지는 않지만 그래도 레고는 다른 장난감과 달라서 아이의 창의성을 키워주지 않을까 기대한다. 텔레비전이나 영화를 보여주는 것보다 레고를 가지고 노는 것이 더 좋다고 여기는데 여기에는 그럴 만한

그림 6-2 **로스앤젤레스 디즈니랜드의 레고매장**

이유가 있다. 위키피디아는 레고에 대해 다음과 같이 설명한다.

> 레고 조각들은 자동차, 건물, 그리고 로봇 등 실로 다양한 것을 만들기 위해 다양한 방법으로 조합되고 또 연결된다. 모든 것이 만들어질 수 있고 또 그것을 분해해 다른 것을 만들 수 있다. [……] 모든 다양한 레고조각은 보편적 체계(universal system)로 이루어져 있다. 개별적인 물건의 디자인과 목적이 다양하지만 그래도 그 물건의 조각들은 다른 조각들과 호환될 수 있다. 모든 레고 조각은 정확한 크기로 제작되어서 두 조각은 서로 견고하게 맞물리게 되어 있지만, 또 쉽게 분해될 수도 있다.

레고는 다양한 물건을 만들 수 있고 또 만든 것을 분해해 다른 것을 만들 수도 있는 장난감이다. 그리하여 어린이들은 완성된 제품을 갖는 것이 아니라 계속해서 바꾸면서 새로운 것을 만들 기회를 얻는다. 그 가능성은 레고가 가지고 있는 '보편적 체계'에서 비롯된다. 여러 가지 형태로 만들 수 있지만 그 구성요소인 레고조각들은 모두 크기와 모양이 단일하므로 조립과 분해가 간편하다. 레고가 지닌 창의성의 원리는 구성요소의 단일성으로부터 나온다. 그것이 바로 마노비치가 말하는 디지털의 모듈성이다. 다만 디지털 콘텐츠는 컴퓨터 계산능력에 힘입어 레고를 다룰 때처럼 일일이 손으로 짜 맞추지 않고도 엄청난 양의 모듈을 운영할 수 있다. 그리하여 끝없이 '조합하고(assemble)' 또 '분해할 수 있는(disassemble)' 가능성이 존재한다.

또 다른 예를 생각해 보자. 〈터미네이터(The Terminator)〉는 인간이 발전시킨 기술로 인류멸망의 위협을 자초한다는 이야기를 다룬 영화이다. 이 시리즈는 2019년까지 모두 여섯 편이 제작되었다. 새로운 버전이 나올 때마다 관객들은 더 화려한 액션을 감상할 수 있었는데, 두 종류의 사이보그인 T-800과 T-1000이 서로 대결하는 액션도 흥미로운 볼거리였다. T-1000은 T-800보다 진보한 사이보그였는데 T-1000은 계속해서 다른 형태로 변할 수 있는 특징을 갖고 있었다. 기계로 구성된 T-800과 달리 T-1000은 액체 금속(liquid metal)으로 이루어졌기 때문이다. 〈터미네이터2: 심판의 날(Terminator2: Judgment Day)〉(1991)에서는 마지막에 T-1000이 사라 코너로 둔갑해 존 코너를 혼란에 빠뜨리기도 했다. T-800이 항상 고전하는 이유는 기계가 아닌 액체로 이루어진 T-1000의 변신술 때문이다. 디지털 영상으로 제작된 T-1000은 디지털 기술의 원리를 상징하는 것이기도 하다.

그림 6-3 〈터미네이터〉에 등장하는 사이보그 T-800

그림 6-4 〈터미네이터2: 심판의 날〉에 등장하는 사이보그 T-1000

2. 디지털 텔레비전: HDTV와 VR

이 절에서는 디지털 기술이 텔레비전과 영화를 어떻게 변화시켰는지 알아보려 한다. 텔레비전 방송에 디지털 기술을 도입하기 위해서는 막대한 비용도 감수해야 하지만 여러 가지 제도도 수정해야 했다. 그럼에도 불구하고 많은 이점이 있기 때문에 1980년대 후반부터 주요 국가에서는 텔레비전의 디지털 전환이 추진되었다. 디지털 텔레비전의 이점으로는 다음과 같은 것을 들 수 있다. 첫째, 고화질 텔레비전, 즉 HDTV(high definition TV)가 실현될 수 있는 환경이 마련되어 영상의 품질을 현저히 개선할 수 있다. 둘째, 다채널 및 프로그램의 다양화가 가능해져 시청자들에게 폭넓은 선택의 기회를 제공할 수 있다. 셋째, 시청자들이 방송을 더욱 안정적으로 수신할 수 있다. 넷째, 방송이 디지털화되면서 시청자들이 원하는 시간에 원하는 프로그램을 볼 수 있다. 이는 곧 VOD(Video on demand)나 PPV(pay per view) 서비스의 활성화를 의미하기도 한다.

디지털 전환은 산업적 목적뿐만 아니라 공적 목적을 위해서도 추진되었다. 텔레비전 방송을 디지털로 전환하면 더 큰 수익창출을 기대할 수 있다는 점은 이해하기 쉽다. 하지만 디지털로의 전환이 어떻게 공공성과 연결될 수 있을까? 디지털 전환으로 발생하는 몇 가지 문제점을 해소하면 누구나 쉽게 품질 좋은 영상으로 프로그램을 시청할 수 있다. 아울러 수용자가 방송에 대한 의견을 쉽게 전달할 수 있으므로 시청자의 눈높이에 맞춘 콘텐츠를 제작할 수도 있다. 이렇게 되면 시청자의 선택과 참여가 확대되는데, 이는 방송의 공공성을 말할 때 항상 언급되는 퍼블릭 액세스(public access)가 강화된다는 것을 의미한다.

1) HDTV

우선 디지털 전환으로 고화질 텔레비전이 가능해진 것에 대해 살펴보자. HDTV란 기본적으로 해상도가 높은 텔레비전을 뜻하지만, 다양한 기술을 통해 품질이 혁신적으로 향상된 텔레비전을 뜻하기도 한다. HDTV는 기존의 텔레비전보다 해상도가 두 배 이상 높은 영상을 보여주면서 동시에 넓은 포맷도 갖추고 있다. 영상의 높은 해상도뿐만 아니라 16 대 9의 넓은 포맷도 HDTV의 중요한 조건이다. 또한 HDTV는 입체음향(surround sound)도 제공한다.

사실 텔레비전 영상의 품질을 높이기 위한 시도는 계속 있어왔다. SD(standard definition)라는 아날로그 방식의 고화질 텔레비전도 있었는데, SD 방식은 576개의 주사선으로 이루어졌다. 그런데 2000년에 접어들면서 디지털 방식을 활용할 수 있게 되었고 576p의 약 두 배, 즉 1080p 방식이 가능해져서 해상도는 급격히 증가했다. p는 progressive의 약자로, 교차적으로 주사하는 인터레이스(interlaced) 방식과 달리 순차적으로 주사하는 프로그레시브 방식을 말한다. 1080p 이상의 해상도를 지닌 텔레비전을 FHD(Full HD) 방식이라고 한다.

영상의 품질을 향상시키려는 그동안의 노력은 이처럼 디지털 기술을 적용함으로써 실현되었다. 우리나라에서는 2002년부터 일부 프로그램이 HD로 방송되었고 2013년에는 전국적으로 디지털 방송으로 전환되어 대부분의 가정에서는 HD급 영상을 시청할 수 있게 되었다. 디지털 영상을 처리하는 기술이 급격하게 발전하면서 지금은 4K나 8K 영상도 볼 수 있게 되었다. 4K 영상이란 FHD 화질이 네 배로 향상된 것, 즉 3840×2160의 해상도를 말한다. 이러한 혁신은 텔레비전을 디지털로 전환하려 시도했던 초창기에는 예상할 수 없던 발전이다(〈그림 6-5〉 참조).

2010년 이후에는 거의 모든 가정에서 고화질 텔레비전을 보유하게 되었고 이로 인해 영화는 1950년대에 겪었던 위기를 또다시 맞게 되었다. 설상가상으로 2020년부터 계속된 코로나 상황으로 영화의 위기는 가속화되었다. 반면에 텔레비전은 디지털 기술을 흡수하면서 새로운 전성기를 맞이하는 듯하다. 영화산업의 성공요인은 관객을 영상의 내용에 몰입

그림 6-5 **고화질 해상도의 유형**

시키는 이른바 환영주의(illusionism) 미학으로 관객들에게 시각적 쾌감을 전해주는 데 있었는데 이제 텔레비전도 환영의 효과를 실현할 수 있을 만큼 기술을 확보하게 된 것이다.

2) 원격현전과 VR

HDTV는 고화질 영상을 포함해 확장된 포맷과 입체음향으로 시청자들이 몰입할 수 있는 최적화된 환경을 제공한다. 영상을 감상할 때에는 영상이 사실적으로 보이는 것만 중요한 것이 아니라 시청자가 영상에서 보는 것을 진짜 현실로 받아들이게 하는 효과도 중요하다. 그러한 효과가 최적화되면 시청자는 자신이 영상에서 구현되는 환경 속에 실재하는 것처럼 느끼는데, 그러한 효과를 원격현전(telepresence)이라고 한다. 디지털 기술이 투입된 텔레비전의 궁극적인 목표는 완벽한 원격현전의 느낌을 부

여하는 것이다. 이 같은 효과를 위해 한층 진보된 텔레비전이 개발되었는
데, 그중 하나가 입체 TV라고 불리는 3D TV(3-Dimensional Television)나
VR(Virtual Reality)이다. 3D TV는 영상의 물체를 입체적으로 볼 수 있도
록 고안한 텔레비전을 말한다.

　한편 VR은 본디 가상현실을 가리키는 말인데, 기술적으로 가상현실이
실현된 듯한 오늘날에는 또 하나의 영상 미디어를 가리키는 용어로도 사
용된다. VR은 영상을 감상하는 사람으로 하여금 실제로 존재하는 현실과
영상의 내용을 완벽하게 분리하도록 한다. 그 결과 수용자는 실제 현실을
완벽하게 망각하고 가상현실에 집중할 수 있다. 보통 텔레비전을 포함한
모든 기술영상은 사각의 프레임이 있어서 영상이 아무리 크고 실감나더
라도 보는 사람의 시야에 한계가 있다. 따라서 프레임이 있는 한 완벽한
환영은 이루어질 수 없다. 아무리 텔레비전 영상이 고품질로 향상된다고
하더라도 그 영상이 프레임에 둘러싸여 있으면 인간의 시선이 프레임에
닿아 완전한 몰입의 상태가 실현될 수 없기 때문이다. 하지만 VR은 프레
임 없는 영상을 제공하고 그 영상의 내부에 수용자를 위치시켜서 수용자
를 일종의 통합(integration)의 심리상태로 만든다. 다시 말해서 VR은 프
레임 없는 영상, 즉 존재하는 현실과 가상현실이 서로 통합된 영상을 보여
준다. 이를 위해 보통 머리에 HMD(head mounted display)를 쓰고 손에는
컨트롤러를 쥐고 영상을 조작한다. 이 장치들을 몸에 부착함으로써 감상
자의 시선은 공간의 제약으로부터 해방될 수 있다.

　VR을 진보된 텔레비전이라고 할 수 있을까? 하지만 텔레비전의 기능은
그렇게 단순하지 않다. 앞에서 텔레비전의 특징을 살펴볼 때 텔레비전은
프로그램, 흐름, 그리고 상호텍스트성이라는 개념으로, 또한 수용자는 간
헐적 시청자라는 개념으로 언급한 바 있다. 그런데 이러한 개념은 모두 통

그림 6-6 VR HMD를 쓴 마크 저커버그
자료: https://www.bloomberg.com/opinion/articles/2021-08-06/who-will-win-the-metaverse-not-mark-zuckerberg-or-facebook

합된 상태보다 이완되고 분산된 상태를 의미하는 것으로, HDTV나 VR이 목표로 하는 가상현실의 구현이나 수용자의 통합감과는 상반된 의미를 지닌다. 간헐적 시청자는 HMD를 머리에 쓰고 텔레비전을 시청할 수 없으며 마늘을 까면서 드라마를 보는 사람은 손에 컨트롤러를 쥘 수 없다.

매클루언은 다양한 미디어를 핫미디어와 쿨미디어로 분류했고 항상 하나의 미디어는 다른 유형의 미디어로 변화한다고 주장했다.[3] 그렇다면 디지털 영상은 쿨미디어인 텔레비전을 핫미디어로 변형시킬 것인가? 이 질문에 답하기 위해서는 디지털 기술의 도입으로 나타난 텔레비전의 또 다른 현상들을 살펴보아야 한다.

---

3   제1장 제4절 '현대의 문자 비판과 영상' 참조.

3. OTT의 급부상

1) 텔레비전의 상호작용성

디지털 텔레비전의 발전으로 인해 텔레비전에서는 다른 방향으로의, 즉 차가워지는 방향으로의 현상도 나타났다. 텔레비전의 상호작용성을 살펴보면 이러한 현상을 이해할 수 있다. 디지털 기술의 도움으로 시청자는 피동적으로 영상을 수용하는 데서 벗어나 자신이 직접 선택하거나 참여함으로써 영상에 영향을 미칠 수 있게 되었다. 물론 참여의 정도가 다르고 영향의 유형도 다양하다. 사실 시청자는 자신이 원할 때 텔레비전을 끌 수 있고 채널을 돌릴 수도 있지만 이러한 행동은 낮은 수준의 상호작용이다. 상호작용의 수준을 한 단계 높이면 텔레비전 광고를 보다가 전화를 걸어서 제품을 구매할 수도 있고 라디오 방송국에 연락해 듣고 싶은 노래를 신청할 수도 있다. 영화관과 달리 텔레비전에는 이처럼 상호작용성이 내재되어 있다.

1994년에 미국의 타임워너사는 케이블망을 통해 본격적인 상호작용 서비스를 최초로 시도했다. 당시 타임워너사는 수용자들이 원하는 시간에 프로그램을 볼 수 있도록 해주는 VOD를 서비스하고 게임이나 홈쇼핑 채널도 제공했다. 하지만 이 같은 시도는 성공하지 못했는데 콘텐츠도 부족했고 비용도 많이 들었기 때문이다. 다시 상호작용성이 활발해진 것은 텔레비전이 디지털화되고 인터넷망이 상용화된 이후였다. 디지털 전환으로 인해 VOD 서비스는 시청자들의 요구를 충족시킬 정도로 많은 양의 콘텐츠를 확보했고 콘텐츠 종류도 다양화되었다. 심지어 시청자가 영상의 내용을 직접 바꿀 수도 있었다. 이는 매우 강한 수준의 상호작용성이 실현되었음을 의미한다. 한편 마노비치가 말한 가변성 개념이 실현되어 레고 조각 같은 디지털 콘텐츠를 시청자들이 자신의 의도에 따라 손쉽게 변화시킬 수도 있었다. 스포츠 경기를 관람하면서 특정한 장면을 시청자가 원하는 앵글이나 스케일로 볼 수 있도록 조절하는 것이 좋은 예이다. 심지어 시청자들이 텔레비전 콘텐츠의 스토리를 마음대로 바꾸는 것도 가능해졌다. 드라마나 영화 같은 서사물을 시청할 때 전개나 결말이 마음에 들지 않으면 이야기의 흐름을 직접 바꿀 수도 있게 되었다. 이것은 모두 텔레비전이 디지털화된 이후 일어난 일이다.

넷플릭스에서 2018년부터 상영된 〈블랙 미러(Black Mirror)〉 시리즈의 에피소드 가운데 하나인 〈밴더스내치(Bandersnatch)〉를 예로 들어보자. 이 에피소드는 컴퓨터게임을 개발하려는 한 소년이 겪는 갈등을 보여준다. 〈밴더스내치〉에서는 소년이 중요한 결정을 해야 하는 순간마다 화면은 정지되고 자막을 통해 그 결정을 시청자에게 물어본다. 시청자의 결정은 리모컨을 통해 전달되고 이야기는 시청자가 원하는 방향으로 진행된다. 시청자들에게 40차례 정도 선택의 기회가 주어지며 그 선택에 따라 이야기의 결말이 달라진다. 피동적이었던 텔레비전 시청자들이 자신의 취향대로 콘텐츠를 선택할 뿐만 아니라 내용도 바꿀 수 있다는 점에서 〈밴더스내치〉의 상호작용성 수준은 매우 높다고 할 수 있다.

그런데 사실 〈밴더스내치〉에는 반전이 있다. 이 작품은 시청자들에게 선택권을 제공한다는 의미만 지닌 것이 아니다. 〈밴더스내치〉는 상호작용성에 대해 나름대로 의문을 제기하며 상호작용을 통해 새로운 현실을 구현할 수 있다는 미디어 낙관론을 비판한다. 이 이야기가 관객의 선택에 따라 결말이 달라질 수 있는 것은 사실이지만, 시청자가 해피엔딩으로 이야기를 끝내려고 아무리 다르게 선택을 하더라도 해피엔딩은 불가능하도록 구성되어 있다. 이야기의 주인공은 자신의 운명을 바꾸어보려고 애쓰지만 결국 불행한 삶에서 벗어나지 못하는데, 이러한 비극은 시청자의 상호작용성으로도 피할 수 없게 되어 있다. 아마도 〈밴더스내치〉는 기술발전에 대해 비관적이고 염세적인 테크놀로지 디스토피아를 주제로 삼는 듯하다.

유튜브 플랫폼에서는 디지털 영상이 더욱 폭넓은 상호작용성을 제공한다. 유튜브에서는 사람들이 볼 수 있는 영상이 무한하며 그 다양함도 끝이 없다. 그리고 누구나 자신만의 콘텐츠를 제작해 공개할 수 있다는 점이 매우 특별하다. 유튜브에 업로드한 콘텐츠로 많은 이들로부터 주목을 받는 크리에이터는 텔레비전에 출연하는 예능인만큼 유명해지고 있으며 그 결과 유튜브는 많은 영상이 유통되는 플랫폼으로 자리 잡았다. 여기서 언급한 넷플릭스와 유튜브는 OTT의 대표적인 사례이다.

2) IPTV와 OTT

영상 미디어가 점차 디지털화되면서 이제는 기존의 미디어가 지녔던 고유한 특성이 다른 형태로 변화하는 결과가 나타나고 있다. 바로 뉴미디어가 출현한 것이다. 이러한 현상은 IPTV와 OTT라는 새로운 형태의 영상 미디어를 보면 이해할 수 있다. 이 두 가지 유형 모두 인터넷 프로토콜을 통해 콘텐츠를 제공하며 그로 인해 시청자의 참여도 확대되었다. IPTV는 인터넷 프로토콜 텔레비전(internet protocol television)의 약자이다. OTT와 IPTV는 인터넷으로 전송된다는 점에서는 동일하지만, OTT는 오픈 네트워크로 다양한 미디어를 활용함으로써 콘텐츠를 수용할 수 있다. IPTV는 텔레비전에 셋톱박스를 설치해 콘텐츠를 수용하기 때문에 일반적인 텔레비전에 가깝다. 반면에 OTT는 텔레비전뿐만 아니라 스마트 기기, PC, 태블릿, 콘솔 게임기 등 다양한 미디어를 통해서도 수용할 수 있다. OTT는 Over the Top의 약자인데 여기서 Top은 셋톱박스를 의미한다. 따라서 셋톱박스를 넘어서 다양한 미디어에서 콘텐츠를 수용한다는 의미를 지니고 있다.

2010년대 이후 유튜브, 넷플릭스 등 OTT의 급격한 발전으로 영상 콘텐츠를 수용하는 방식이 예상치 못할 정도로 변화하고 있다. OTT의 활성화로 인해 케이블 텔레비전을 시청하는 사람은 급감했다. 특히 이런 현상을 케이블을 자른다는 의미에서 코드 커팅(cord cutting)이라고 한다. 현재 전체 인터넷 트래픽의 75% 정도는 영상 콘텐츠의 유통으로 인해 발생하고 있으며 유튜브는 2020년 이후 이미 전체 트래픽의 30%를 차지하고 있다. 2007년에 스트리밍 서비스를 시작한 넷플릭스는 2020년 초반까지 무려 11년 동안 계속해서 구독자가 증가했다. 2020년부터 3년간 계속된 코로나로 인해 사람 간 접촉을 피해야 하는 상황이 발생하면서 더 많은 시청자가 OTT에 몰렸다. 넷플릭스와 유튜브를 비롯해 디즈니플러스나 훌루 같은 OTT사는 막대한 자본과 첨단기술을 바탕으로 콘텐츠 시장을 빠르게 잠식했다.

OTT는 산업적 차원에서도 여러 가지 장점을 지니고 있다. 첫째, OTT는 기존의 방송사업자가 아닌 일반 사업자가 방송사업에 진출하기에 매우 용이한 수단이다. 그동안 콘텐츠 보유자들은 콘텐츠를 판매하는 데 그다지 자유롭지 못했는데 OTT로 인해 누구나 쉽게 콘텐츠를 제공할 수 있는 환경이 마련되었다. 둘째, 기존의 방송방식은 지역적 제한을 안고 있었는데 OTT에는 인터넷 속성이 그대로 적용되기 때문에 인터넷이 연결된 곳이면 세계 어디서라도 서비스를 제공할 수 있다. 셋째, 콘텐츠의 종류와 양이 기존 방송과 비교할 수 없을 만큼 풍부하고 다양하다. 넷째, 따로 인프라를 구축할 필요가 없어 비용 측면에서 효율적이다.

3) 디지털 융합

최근에는 한류 콘텐츠가 OTT 플랫폼을 통해 확산되면서 세계인들의 이목이 집중되고 있다. 이것은 물론 커다란 수익이 창출된다는 것을 의미하기도 한다. K-팝이나 한류 드라마가 인기를 끄는 가장 큰 이유 중 하나는 OTT 덕분에 우리나라의 좋은 콘텐츠가 전 세계의 시청자들에게 제한 없이 수용될 수 있기 때문이다. 좋은 콘텐츠가 있더라도 OTT가 없었더라면 한류의 성공을 기대하기 어려웠을 것이다. 이 모든 것은 OTT가 갖고 있는 산업적 차원의 장점이 발휘된 결과이다. 그러나 문제점도 있다. OTT의 개방성은 콘텐츠를 확산하는 데에는 유리하지만 유해한 콘텐츠가 유통될 가능성도 그만큼 크다. 유해 콘텐츠 문제는 현재 OTT 사업자의 자율규제에 의존하고 있으나 그 결과가 그리 만족스럽지 못하다. 그리고 대자본이 투입된 특정 콘텐츠가 OTT를 통해 전 세계의 시청자들로부터 인기를 끌수록 콘텐츠가 다양화되지 못하고 창의적인 콘텐츠 발굴이 위축된다는 우려도 있다. 그런데 OTT의 장단점을 살펴보면 이러한 장단점이 모두 수용자들의 활동과 관련된다는 사실을 알 수 있다. 상호작용성이 확대된 만큼 수용자의 책임도 뒤따르는 것이다.

방송이 디지털화되면서 콘텐츠의 양이 많아지고 품질이나 전송속도도 향상되었다. 하지만 이것은 디지털화로 인한 방송 콘텐츠의 양적 확대일 뿐, 질적 변화라고 보기는 어렵다. 반면 수용방식이 자유로운 OTT의 경우 상호작용적인 특성이 강하게 나타나며 수용자의 새로운 역할도 요구

된다. 이는 일방성을 지닌 매스미디어의 특성이 약화된 결과로, 디지털 전환으로 인해 질적 변화가 일어난 것으로 볼 수 있다. 과거에 텔레비전은 전송에 능한 기술적 특성을 활용함으로써 다수의 수용자에게 신속하게 정보를 전달할 수 있는 영상 미디어로 발전했고, 그 결과 매스미디어가 될 수 있었다. 이후 등장한 디지털 기술은 정보의 쌍방향 전달, 다시 말해 상호작용성을 확대시킴으로써 영상 미디어의 질적 변화를 야기했다. 아울러 영상 미디어의 질적 변화는 디지털 융합(convergence)으로 이해할 수 있다. 다양한 미디어의 특성이 합쳐져서 새로운 시너지를 일으키는 뉴미디어가 나타났기 때문이다. 예를 들어 OTT는 방송 콘텐츠가 네트워크, 즉 통신환경을 미디어로 취한 결과이다. 이렇게 방송과 통신을 융합함으로써 영상 미디어는 폭넓은 수용자 활동의 가능성과 상호작용성을 제공할 수 있게 되었다. 아울러 전기신호를 사용했던 텔레비전 콘텐츠는 디지털화로 인해 품질이 향상되고 영화 같은 섬세한 영상을 구현할 수 있게 되었는데, 이것은 영화와 텔레비전이 디지털 콘텐츠로 융합된 결과이다.

4. 포스트시네마

1) 영화의 종말

이제 영화가 디지털로 전환된 과정에 대해 살펴보자. 영화도 빠르게 디지털 기술을 흡수했다. 그 결과 촬영된 필름을 배열해 영상을 제작하는 방식에서 벗어나게 되었다. 영화에서 디지털 기술이 확산되면서 두 가지 중요한 변화가 나타났다. 첫째, 실사 촬영으로는 불가능했던 환상적인 장면들을 더욱 실감나게 표현할 수 있게 되었다. 둘째, 예술적인 목적을 위한 영화, 예를 들어 관객이 능동적으로 영화에 참여하거나 새로운 표현기법을 풍부하게 활용하는 실험영화도 활성화되었다.

영화에서도 두 가지 다른 방향으로 변화가 일어났는데, 이들 방향도 디지털화된 텔레비전에서 일어난 변화의 방향와 유사하다. 처음에는 영상의 사실성 또는 제작과 유통의 편리함을 위해 디지털 기술이 적용되었지만, 곧 디지털 기술이 영화를 넘어서는 뉴미디어로 발전하는 현상이 나타났기 때문이다. 이러한 영화의 변화를 가리켜 '포스트시네마(post-cinema)'라고 한다. 한편 필름이 영화의 본질이라고 여기는 사람들은 오늘날의 상황을 '영화의 종말'이라고 극단적으로 표현하기도 한다.

1990년대부터 서서히 도입된 디지털 기술은 영화산업이 부흥하는 데 중대한 역할을 했다. 1979년에 이미 루카스 필름사는 컴퓨터 애니메이션을 영화에 적용하는 방식을 연구하기 시작했고, 1989년 제임스 캐머런(James Cameron) 감독의 영화 〈어비스(The Abyss)〉에서는 디지털 기법을 성공적으로 적용했다. 이 영화에 등장하는 심해 촉수괴물은 컴퓨터 그래픽으로 처리해 매우 그럴듯하게 구현되었다. 이후 제작된 여러 블록버스터에서도 컴퓨터 그래픽을 활용해 더욱 환상적인 캐릭터를 관객들에게 보여주었다. 1999년에 제작된 〈스타워즈 에피소드 1: 보이지 않는 위험(Star Wars: Episode 1: The Phantom Menace)〉은 90% 이상이 컴퓨터의 도움으로 완성되었다. 2000년에는 〈타이탄 AE(Titan A.E.)〉라는 애니메이션 영화가 최초로 인터넷을 통해 전송되어 상영되었다.

디지털 방식의 확산은 영화의 특성을 전반적으로 변화시켰다. 영화 제작은 기획과 촬영을 거친 이후 편집을 통해 완성되는데, 디지털 방식이 도입되자 편집이 이루어지는 후반작업의 비중이 커졌다. 디지털 편집을 통해 촬영된 영상을 수정하거나 새로운 영상을 삽입할 수 있게 되었기 때문이다. 영상 제작은 미술처럼 그림을 그리는 작업과 비슷해졌고 영화와 애니메이션의 구분이 상당 부분 사라졌다. 사진이 아닌 파일 형식으로 편집자에게 전달된 디지털 영상은 마치 컴퓨터로 문서작업을 하듯이 손쉽게 변경되고 조작될 수 있다. 왜냐하면 영상이 필름에 남겨진 화학적 반응의 흔적이 아닌 디지털 정보로 이루어졌기 때문이다. 이러한 이점으로 디지털 기술은 주류영화 제작에 빠르게 흡수되었고 그 결과 1950년대에 주도권을 빼앗겼던 텔레비전과 경쟁할 수 있는 기반이 마련되었다.

주류영화의 디지털화는 영화가 산업적으로 성공하는 데 중요한 요인이었지만 미학의 관점을 고수하는 비평가들에게는 심각한 논쟁거리였다. 오랫동안 사실주의적인 표현이 영화의 미학적 특성으로 여겨져왔지만, 영화가 디지털화된 이후로는 그 특징을 더 이상 기대할 수 없다는 주장이 제기되었다. 왜냐하면 영화는 지표성(indexicality)을 잃었기 때문이다. 필름영화의 영상은 빛과의 접촉을 통해 만들어지기 때문에 외부현실을 변함없이 그대로 기록할 수 있다. 이것을 영화의 지표성이라고 한다. 지표(index)란 기호의 한 유형으로, 상징(symbol)이나 도상(icon)과 달리 기표와 기의의 직접적인 접촉으로 발생하는 기호를 말한다. 예를 들어 산불로 피어오른 연기, 해변을 걸어간 사람에 의해 찍힌 발자국은 지표라고 할 수 있다. 연기 또는 발자국은 기의에 해당하는 산불 또는 사람과의 물리적 접촉의 결과로 생성된 기표이기 때문이다. 따라서 감광유제를 통한 빛의 반응으로 필름에 새겨진 영상은 일종의 지표라고 생각될 수 있었다. 그만큼 영화 영상은 현실과 물리적으로도 밀접한 관계를 지니고 있었고, 이것에 기반해 비평가들은 영화가 다른 영상 미디어에서는 기대할 수 없는 특별한 사실주의 미학을 표현할 수 있다고 주장했다. 그러나 디지털로 전환된 이후 영화에서 지표성이 사라졌고, 이제 그러한 주장이 힘을 잃게 되었다. 앞에서 살펴본 바쟁의 사진적 영상에 관한 이론은 디지털 영화의 시대에 의미를 상실했다.[4]

이제는 영화를 새로운 맥락에서 이해해야 한다. 여기서 말하는 새로운 맥락이란 디지털 기술이 지닌 두 가지 효과와 연관되어 있는데, 바로 환상의 표현과 관객의 참여이다. 여기에 대해서는 다음 장에서 살펴볼 것이다. 다음 장에서는 주류영화가 받아들인 디지털 기술로 인해 영화의 의미가 어떻게 변화했는지에 대해 블록버스터와 퍼즐 게임이라는 두 가지 키워드로 접근할 것이다.[5] 한편 제9장에서는 디지털 기술을 받아들인 예술영화가 어떤 새로운 실험을 하고 있는지 살펴볼 것이다. 이 문제 역시 디지털 확장 영화(digitally expanded cinema), 인터랙티브 영화(interactive cinema)라는 두 가지 키워드를 중심으로 살펴볼 것이다.[6]

2) 영상 미디어의 지속적인 변화

앞에서 영화와 텔레비전을 비교하면서 영화의 특징은 영상의 품질이 우수한 것이고 텔레비전의 특징은 영상을 빠르게 전송하는 것이라고 설명한 바 있다. 그러나 이제는 이것을 텔레비전과 영화를 구분하는 특징으로 간주할 수 없게 되었다. 디지털 영상이 확산된 1990년대 이후로는 영화와 텔레비전이 점차 융합되고 있어 영화와 텔레비전을 구분 짓는 것이 큰 의미가 없어졌다. 물론 그동안 영화와 텔레비전이 영상의 제작과 수용

---

4   제2장 제2절 '바쟁의 기술영상: 사진적 영상과 사실의 재현' 참조.
5   제7장 제2절 '블록버스터'; 제7장 제3절 '퍼즐 게임' 참조.
6   제9장 제2절 '상호작용성과 디지털 영상예술' 참조.

그림 6-7 **넷플릭스에서 상영된 〈옥자〉**

을 위해 구축해 놓은 제도들, 즉 영화사와 방송사 조직을 비롯한 영상 제작 및 전송 시스템, 영상 미디어에 의해 형성된 문화나 사회적 관습 등을 고려한다면 영상 미디어가 빠르게 디지털 영상으로 융합될 것이라고 속단하기는 어렵다. 그러나 영상의 기술적인 차원만 보면 영화와 텔레비전의 경계가 상당히 희석되었다. 무엇보다 과거에 영상기술이 미디어의 내용물이나 수용방식에 미친 영향을 상기해 보면 디지털 영상의 위력은 상상 이상이 될 것이다.

하지만 지금은 두 영상 미디어가 융합되고 있는 과정이며, 영화가 디지털로 전환된 이후의 변화 역시 계속해서 진행 중이다. 봉준호 감독은 2013년 〈설국열차〉를 마지막으로 더 이상 필름으로 영화를 촬영하지 않는다. 〈설국열차〉는 우리나라에서 필름으로 촬영된 마지막 영화이다. 봉준호 감독은 2017년에 〈옥자〉를 영화관에서 개봉하지 않고 넷플릭스로 '방송'했다. 유전자 조작으로 만들어진 옥자처럼, 이제 영화는 촬영되지 않고

그림 6-8 **크리스토퍼 놀란 감독의 필름 영화 〈인터스텔라〉**

CG로 디자인되며 개봉되지도 않고 OTT로 전송된다. 황동혁 감독은 넷플릭스에서 방영한 〈오징어 게임〉으로 제74회 에미상에서 감독상을 수상했다. 이러한 현상은 디지털 영상을 매개로 영화와 텔레비전이 융합되는 현상의 한 단면을 보여준다.

그런데 2022년에 갑자기 넷플릭스의 주가가 폭락하는 일이 발생했다. 구독자 수도 10년 만에 처음으로 감소했다. 코드 커팅 그리고 영화산업의 몰락과 함께 OTT가 영상 콘텐츠의 유통을 주도할 것이라고 예상되었으나 아직 모든 것을 점령하지는 못한 것 같다.

〈인터스텔라(Interstellar)〉(2014)와 〈오펜하이머(Oppenheimer)〉(2023)를 통해 과학기술의 진보에 대해 성찰했던 크리스토퍼 놀란(Christopher Nolan) 감독은 지금도 CG를 사용하지 않고 필름 촬영을 고집하고 있다. 그가 기술진보에 대해 던지는 메시지는 필름을 고수하는 감독 자신의 결정과 관련 있어 보인다. 2012년 파산한 코닥사는 2017년부터 마니아를 위해 다시 필름을 생산하기 시작했다. 지금은 디지털 영상이 올드미디어가 된 영화와 텔레비전을 융합해 흡수할 것이라는 예상이 우세하지만, 아직 그 결과는 알 수 없는 노릇이다.

제3부

영상예술의 역사

제7장

주류영화 미학의 전개

1. 주류영화의 서사화와 탈서사화

1) 문화콘텐츠와 서사

앞에서는 세 가지 영상 미디어, 즉 영화, 텔레비전, 디지털 영상의 발전 과정에 대해 살펴보았다. 이제부터는 이 세 가지 영상 미디어의 미학에 초점을 맞추려 한다. 예술이 무엇인지 묻는다면 그 누구도 명확하게 답을 할 수 없을 만큼 예술은 의미와 기능이 다양하다. 세 가지 영상 미디어가 어떤 예술의 역할을 했는지 살펴보면 다양한 예술의 의미도 아울러 알 수 있을 것이다.

영화는 두 가지 서로 다른 역사를 지니고 있다. 바로 영화산업의 역사와 영화예술의 역사이다. 여기서는 산업의 맥락에서 영화미학이 어떠했는지 먼저 알아본 다음 영화예술을 주제로 살펴보자.

우리는 영화를 하나의 상품으로 활용할 수 있다. 물론 상품이라고 해서 그것이 단순히 소비되는 재화임을 의미하는 것은 아니다. 영화가 경제적인 이윤을 획득하기 위해 생산되고 판매되기는 하지만 그렇다고 해서 문화예술로서 영화가 지니는 교육적 가치가 사라지는 것은 아니다. 그리고 영화가 상품화되면 보다 많은 이들이 문화예술을 쉽게 향유할 수 있다. 이러한 교육적 가치와 대중성으로 인해 영화 같은 문화예술은 일반적인 소비재와 다르게 이해된다.

우리는 이러한 문맥에서 문화콘텐츠라는 용어를 자주 사용한다. 문화콘텐츠란 문화예술의 창작물들 가운데 특히 경제적 가치가 있고 대중이 쉽게 향유할 수 있는 것을 말한다. 문화원형이나 예술작품이 아무리 훌륭하더라도 대중에게 쉽게 다가갈 수 없다면 문화콘텐츠의 효과를 기대할 수 없다.

그렇게 보면 18세기와 19세기의 소설문학을 소재로 한 할리우드 영화는 성공적인 문화콘텐츠라고 볼 수 있다. 할리우드 영화가 가진 영향력은 상당하다. 관객 수를 놓고 볼 때 미국에서 제작된 영화를 보는 관객은 다른 어느 국가의 영화 관객보다 압도적으로 많다. 우리가 일반적으로 생각하는 영화는 할리우드 영화이며, 할리우드 영화라는 용어는 영화 일반을 지칭하는 말처럼 되었다. 그런데 미국 영화가 성공한 데에는 제도적인 측면만 기여한 것이 아니다.[1] 내용을 보더라도 할리우드 영화는 많은 이들의 관심을 끌기에 충분했다. 내용적인 측면에서, 즉 미학적인 차원에서 볼 때 미국 영화가 성공한 요인에는 여러 가지가 있겠지만, 가장 중요한 요인은 영화가 이야기를 할 수 있도록 만들었다는 점이다.

---

[1]   제3장 제4절 '주류영화의 확립' 참조.

서사의 대표적인 예술인 소설문학과 영화가 미학적으로 유사하다는 것은 여러 학자에 의해 주장되었다. 영화는 시각적인 미디어이기 때문에 연극예술과 비슷할 것이라고 생각하기 쉽지만 다양한 분석을 통해 오히려 소설을 닮아 있다는 점이 밝혀졌다. 찰스 디킨스(Charles Dickens)의『올리버 트위스트(Oliver Twist)』(1838)나 귀스타브 플로베르(Gustave Flaubert)의『보바리 부인(Madame Bovary)』(1857) 같은 19세기 유럽의 소설을 영화화한 작품을 감상하면 매우 섬세한 표현이 소설과 유사해서 연극을 관람하거나 텔레비전 드라마로 볼 때와는 다른 느낌을 준다. 소련의 영화감독 세르게이 예이젠시테인(Sergei Eisenstein)은 1944년「디킨스, 그리피스, 그리고 우리들」이라는 글을 썼는데, 이 글에서 예이젠시테인은 다양한 서사영화 기법을 최초로 시도했던 D. W. 그리피스(D. W. Griffith) 감독의 영화가 디킨스의 소설과 매우 닮아 있다고 주장했다.[2] 그리고 그리피스 영화의 클로즈업은 디킨스의 서사 형식에서 가져온 것이라고 분석했다. 이처럼 영화적 표현은 19세기 소설에 이미 내재되어 있었다.

　독일의 미디어학자 요아힘 페히(Joachim Paech)는 1988년 출판된『영화와 문학에 대하여』라는 책에서 이러한 점을 자세히 설명했다.[3] 페히가 언급했던 예를 하나 들어보자.『보바리 부인』에는 주인공 엠마가 남편이 아닌 다른 남자와 만남을 갖는 장면이 있다. 루돌프와 엠마는 시청의 2층 회의실에서 은밀하게 마주하는데 두 연인의 모습을 묘사한 소설의 장면은 마치 한 편의 영화를 보는 것 같다. 물론 영화가 탄생하기 전이었으므로 플로베르가 영화를 생각하고 글을 썼을 리는 없다. 플로베르는 두 사람

2　세르게이 예이젠시테인[세르게이 에이젠슈테인],「디킨스, 그리피스 그리고 우리들」,『영화의 형식과 몽타쥬』, 정일몽 옮김(영화진흥공사, 1994), 235~301쪽.

3　요아힘 페히,『영화와 문학에 대하여』, 임정택 옮김(민음사, 1997), 80~83쪽.

그림 7-1 **영화 〈보바리 부인〉**

그림 7-2 **소설 『보바리 부인』의 표지**

이 만나고 대화하는 상황을 묘사하면서 중간에 시청 바깥에서 들리는 참
사관의 연설 내용을 삽입했다. 그리하여 두 사람의 심리나 상황에 대한 장
황한 설명 없이도 두 사람의 불륜과 참사관의 도덕이 묘하게 교차되는 분
위기가 묘사된다. 그런데 이 장면은 서로 다른 두 공간의 장면을 번갈아가
며 보여주는 영화의 크로스 컷(cross cut) 기법과도 같다.⁴ 클로즈업이나
크로스 컷이 이미 소설에 등장했다는 것은 매우 흥미로운 일이다.

2) 영화 미디어와 서사문학

뒤에서 자세히 살펴보겠지만, 서사는 무엇인가에 대해 자세히 그리고 길게 이야기하면서 어떤 사건을 심층적으로 또 재미있게 전달하는 소통형식이다.[5] 주류영화가 형성된 데에는 여러 요인이 작용했지만 그중에서도 서사화라는 요인이 중요하게 작용했다. 내용을 의미하는 서사와 기술을 의미하는 영화가 잘 어울리게 된 역사적 이유는 여러 관점에서 해석된다.

첫째, 기술적인 요인이다. 앞서 언급한 대로 사진이 지닌 섬세한 특성 덕분에 영화는 서사를 할 수 있게 되었다. 그리고 또 다른 기술적 요인으로는 영화가 탄생한 직후에 개발된 편집기술을 들 수 있다. 서사란 여러 시간과 장소에서 벌어진 사건들을 연결해서 이루어지는데 다양한 시간과 장소를 말이나 글로 표현하는 것은 간단하지만 영상으로는 이를 표현하기가 쉽지 않다. 그러나 영화가 여러 장소에서 서로 다른 시간에 촬영한 필름들을 이어 붙이면서 말과 글처럼 시공간의 속박으로부터 해방될 수 있었다.[6]

둘째, 문화적 요인도 중요하게 작용했다. 당시에는 이미 서사문학이 문화와 예술의 중심에 놓여 있었는데 영화도 서사문학으로부터 영향을 받을 수밖에 없었다. 소설을 "시민의 서사시"라고 말한 헤겔의 표현처럼, 소설은 시민 계층과 함께 성장한 예술장르이다. 특정한 시대에 특정한 계층이 갖는 성향이 문화예술의 특정한 장르와 연관되어 있다는 것은 일종의 사회적 관점인데 그 역시 흥미롭다. 시민들의 생각과 삶의 모습은 소설을

---

4   제13장 제3절 '전환의 편집' 참조.
5   제15장 제2절 '영상서사의 구조' 참조.
6   제13장 '편집: 의미의 구축' 참조.

통해 드러났고 시민들은 소설을 통해 현실을 표현하거나 비판했다. 그런데 영화가 탄생한 때는 바로 그러한 문화가 심화되던 시기였다. 따라서 탄생한 이후 어떻게 성장해야 할지 몰랐던 영화는 곧 주류예술이던 소설을 모방하면서 발전했다.

셋째, 서사는 정보를 전달하는 형식이기도 하지만 본래 듣는 사람에게 흥미를 유발하는 소통방식이라는 견해도 있는데, 이러한 견해 역시 설득력이 있다. 왜냐하면 이야기를 하는 행위와 듣는 행위는 인간의 기본적인 욕망을 충족시켜 주기 때문이다. 말하거나 듣는 것은 내용과 관계없이 그 자체로 재미있을 수 있다. 어떤 이는 자본주의가 심화되면서 욕망이 증폭되어 사람들이 더욱 이야기에 심취한다고 주장하기도 한다. 요즘 많은 사람들이 여러 영상 미디어를 통해 이야기에 몰입하고 이야기를 콘텐츠로 만들어서 수익을 창출하고 있는 경향을 감안하면 자본주의와 서사의 연관성을 주장하는 사람들의 견해도 일리가 있다.

영화가 서사로 발전한 것이 역사적인 배경과 연관 있다는 분석도 있고 서사란 본질적으로 흥미로운 것이어서 산업으로서의 영화가 서사를 내용으로 삼게 된 것은 당연하다는 분석도 있다. 어떤 결과의 원인이 한 가지에 국한되지는 않을 것이다.

3) 영화의 탈서사화

1920년대 이후 미국에서 영화의 제도화와 서사화가 이루어진 시기를 할리우드 영화의 전성기 또는 고전적인 할리우드 영화의 시대라고 한다. 당시에는 역사적 사건, 범죄자가 법의 심판을 받는 이야기, 사랑하는 두 남녀의 애틋한 사랑 이야기 같은 고전적인 서사형식의 영화가 주를 이루었다. 그러다가 20세기 후반부터는 다양한 형태의 영화를 접할 수 있게 되었다. 물론 서사영화가 완전히 다른 형태로 바뀌었다고 볼 수는 없다. 그러나 이제는 영화의 줄거리만으로 영화의 감흥을 충분히 전달하기 어렵다. 그만큼 21세기의 영화는 1920년대에 할리우드에서 완성된 서사영화의 형식과 거리가 있다. 당시 사람들이 영화로부터 바라던 것과 지금 사람들이 영화로부터 바라는 것이 같을 수 없다. 사람들의 사고방식이 많이 변했고 사회의 모습도 크게 변했다. 그러한 요인들 가운데에는 다른 영상 미디어의 발전으로 나타난 영향 역시 중요하게 작용한다. 당시에는 영상 미디어가 영화뿐이었지만 이제는 텔레비전과 디지털 영상이 경쟁상대로 또는 조력자로 존재하기 때문이다.

영화는 다음 세 가지 면에서 변화했다. 첫째, 영화의 내용이 상상할 수 없을 만큼 환상적으로 변모했고 이에 따라 영상의 규모도 커졌다. 이러한 변화는 디지털 영상의 도움 때문에 가능했다. 둘째, 서사의 흐름을 간단히 파악할 수 없을 만큼 영화의 내용이 복잡해졌다. 결말이 모호해서 하려는 이야기를 쉽게 판단하기 어려운 영화, 여러 가지 이야기가 뒤섞인 영화들이 많아졌는데, 이는 고전적인 영화에서는 접할 수 없었던 새로운 서사구조이다. 이러한 변화를 뉴미디어의 영향으로 해석하는 사람들도 있다. 셋째, 둘째 특성이 확장되어 게임인지 영화인지 구분하기 어려운 영화도 생겨났다. 갤러리에 전시된 미디어아트로 간주할 만한 영화도 등장했다. 이러한 영화는 관객들의 참여가 확대된 경우이다.

우리는 첫째 변화로 야기된 영화를 블록버스터 영화라고 알고 있으며, 둘째 변화로 나타난 영화를 퍼즐 영화 또는 게임 영화라고 지칭할 수 있다. 셋째의 경우는 디지털 영상예술을 다루면서 살펴볼 것이다.[7] 이 세 가지 경우는 모두 디지털 영상의 특성을 받아들인 결과라는 점 또한 흥미롭다. 이제 서사구조가 변형되거나 와해되어 나타나는 새로운 주류영화의 유형과 미학, 그리고 그 배경에 대해 살펴보려 한다.

2. 블록버스터

1) 블록버스터 영화와 서사의 축소

1980년대에는 대자본이 투입된 영화가 본격적으로 제작되었다. 환상적인 이야기에 시원한 영상미를 갖춘 이러한 영화들은 많은 이들의 흥미를 자극했고 영화 보는 재미를 더해주었다. 이러한 영화를 블록버스터(blockbuster) 영화라고 한다. 블록버스터란 본디 도시의 한 블록 정도 되는 넓은 지역을 파괴할 수 있는 폭탄을 말한다. 영화를 폭탄에 비유하기 시작한 것은 1975년에 스필버그가 만든 영화 〈죠스(Jaws)〉 때부터이다. 당시 〈죠스〉가 크게 흥행해 1억 달러 수익의 벽을 돌파한 것을 계기로 블록버스터라는 용어가 만들어졌다. 〈죠스〉의 성공에 힘입어 할리우드는 거대자본을 투입하고 높은 흥행성적을 목표로 하는 영화들을 계속해서 제작했다. 그 결과 조지 루카스 감독의 〈스타워즈(Star Wars)〉(1977)를 비롯해 많은 영화가 성공을 거두면서 블록버스터는 할리우드 영화를 지칭하는 대명사처럼 되었다.

블록버스터 영화들은 서사구조의 측면에서 보았을 때 고전적인 할리우드 영화와 특별히 다른 점을 찾기 어렵다. 다만 환상에 가까울 정도로 허

---

7   제9장 제2절 '상호작용성과 디지털 영상예술' 참조.

구적인 소재를 위주로 한다는 점이 특징적이다. 상어가 인간을 공격하는 일은 있을 수 있지만, 지구가 멸망하거나 공룡이 다시 살아나는 일은 일어나기 어렵다. 그러나 블록버스터 영화에서 중요한 것은 보는 이들에게 특별한 시각적 흥미를 자극하는 것이다. 이러한 볼거리를 제공하게 된 데에는 디지털 기술과 같은 새로운 특수효과의 도움이 결정적이었다. 컴퓨터 그래픽은 비현실적인 인물이나 사건을 마치 실제인 것처럼 보여준다. 스필버그의 〈쥬라기 공원(Jurassic Park)〉(1993)은 컴퓨터 그래픽을 영화에 성공적으로 적용한 좋은 사례이다. 예전에도 공룡이 영화에 등장하는 경우는 종종 있었지만 이 영화에서는 섬세한 기술력을 바탕으로 현실성 없는 사건들이 완벽하게 구현되었다.

1980년대에 블록버스터 영화가 성장하자 집에서 텔레비전을 보던 시청자들이 다시 영화관을 찾기 시작했다. 디지털 기술로 제작된 스펙터클 영상이 없었다면 이러한 일은 불가능했을 것이다. 컴퓨터 그래픽 영상이 영화에 도입되면서 영화의 영상은 서사의 흥미로움에 견줄 수 있게 되었다. 반면에 영화의 서사는 그 의미가 축소되고 변질되었다. 이러한 상황을 기호학에서 쓰는 말로 표현하면 '기의 없는 기표'가 확산되었다고 할 수 있다. 스펙터클 영상에서 관객이 감상하는 것은 그 영상이 전해주는 특정한 의미가 아니라 껍데기 같은 기표이기 때문이다.

스펙터클 영상에 의해 치장될수록 영화는 서사와 점차 멀어지게 되었다. 예를 들어 마블 시리즈는 새로운 영웅이 등장하더라도 이야기의 전개가 별로 달라지지 않는다. 요즘에는 스토리월드나 세계관이라는 말을 자주 사용한다. 이미 정해진 세계관은 관객들이 이야기의 배경과 전개를 잘 이해할 수 있도록 해주고 안정된 수익을 보장해 주지만, 새로운 이야기가 창작되었다고 할 수는 없다. 동일한 세계관을 지닌 영화들이 계속해서 재생산되는 경우를 트랜스미디어 스토리텔링(transmedia storytelling) 또는 스핀오프(spin-off)라고 한다. 트랜스미디어 스토리텔링이란 재생산되는 과정에서 소비자 또는 수용자의 참여가 다양한 방식으로 개입된 경우를 말한다.[8] 스핀오프는 이보다 더 넓은 의미를 지닌다. 그런데 두 사례 모두 다양한 서사가 창작되는 환경을 위축시킬 수 있다는 점에 유의해야 한다.

2) 기의 없는 스펙터클 영상

스펙터클 영상에는 다음과 같은 여러 가지 유형이 있다.

첫째, 파노라마 영상이다. 인간은 넓은 공간을 보면 쾌감을 느낀다. 높은 산에 오르거나 광활한 대지를 바라볼 때면 이러한 쾌감이 충족되는데, 블록버스터 영화에서도 이러한 쾌감을 느낄 수 있다. 파노라마 영상은 디지털 기술의 도움으로 효과적으로 실현된다.

둘째, 강력한 파괴와 폭력을 보여주는 액션 영상이다. 〈쥬라기 공원〉에도 끔찍하고 잔인한 장면이 많다. 그런데 공룡의 출현은 여러 가지 의미로 이 영화를 블록버스터답게 만들어준다. 영화는 거대한 공룡이 등장함으로써 자연스럽게 강렬한 액션을 선보일 수 있다. 공룡의 싸움보다 큰 싸움은 상상하기 어렵기 때문이다. 공룡을 주인공으로 내세우는 데에는 그만 한 이유가 있다. 피터 잭슨 감독의 〈킹콩(King Kong)〉(2005)을 떠올리면 킹콩의 등장이 왜 액션 영상과 관련 있는지 이해할 수 있다.

셋째, 롤러코스터 영상이다. 롤러코스터 영상은 우리가 눈으로 직접 보는 것과 동일하도록 영상을 설정하고 재빨리 움직일 때 눈으로 보이는 것

---

8   헨리 젠킨스, 『컨버전스 컬처』, 김정희원·김동신 옮김(비즈앤비즈, 2008).

을 구현한 영상이다. 눈앞에 펼쳐진 장면들은 속도감으로 인해 짜릿하고 흥분되는 느낌을 준다. 마치 롤러코스터를 타는 것처럼 영상을 구성하는 일은 블록버스터 영화에서 자주 접할 수 있다. 특히 추격이나 탐험은 블록버스터 영화가 지닌 특징이기도 하다. 할리우드 블록버스터 영화가 비현실적이라고 여겨지는 거대한 사건들, 예를 들어 괴수의 출현, 자연재해, 지구의 종말을 소재로 삼는 데에는 나름의 이유가 있다.

블록버스터 영화 덕택에 관객들은 흥미롭고 볼거리가 풍부한 영화들을 접하게 되었다. 하지만 부작용도 있다. 우선 막대한 자본이 투입된 영화 위주로 제작되어 상대적으로 소규모 영화의 제작 환경은 척박해졌다. 이 때문에 영화 시장은 확대되었지만 다양한 영화를 볼 수 있는 기회는 줄어들었다. 영화가 관객의 다양한 취향을 만족시키지 못하게 된 것이다. 또한 많은 사람이 같은 영화를 보는 경향도 문제이다. 영화에서 다루는 사건에 대한 특정한 관점이 많은 이들에게 주입될 가능성이 있기 때문이다. 영화는 사건을 다른 관점에서 보고 이를 통해 사회 문제에 대해 비판적인 시각을 제시하는 기능도 지니고 있다. 그러나 특정한 장르의 영화에만 제작이 집중되면 이러한 기능이 위축된다. 블록버스터가 사회적인 문제를 다루는 태도는 특정 집단의 이해나 입장을 대변하는 것이라고 주장하는 사람도 있다. 또한 블록버스터 영화로 인해 군국주의나 인종주의, 가부장주의 같은 편향된 이데올로기가 강화된다는 주장도 제기된다.

할리우드의 수많은 블록버스터 영화가 성공을 거둔 이후 우리나라에서도 비슷한 방식으로 많은 영화가 제작되었다. 최초의 한국형 블록버스터 영화라고 알려진 장선우 감독의 〈성냥팔이 소녀의 재림〉(2002)은 흥행에 실패했고 작품성도 높지 않다는 평을 받았다. 그러나 이후 제작된 〈JSA〉(2000)나 〈태극기 휘날리며〉(2004) 등은 대자본이 투입되고 체계화된 마

그림 7-3 〈쥬라기 공원〉의 컴퓨터 그래픽 영상

케팅 전략을 활용함으로써 큰 성공을 거두었다. 그런데 한국에서 성공한 블록버스터 영화는 할리우드 영화와 내용 면에서 상이하다. 할리우드의 블록버스터 영화는 대체로 환상적인 내용과 보편적인 주제를 다루지만, 한국형 블록버스터는 우리 민족의 역사적 사건, 특히 일제강점기나 분단 시대의 민족적 고통과 갈등을 다루는 경우가 많다.

3. 퍼즐 게임

1) 반전과 갈래

미학적 관점에서 볼 때 블록버스터 영화는 전통적인 이야기의 흐름을 그대로 유지하고 있다. 전통적인 서사에서 흔히 나타나는 위험과 갈등, 해결과 화해로 이어지는 구조로, 갈등은 영웅적인 인물에 의해 해결되며 그

그림 7-4 **반전 영화 〈식스 센스〉**

인물을 돕는 조력자가 등장한다. 그런데 20세기 말에는 다른 경향도 나타
났다. 블록버스터 영화와 달리 결말을 시원하게 제시하지 않는 영화가 등
장했는데, 이러한 영화에서는 예기치 않은 방향으로 이야기가 귀결되기도
하고 여러 가지 결말이 동시에 나타나기도 한다. 학자마다 사용하는 용어
가 다르지만, 대체로 예상을 뒤엎는 영화를 반전 영화(twisted film)라고 하
며, 한 가지 사건의 여러 결말을 병렬시킨 영화를 갈래 영화(forking path
film)라고 한다. 두 가지 경우 모두를 마인드 게임 영화(mind game film) 또
는 퍼즐 영화(puzzle film)라고 칭한다.

　우선 반전 영화를 살펴보자. 〈유주얼 서스펙트(The Usual Suspects)〉
(1995), 〈디 아더스(The Others)〉(2001), 〈아이덴티티(Identity)〉(2003) 같
은 영화가 여기에 속한다. 반전 영화는 예기치 않은 결말로 관객에게 충격
을 안겨준다. 나이트 샤말란(M. Night Shyamalan) 감독의 〈식스 센스(The
Sixth Sense)〉(1999)는 대표적인 반전 영화로, 많은 이들이 이 영화를 보았
을 당시의 충격을 기억하고 있다. 그런데 그러한 충격이 불쾌하지 않고 오

히려 흥미로운 경험이었다. 〈식스 센스〉의 내용을 요약하면 다음과 같다. 한 아동심리학자가 여덟 살 어린이를 상담하게 된다. 사람들은 어린이의 기행 때문에 정신적으로 문제가 있다고 생각하는데, 사실 그 아이는 억울하게 죽은 사람을 보고 그들과 대화할 수 있는 능력을 지니고 있었다. 그런데 결말에서는 심리학자가 이 아이를 치료하기 전에 이미 사망한 상태였다는 것이 밝혀진다. 영화는 어려움을 겪고 있는 아이가 심리학자의 도움을 받아 모든 일을 해결해 나가는 것처럼 전개되다가 실은 그 심리학자가 죽은 사람이었다는 놀라운 반전을 선사한다. 관객들이 예상을 벗어난 놀라운 결말을 흥미로워하는 이유에 대해서는 뒤에서 살펴볼 것이다.[9]

사실 사람들이 느끼는 흥미란 매우 복잡한 심리이다. 그렇다면 결말이 기대와 다르거나 확정된 결말이 없는 영화를 어떻게 이해해야 하는가? 반전 영화는 정형화된 스토리에 대한 기대를 깨고 영화의 이야기가 다양할 수 있다는 점을 일깨워주며 관행처럼 굳어진 영화의 내용과 형식을 꼬집는다. 할리우드 영화에서 주로 등장하는 반복되는 소재나 기법은 관객에게 특정한 고정관념을 심어주기 쉬운데, 반전 영화는 이러한 관행에 반기를 든다. 그리하여 반전 영화는 폭넓은 의미에서 일종의 패러디(parody)로 기능한다. 패러디는 단순한 리메이크(remake)나 차용과는 다르다. 왜냐하면 과거의 내용이나 형식을 그대로 재현하지 않고 고전이라고 생각한 작품의 정형화된 틀을 조롱하고 비판하기 때문이다. 이처럼 패러디는 보편적인 고전의 의미에 대해 부정적이며, 영화를 비롯한 예술이 시대적·문화적 의미에 따라 가치가 달라질 수도 있다는 생각을 반영한다. 또한 습관처럼 굳어진 관객의 관람 태도에 경종을 울리고 이야기의 흐름과 영화

---

9   제16장 제4절 '서사구조와 〈아가씨〉의 욕망' 참조.

적 기법을 주의 깊게 관찰하도록 관객을 자극한다. 〈식스 센스〉의 관객은 처음에는 이 영화를 성장영화나 교양영화로 여겼을 테지만 마지막에 가서는 그러한 관습적인 장르 이해가 반전된다.

한편 여러 가지 가능성이 뒤섞여 특정한 이야기로 확정할 수 없는 영화도 많은데, 이러한 영화를 이야기가 여러 갈래로 나누어진다는 의미에서 갈래 영화라고 칭하기도 한다. 대표적인 갈래 영화로는 〈나비효과(The Butterfly Effect)〉(2004)를 들 수 있다. 이 영화의 주인공은 어린 시절 힘든 일을 겪은 뒤 마음의 상처를 지니고 있는데, 자신의 일기장을 통해 과거로 돌아가는 방법을 우연히 알게 된다. 이후 자신의 상처를 치유하기 위해 과거로 가보지만 하나의 문제를 해결하면 곧 다른 문제가 발생한다. 이렇게 영화는 한 사람의 일생에서 벌어질 수 있는 여러 가지 가능성의 갈래를 나열하는 형식을 취한다.

이야기들을 병렬적으로 배열한 영화로는 〈롤라런(Lola Rennt)〉(1998), 〈슬라이딩 도어스(Sliding Doors)〉(1998), 〈펄프 픽션(Pulp Fiction)〉(1994) 등을 들 수 있다. 홍상수 감독의 영화 〈오! 수정〉(2000)도 같은 사건을 다른 관점으로 바라본 두 갈래를 다루고 있다는 점에서 흥미롭다. 〈오! 수정〉은 한 남녀가 두 사람 사이에서 벌어진 일을 서로 다르게 회상하는 형식으로 구성된다. 그리하여 같은 현실을 두고 서로 다른 두 가지 버전이 묘사된다. 이처럼 갈래 영화는 특정한 사건이 관점에 따라 다르게 재현된다는 사실을 보여준다.

〈나비효과〉와 같은 영화는 이야기가 여러 갈래로 나뉘어 있기 때문에 어떤 결말이 실제 영화의 결말인지 판단하기 어렵다. 주인공을 둘러싼 사건이 논리적이고 시간에 따라 진행되다가 끝을 맺는 형태의 고전적인 서사를 선형적 서사(linear narrative)라고 한다면, 이렇게 다양한 가능성이 병렬된 서사는 비선형적 서사(nonlinear narrative)라고 한다.

2) 소설에서 게임으로

이처럼 서사구조가 와해된 영화들이 실험적인 단계에 그치는 것이 아니라 하나의 경향이 되고 있다는 것은 시사하는 바가 크다. 이러한 경향이 나타나는 것은 크게 두 가지 이유 때문이다.

첫째, 영화가 다루는 사건에 대해 작가가 본질적인 인과관계를 명확히 파악하지 못하고 있기 때문이다. 전통적인 서사에서는 작가가 사건의 원인을 명확히 파악하고 그 원인을 관객에게 효과적으로 전달하는 데 초점을 맞추었다. 이것은 작가가 특정한 사건을 둘러싼 배경에서 가장 본질적이고 핵심적인 사항에 대해 그리고 이를 표현하는 방식에 대해 확신을 가지고 있었기 때문에 가능했다. 그러나 세상이 복잡해지고 여기서 파생되는 이해할 수 없는 사건들이 많아지면서 본질과 핵심을 이해하기가 어려워졌다. 또한 사람들의 문화와 개성이 다양해지고 저마다 자신의 시각과 견해를 갖게 되자 생각을 하나로 통합하기 어려워졌다. 반전 영화와 갈래 영화는 이러한 세상의 변화를 반영한다. 이것은 영화가 근대적인 형태로 성장하는 데 발판이 된 19세기의 시민적 서사에 더 이상 의존할 수 없음을 의미한다. 즉, 어떤 사건에 대한 작가의 판단을 맹신할 수 없게 되었고 그 사건의 해결을 하나의 모범적인 사례로 간주할 수 없게 되었다. 한 마디로 관점의 다양성이 표출된 결과라 할 수 있다.

둘째, 뉴미디어가 크게 발전했기 때문이다. 소설과 같이 선형적인 이야기에 기반을 둔 영화가 다른 미디어와 만나게 된 것은 이미 오래전의 일이다. 영화는 서사형식, 장르패턴, 정형화된 제작과 수용방식을 갖추고 나서 얼마 되지 않아 텔레비전이라는 새로운 미디어를 만났다. 그리고 영화와 텔레비전은 서로 영향을 주고받게 되었다. 영화는 텔레비전 문화에 익숙해진 관객들의 취향을 의식해야 했고 텔레비전이 가진 특징도 흡수해야 했다. 다시 말해 짧은 시간 동안 무수히 채널을 돌려가며 여러 가지 이야기를 동시에 수용하는 텔레비전 시청자들의 취향에 맞도록 영화를 제작해야 했다. 텔레비전 드라마는 많은 인물이 많은 사건을 일으키며 그 사건들이 무질서하게 연결된다. 이러한 작은 이야기들에 익숙한 수용자를 위해 영화는 변화해야 했다. 이후 더 많은 뉴미디어가 디지털 기술을 바탕으로 개발되었고 영화에 많은 영향을 미쳤다. 영화 안에서 확정되지 않은 결말을 놓고 SNS로 토론하는 관객들이나 컴퓨터게임을 즐기는 사람들에게는 다양한 갈래를 열어주는 영화가 더 적당하다. 이 때문에 영화가 퍼즐처럼 또는 게임처럼 바뀌었다.

제8장

예술영화의 도전

주류영화는 대중이 선호할 만한 이야기로 채워졌지만, 예술가들은 영화를 하나의 실험적인 표현양식으로 여겼기 때문에 새로운 영상 미디어를 통해 자신의 예술관을 실현하려 했다. 이 장에서는 이러한 예술영화에 대해 살펴보려 한다.

예술영화는 세계대전을 기점으로 고전 예술영화와 현대 예술영화로 나뉘는데, 고전 예술영화로는 20세기 초반에 러시아에서 등장한 소비에트의 몽타주와 독일의 표현주의 영화를 살펴볼 것이다. 현대 예술영화로는 제2차 세계대전 이후의 이탈리아의 네오리얼리즘, 프랑스의 누벨바그, 독일의 뉴저먼 시네마, 이 세 가지 영화사조에 대해 살펴볼 것이다. 예술영화를 이해하면 현대 예술이 지닌 의미도 이해할 수 있게 될 것이다.

1. 고전 예술영화

1) 소비에트의 몽타주

보리스 파스테르나크(Boris Pasternak)의 소설을 영화화한 데이비드 린 (David Lean) 감독의 〈닥터 지바고(Doctor Zhivago)〉(1965)는 20세기 초 격동기 러시아를 배경으로 사회주의 혁명을 겪었던 사람들의 비극적인 삶을 이야기한다. 한편 당시 혁명을 성공시키고 소비에트 연방공화국을 탄생시킨 레닌은 영화의 위력을 깨닫고 전폭적인 지원을 아끼지 않았다. 소비에트 영화는 이러한 배경하에 탄생했다. 그런데 당시 영화인들이 구 상했던 미학은 혁명시대의 러시아에 대해 잘 설명해 주는 〈닥터 지바고〉 의 서사형식과는 거리가 멀었다.

당시 활동했던 영화인들은 매우 많지만, 대표적으로 국립영화예술학교 를 설립했던 레프 쿨레쇼프(Lev Kuleshov)와 소비에트 몽타주의 대표적인 감독 세르게이 예이젠시테인(Sergei Eisenstein) 두 사람에 대해 알아보자. 쿨레쇼프는 영화사에 길이 남을 중요한 실험을 했다. 그는 우리가 다양한 영상을 이어서 볼 때 마음속에 특정한 효과가 나타난다는 점을 실험을 통 해 밝혀냈다. 이것을 쿨레쇼프 효과(kuleshov effect)라고 한다. 이 실험을 이해하면 편집에 따라 영상이 어떻게 달라지는지를 실감할 수 있다. 〈그 림 8-1〉을 보면 한 남자가 무표정한 얼굴을 하고 있다. 그런데 그 남자의 영상 다음에 어떤 영상이 편집되느냐에 따라 그 남자가 무슨 생각을 하고 있는지가 정해진다. 예를 들어 남자의 영상 다음에 관을 보여주면 그가 슬 픈 생각을 하고 있는 것으로 인식되며, 음식을 보여주면 배고픔을 느끼고 있는 것으로 인식된다.

	+	= 슬픔
	+	= 배고픔
	+	= 욕정

그림 8-1 **쿨레쇼프의 실험**

여기에서 이해할 수 있는 것은 두 가지이다. 첫째, 우리는 어떤 영상 하나만으로 의미를 이해하는 것이 아니라 그다음의 영상과 연결해 의미를 이해한다는 것이다. 즉, 영상의 의미는 다른 영상과의 관계에 의해 결정되기 때문에 개별적인 영상에 특정한 의미가 담겨 있다고 보기 어렵다. 둘째, 영상은 그 자체만으로 반드시 완결된 의미를 내포하지는 않는다는 것이다. 영상은 보는 사람의 심리적 작용을 통해 의미가 만들어진다. 즉, 영상은 다른 형태의 전달방식과 달리 의미의 결정을 수용자의 심리상태에 의존한다. 따라서 영상은 그 영상을 만드는 사람이 자신이 생각하는 바를 담아내어 수용자에게 보여주는 방식으로 소통이 이루어지는 것이 아니라 수용자의 활발한 심리적 작용을 통해 의미가 창출된다. 결국 의미를 완성하는 자는 영상의 생산자가 아니라 수용자이다. 이처럼 쿨레쇼프는 특정한 장면을 어떻게 배열하느냐에 따라 영상 속에 존재하지 않는 새로운 의미가 수용자에 의해 창출될 수 있다는 것을 간단한 실험을 통해 보여주었다. 쿨레쇼프의 실험은 영상이 편집을 거치면 관객에게 특정한 이미지를 만들어낼 수 있다는 가능성을 입증했다는 점에서 매우 중요한 의미를 지닌다. 이 실험은 이후 편집의 중요성을 일깨워주었고 편집기법이 발전할 수 있는 계기가 되었다.

쿨레쇼프 효과를 실제 편집에 적용한 소비에트 영화인들 가운데 대표적인 인물은 예이젠시테인이다. 그는 영화를 통해 특정한 이념이 구현될 수 있다고 보았다. 이를 위해 사상이나 이념을 상징적으로 전달하는 것이 아니라 그 사상이나 이념이 영상을 보는 관객의 마음에 형성되도록 했다. 이것을 몽타주(montage)라고 한다. 몽타주는 본디 단순히 편집을 뜻하지만 예이젠시테인에게는 조합을 뜻하는 것으로 편집 이상의 의미를 지녔다. 예이젠시테인은 쿨레쇼프의 실험에서 알 수 있듯 서로 관련 없는 영상을 연결함으로써 의미가 창출된다고 보았으며 오히려 그러한 영상들이 충돌(collision)하는 것이 관념을 불러일으키는 데 용이하다고 여겼다. 이러한 발상은 할리우드 영화의 편집원칙과는 동떨어진 것이었다.

예이젠시테인의 1925년 작품 〈전함 포템킨(The Battleship Potemkin)〉에 나오는 '오데사의 계단' 장면을 하나의 사례로 들어보자. 이 장면은 많은 영화에서 패러디되거나 오마주되었다. 여기서는 황제의 군대로부터 공격받는 시민들의 모습을 보여주는데, 영상은 이러한 사건의 원인과 결과, 그리고 그 과정을 자세히 보여주기보다 혼란스럽게 배열되어 있다. 그 이유는 서사를 위해 영상을 일치(match)시키는 관행에서 벗어나 영상이 서로 충돌하도록 편집했기 때문이다.[1] 그러한 충돌로 말미암아 관객은 더욱 역동적인 장면을 감상하고 신선한 상상력을 발휘하게 된다. 예를 들

---

1   제13장 제2절 '일치의 편집' 참조.

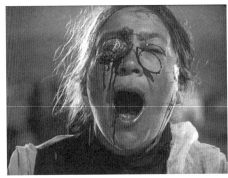

그림 8-2 〈전함 포템킨〉의 몽타주

어 밝은 영상과 어두운 영상, 롱 숏과 클로즈업, 수평선과 수직선의 구도
로 이루어진 숏, 정지된 숏과 이동하는 숏과 같이 이질적인 영상이 연결되
어 다양한 방식으로 충돌이 발생한다(〈그림 8-2〉).

  예이젠시테인의 몽타주에서 우리가 이해할 수 있는 것은 예술의 역할
이 작품 안에서 조화로운 세상을 보여주는 것에 국한되지 않는다는 사실
이다. 대립, 갈등, 충돌을 형상화하는 것도 예술로서의 가치를 지니고 있
다. 왜냐하면 만들어서 보여주는 것보다 보는 사람 스스로 사유하도록 유
도하는 것이 더 중요할 수 있기 때문이다. 물론 이런 방식으로 영상을 연
결하면 조화로움을 추구하는 예술작품이 가져다주는 편안함은 느낄 수

없다. 그러나 중요한 사실은 관객들은 항상 능동적으로 생각할 수 있고 저마다 스스로 의미를 찾을 수 있다는 것이다. 몽타주 이론의 핵심은 관객 개인이 의미를 찾는 것이 다른 이의 생각을 있는 그대로 받아들이는 것보다 더 가치 있다는 것이다. 결국 예이젠시테인이 관객에게 요구한 것은 시각적으로 관람하는 것이 아니라 사유를 통해 참여하는 것이었다.

2) 독일의 표현주의

예술은 우리에게 많은 것을 알려준다. 하지만 그러한 의미를 효과적으로 전달하는 것은 쉽지 않은 작업이다. 어떤 이들은 모범적인 인물과 조화로운 삶을 보여주는 것이 효과적이라고 여긴다. 또 다른 이들은 반대로 어지럽고 혼란스러운 세상과 복잡한 인간의 마음을 솔직하게 보여주는 것이 더 의미 있다고 여긴다. 이것은 예술작품이 어떤 형태로 감상자들에게 다가가야 하는가에 관한 문제이다.

예술사조 중에서는 정돈되지 않은 상태이더라도 대중에게 그것을 있는 그대로 보여주어야 한다는 견해를 취하는 사조도 있는데, 그 가운데 표현주의를 빼놓을 수 없다. 표현주의 예술은 현실을 왜곡된 모습으로 묘사하기도 하고, 우리의 마음 깊은 곳에 숨어 있는 꿈과 환상, 욕망 같은 것을 과장하거나 양식화해서 표현하기도 한다. 따라서 표현주의는 사실주의 예술관과 대립된다. 특히 전통적 사실주의자들은 이상적인 현실의 모습을 작품에 담으려 하는 반면, 표현주의자들은 부조리한 심리나 상황을 강렬하고 자극적인 형식으로 드러낸다. 두 예술사조 가운데 어느 것이 더 가치 있고 효과적인지에 관해서는 첨예한 대립과 논쟁이 있어왔다. 일반적으로 사실주의적인 입장이 옳은 것처럼 보이지만, 표현주의 예술이 사실주의자들을 비판하는 데에는 충분한 이유가 있다. 표현주의자들은 사실주의자들이 생각하는 객관적인 현실이나 모든 사람이 수긍하는 모범적인 세상이 존재할 수 있는지 의심하면서 예술은 그러한 것을 파악해 나가는 과정이라고 보았다.

표현주의 예술이 영화에서만 시도된 것은 아니었다. 1910년 이후 독일에서는 표현주의가 미술과 연극, 그리고 건축 분야에서 이미 예술운동으로 자리 잡고 있었다. 이로부터 영향을 받아 1919년부터 표현주의 영화가 제작되기 시작했다. 당시는 영화가 발명된 지 얼마 되지 않았던 때라서 사람들은 풍부한 잠재력을 지닌 영화를 새로운 예술 표현수단으로 기대하고 그가능성을 실험하기 시작했다. 독일 표현주의(deutscher Expressionismus) 영화가 좋은 사례이다. 당시 영화는 한편으로는 서사화되면서 대중문화로 우뚝 섰고, 다른 한편으로 전위적이고 급진적인 예술을 받아들이면서 발전했다. 특히 1919년과 1925년 사이에 많은 표현주의 영화가 제작되었다. 1917년 독일정부의 주도로 소규모 영화사들을 통합해서 설립된 대형영화사 UFA(Universum Film Aktiengesellschaft)는 표현주의 영화들이 제작될 수 있는 환경을 마련해 주었다.

대표적인 감독과 작품으로는 로베르트 비네(Robert Wiene)의 1919년 작품 〈칼리가리 박사의 밀실(Das Kabinett des Doktors Caligari)〉과 프리츠 랑(Fritz Lang)의 1922년 작품 〈노스페라투(Nosferatu)〉를 꼽을 수 있다. 이들 영화에서는 광기에 사로잡힌 인물 또는 괴기스러운 인물이 등장하는데 인물 내면에 자리 잡은 공포와 불안의 심리를 잘 묘사함으로써 감추어진 인간의 무의식을 표현했다. 한편 어떤 이들은 이 두 작품처럼 기괴하고 비현실적인 내용을 담고 있는 독일 표현주의 영화가 당시 독일을 비롯한 유럽 전체의 불안한 정세를 반영한다고 해석한다. 이러한 관점에서 보면 독일 표현주의는 인간의 무의식이라는 보편적인 문제를 표현한 것이라기보다 암울한 당시의 사회 현실을 반영한 것이라고 볼 수도 있다. 이것은 독일 표현주의를 사회적 관점으로 해석한 결과이다.

〈칼리가리 박사의 밀실〉의 주인공 칼리가리 박사는 체사르라는 몽유병 환자에게 최면을 걸어 살인을 저지르도록 한다(〈그림 8-5〉). 체사르를 추적하던 프란시스는 칼리가리 박사가 부근에 있는 정신병원 원장이며 살인사건을 사주한 장본인임을 밝혀낸다. 이 영화는 살인사건의 범인이 발각되어 붙잡히는 이야기인 것처럼 보이지만, 마지막에 큰 반전이 있다. 마지막 장면은 어느 정신병원에서 프란시스가 친구에게 살인사건에 관해 이야기하는 모습을 보여준다. 그런데 프란시스의 이야기에 등장한 인물들은 병원의 환자이다. 그리고 칼리가리 박사는 살인을 사주한 악인이 아니라 병을 고치는 선한 의사인 것으로 묘사된다. 모든 것이 확실하게 묘사되지는 않지만, 프란시스의 이야기는 자신의 정신병적 환상에서 비롯된 것처럼 마무리된다. 즉, 칼리가리 박사의 이야기는 프란시스의 망상과 무의식이 표출된 결과였던 것이다. 이 영화는 두 가지의 이야기로 구성되어 있는데, 한 인물의 이야기가 나오면 바로 그 인물의 환상이 또 다른 이야기를 형성한다. 다시 말해 〈칼리가리 박사의 밀실〉은 일종의 틀 서사(frame narrative) 형식으로 되어 있다. 프란시스가 친구와 나누는 이야기는 자신이 칼리가리 박사를 추적하는 이야기를 크게 에워싸고 있다. 〈칼리가리 박사의 밀실〉에서는 이러한 형식의 도움을 받아 인간의 혼란스러운 심리상태를 잘 표현했다.

〈칼리가리 박사의 밀실〉에서는 틀 서사 형식 외에 다른 여러 형식적 기법을 사용해 인간의 무의식으로 깊숙이 들어가려 시도한다. 인간의 내면적인 심리를 표현하기 위해 영상은 매우 독특하게 구성되어 있다. 전체적

그림 8-3 **독일 표현주의의 대표작 〈칼리가리 박사의 밀실〉**

으로 어두운 분위기의 로 키(low key)를 사용해 밝음에서 느낄 수 있는 희
망적인 인상은 없으며 암울함과 염세적인 분위기가 드리워져 있다. 로 키
는 여러 가지 목적을 위해 사용되는데, 〈칼리가리 박사의 밀실〉에서는 쉽
게 드러나지 않는 인간의 불안함과 공포를 표현한다. 불안과 공포를 강렬
하게 표현하기 위해서 화면의 밝은 부분과 어두운 부분이 극단적인 대조
를 이룬다. 이러한 기법을 대조가 강하다는 의미로 하이 콘트라스트(high
contrast)라고 한다. 이 기법은 일상적인 자연의 풍경을 객관적으로 묘사
하기보다 주관적이고 감성적으로 표현할 때 종종 사용된다. 이 영화에서
도 프란시스의 무의식을 표현하는 여러 장면에서 하이 콘트라스트가 사
용된다. 한편 인물들을 둘러싼 배경(setting)도 독특해 풍경이나 건축물이
상당히 왜곡되고 비현실적이다. 배경은 사선으로 처리된 경우가 빈번한
데, 이것은 우리가 일상생활에서 접하는 풍경과 거리가 멀다. 그리하여
관객은 자신이 프란시스라는 인물의 주관적인 눈으로 관찰된 사건이나

배경을 바라보는 것처럼 느낀다. 그리고 분장이나 의상, 연기도 현실적이지 않고 과장되어 있다.

지금까지 〈칼리가리 박사의 밀실〉에 나타난 형식적인 특성, 즉 조명(lighting), 명암대조(contrast), 배경(decor), 의상(costume), 분장(makeup), 연기(acting)에 대해 살펴보았는데, 이것은 모두 미장센에 속하는 기법이다.[2] 미장센은 영화를 창작하고 분석하는 데 매우 중요한 요소이다. 소비에트 영화가 편집에 중점을 둔 것과 대조적이라는 점도 흥미롭다. 이러한 기법들이 어떻게 사용되고 있는지 세심하게 관찰하면 영화의 특성이나 분위기를 파악하는 데 매우 유용하다.

2. 현대 예술영화

1) 이탈리아의 네오리얼리즘

세계대전 기간 동안 이탈리아 사람들은 전쟁이라는 어려운 환경에도 불구하고 세계 영화사에 길이 남을 작품을 다수 창작했다. 당시의 영화를 이탈리아 네오리얼리즘(italiano neorealismo)이라고 칭한다. 이탈리아 네오리얼리즘이 영화사의 한 페이지를 장식할 수 있었던 데에는 여러 가지 요인이 있다. 당시 이탈리아는 큰 현실적 어려움을 겪고 있었는데 그러한 상황을 카메라에 담아내어 진실에 가까이 다가가려는 욕구가 좋은 영화를 만드는 원동력이 되었다. 따라서 당시 이탈리아의 사회문제와 역사적

---

2   제11장 '미장센: 대상의 배치' 참조.

배경을 토대로 네오리얼리즘 영화를 이해하는 것이 중요하다.

무솔리니의 파시즘 정권은 자국의 영화를 보호한다는 미명하에 사회적인 문제에 접근하려는 영화인들의 자유로운 활동을 통제했다. 그 결과 부조리한 사회의 모순을 카메라에 담아내려는 영화인들의 노력은 결실을 맺기 어려웠다. 오히려 전체주의적 이데올로기를 찬양하는 영화나 정치권력을 신화화하는 영화가 장려되었다. 역사를 되돌아보면 정권을 잡은 독재자들은 항상 미디어의 생산 및 유통 체계를 장악하고 자유로운 창작활동과 비판적인 의견을 억압해 왔다. 이러한 현실을 극복하려는 시도 가운데 대표적인 사례가 이탈리아 네오리얼리즘 영화이다. 한편 네오리얼리즘이 등장할 수 있었던 또 다른 요인으로는 실험정신으로 발굴해 낸 새로운 영화의 표현기법을 들 수 있다.

이제 네오리얼리즘의 대표적인 작품 〈무방비 도시(Roma città aperta)〉를 살펴보면서 그들이 고발하려 했던 현실은 무엇이고 그들이 시도한 실험적 기법은 무엇인지 알아보자. 이탈리아 네오리얼리즘은 역사적인 사건을 주로 다루었는데, 〈무방비 도시〉도 그러했다. 〈무방비 도시〉는 1945년 이탈리아 영화감독 로베르토 로셀리니(Roberto Rossellini)가 만든 작품으로, 영화는 제2차 세계대전 말에 독일에 의해 점령되었던 로마에서 실제로 일어났던 일을 다루고 있다. 이 영화는 1944년 레지스탕스를 돕다가 처형된 돈 모로지니 신부의 사건을 바탕으로 하고 있으며 점령자에게 저항하다가 죽음을 맞이하는 여러 인물이 등장한다.

이 사건의 진실에 다가가기 위해 감독은 여러 가지 실험적인 기법을 동원했다. 첫째, 이 영화가 신부의 처형 사건을 소재로 했다는 데서도 알 수 있듯이 이야기는 실제로 발생했던 사건을 그대로 표현했다. 둘째, 사건이 발생한 장소에서 실제로 촬영을 진행했다. 특별히 세트를 마련하지 않고 대부분 야외촬영을 하여 현장의 느낌을 살리려고 했다. 셋째, 전문배우가 아니라 사건을 직접 경험한 사람들을 주로 캐스팅했다. 그들의 연기는 실제의 삶과 유사했고 대사도 삶의 일부인 것처럼 표현되었다. 그리하여 영화는 극적이지 않고 더욱 사실적으로 묘사되었다. 넷째, 독일 표현주의 영화처럼 인위적인 미장센을 사용하지 않았고 할리우드 영화처럼 사건을 극적으로 보여주는 편집기법을 사용하지도 않았다. 오히려 카메라는 극적인 사건을 담담하게 촬영했고 조밀하지 않은 편집으로 현실감을 부여했다.

이러한 표현방식은 관객에게 발생한 사건에 대해 정확히 이해하도록 하지만 영상을 보는 즐거움을 선사하지는 않는다. 또한 권력에 저항하다가 최후를 맞이하는 인간을 극적이거나 감동적으로 표현하지도 않는다. 따라서 이야기에서 흥미나 감흥을 얻기보다 실제로 발생했던 사건의 본질에 주의를 기울이도록 한다. 할리우드 영화도 역사적인 사건을 많이 다루지만, 할리우드 영화는 사건이 발생한 경위와 배후에 있는 본질적인 원인보다 영화가 가져다주는 극적 효과에 치중한다. 할리우드가 제작한 많은 전쟁영화와 네오리얼리즘 영화를 비교하면 이러한 차이점을 잘 알 수 있다. 〈무방비 도시〉에서 사용된 촬영기법은 극적인 경험보다 현실에 대한 인식을 더욱 중시했다. 그리하여 인물들이 맞이하는 비극적인 최후도 일상적인 일인 것처럼 느껴지며, 영웅적인 인물이 등장해 문제를 해결하지도 않는다.

비토리오 데 시카(Vittorio De Sica) 감독의 영화 〈자전거 도둑(Ladri di Biciclette)〉(1948)도 이러한 맥락에서 이해할 수 있다(〈그림 8-4〉). 영화는 어느 실업자의 일상을 그리고 있다. 그는 자전거가 있어야만 할 수 있는 일거리를 어렵게 구했는데 어느 날 자전거를 도둑맞는다. 그래서 아들과

그림 8-4 **이탈리아 네오리얼리즘의 대표작 〈자전거 도둑〉**

함께 자전거를 찾으려고 로마의 거리를 돌아다닌다. 결국 그는 다른 사람
의 자전거를 훔치기로 결심하고 실행에 옮기려 했지만, 곧 많은 사람이 보
는 앞에서 발각된다. 때마침 아들이 아버지의 수치스러운 모습을 목격한
다. 그러나 불쌍한 부자의 이야기는 극적으로 묘사되지 않고 난처한 아버
지의 표정에도 감정이 잘 드러나지 않는다. 그래서 더욱 안타까운 마음이
들게 한다. 이야기는 자전거를 찾은 뒤 다시 일을 시작하는 해피엔딩으로
끝나지 않는다. 그러나 과장되지 않은 연기와 현실과 유사하게 묘사된 분
위기는 두 인물이 처한 현실의 문제를 더욱 깊이 파고들게 만드는 효과를
가져온다. 따라서 이러한 사실주의는 현대적인 미학의 특색을 지녔다고
할 수 있다.[3]

---

3   제14장 제3절 '영화적 사실주의' 참조.

2) 프랑스의 누벨바그

1941년부터 1945년까지 계속된 제2차 세계대전은 영상 미디어 역사에서 중요한 의미를 지닌다. 당시 예술영화는 인간의 의식과 현실을 이해하는 새로운 방식을 실험했는데, 1960년대 이후 프랑스에서 등장한 누벨바그는 이러한 방식의 대표적인 사조이다. 누벨바그(nouvelle vague)는 '새로운 물결'이라는 뜻으로, 누벨바그 시대의 젊은 프랑스 시네아스트들은 이탈리아 네오리얼리즘의 영향을 받아 할리우드에 비판적이었으며, 할리우드와 거리를 둔 영화를 제작하려 했다. 그리하여 누벨바그는 실험성과 새로운 영상미학, 그리고 상업영화에 대한 비판 등을 목표로 하는 많은 예술영화의 전범으로 여겨진다. 당시에는 예술영화를 표방하는 여러 키워드가 제안되었고 이들 키워드는 지금까지도 이어지고 있는데, 대표적인 키워드로는 작가정책론(politique des auteurs), 카메라 만연필설(camera-stylo) 등을 들 수 있다.

작가정책론에 따르면 영화를 작가에 의해 창작된 예술작품으로 간주할수 있다. 여기에서 말하는 작가란 감독, 특히 촬영을 주도하면서 영상을 창작하는 사람이다. 작가정책론은 제작을 담당하는 수많은 사람 중에서 감독에게 권한을 대폭 부여해서 예술적 실험의 자유를 보장해야 한다는 주장도 함의하고 있다. 그렇게 하면 영화 창작이 기획이나 제작 같은 외적 요인으로부터 독립할 수 있고 시나리오에 의해 정해진 주제나 메시지에 의존하지 않고 실험적인 촬영작업에 집중할 수 있다. 이 때문에 누벨바그에서는 서사성보다 창의적인 영상미가 상대적으로 풍부하게 나타났다.

카메라 만연필설도 같은 맥락에서 이해할 수 있는데, 이 개념은 카메라로 촬영하는 작업은 작가가 글을 쓰는 것과 같이 창의적이면서도 예술적이라는 뜻을 내포하고 있다. 이로써 작가주의라는 개념이 성립되었고 영화예술가를 작가라고 칭할 수 있게 되었다. 누벨바그는 역사적 사건을 다루거나 사회문제를 직접 비판하는 것보다 영상을 통해 실험적인 표현양식을 선보이는 것을 중시했다. 그 이유는 영상을 통해 인간의 지각이나 사유를 새롭게 하는 것이 더 근본적이며 중요하다고 여겼기 때문이다.

여기서는 장 뤽 고다르(Jean Luc Godard)의 〈네 멋대로 해라(A bout de Souffle)〉(1960)를 살펴보자. 이 영화는 많은 진보적인 영화이론가들에 의해 다양하게 해석되었는데 그중 일부 의견만 살펴보자. 〈네 멋대로 해라〉는 1983년에 할리우드에서 〈브레스리스(Breathless)〉라는 제목으로 리메이크되었으나, 고다르 영화의 할리우드 버전은 예술적 실험 영상은 무시하고 이야기만 재현했다. 따라서 이 두 영화를 비교하면 누벨바그의 특징을 잘 이해할 수 있다. 두 영화의 내용은 똑같다. 한 나쁜 남자가 의도하지 않았던 살인을 저지른 뒤 경찰의 추격을 피해 도주한다. 도피하는 도중 그 남자는 어느 여대생과 함께 다니게 된다. 이 둘은 잘 지내다가 남자가 살인자임을 알게 된 여자가 남자를 밀고하고 남자는 경찰의 총격에 허무하게 쓰러지고 만다. 같은 이야기를 지닌 두 영화는 무엇이 다를까?

누벨바그가 강조했던 촬영의 의미를 생각해 보자. 우선 카메라의 역할과 의미가 다르다. 〈네 멋대로 해라〉의 카메라는 항상 존재할 수 있는 장소에서 촬영했고 그 때문에 영화를 보는 관객은 대상을 쉽게 인식할 수 있다. 〈그림 8-5〉를 보면 카메라가 마치 옆 좌석에 동승한 것 같다. 반면에 할리우드 영화에서는 〈그림 8-6〉처럼 카메라가 실제로 존재할 수 없는 곳에 위치한다. 달리는 차의 보닛 위에 무언가를 놓을 수는 없다. 하지만 두 인물이 가장 잘 보이는 곳이 그 위치이기 때문에 카메라를 그곳에 두고 찍은 것이다. 따라서 할리우드 영화의 카메라는 마치 전지적 작가 시점을

그림 8-5 **누벨바그의 대표작 〈네 멋대로 해라〉**

그림 8-6 **〈네 멋대로 해라〉의 할리우드 리메이크작 〈브레스리스〉**

취하는 것처럼 보인다. 그 결과 인물의 행위나 그 뒤의 배경을 통해 영화의 내용과 관련된 충분한 정보를 잘 정리해서 전달해 준다. 반면에 고다르의 영화에서는 인물 옆에 카메라가 있기 때문에 관객은 많은 것을 볼 수 없다. 인물은 카메라 또는 관객과 이야기를 나누는 것처럼 보이는데 사실 그런 일은 있을 수 없다. 그 카메라로 찍은 영상을 보면 그에게 앞으로 무슨 일이 일어날지도 잘 예측할 수 없다.

이러한 차이점을 어떻게 이해해야 할까? 첫째, 할리우드의 카메라가 이야기의 서술자라고 한다면 누벨바그의 카메라는 관찰자라고 해석할 수 있다. 서술자는 이미 인물의 성격과 사건의 맥락을 잘 알고 있고 그것을 우리에게 전달하지만, 관찰자는 자신이 본 것만 우리에게 전달한다. 고다르 영화의 영상은 사건을 설명하기보다 지켜보는 위치에 있기 때문에 점프 컷(jump cut)이나 롱 테이크(long take)같이 서사와 관계없는 편집방식이 사용되었다. 점프 컷은 숏이 진행되는 동안 그 사이의 어느 부분을 삭제한 것처럼 편집한 방식을 말한다. 이렇게 하면 영상이 시간을 점프해 건너뛴 것처럼 보인다. 〈그림 8-7〉은 점프 컷이 사용된 장면 가운데 하나이다. 사진만으로는 알아보기 어렵지만 실제 영상에서는 차 안에서 달리는 장면이 군데군데 잘려져서 점프가 발생한다. 편집은 본디 영상의 시각적 부담을 덜고 일치감을 주어야 하는데 이 장면에서는 오히려 시각적으로 불편함이 느껴지며 내용을 이해하는 데에도 도움이 되지 않는다.[4]

그런데 고다르 영화에서 중요한 사실은, 비록 관찰자가 많은 것을 알려주지는 않지만 자신이 파악한 현실을 그대로 알려준다는 것이자 우리를 속이려고 하지 않는다는 것이다. 이 영화에서는 어떤 사건을 묘사하는 데서 사건의 인과관계를 친절하게 소상히 알려주는 것보다 독자 나름대로 판단할 수 있도록 관찰한 것을 그대로 전해주는 것이 더 의미 있다고 판단하기 때문에 카메라를 관찰자로 활용했다.

고다르가 이러한 방식을 선택한 이유는, 무언가를 자세히 알려주려면 그것에 대해 제대로 이해해야 하는데 자신이 이해한 바가 올바른지 어느 누구도 자신 있게 말할 수 없기 때문이다. 누벨바그는 영화의 내용을 밋밋

---

4   제13장 '편집: 의미의 구축' 참조.

그림 8-7 〈네 멋대로 해라〉: 점프 컷 장면

하지만 담백하게 전달하면 관객이 더욱 진실하게 받아들일 것이며 관객에게 어떤 생각이나 이해를 강요하는 것은 적절하지 않다고 여긴다. 따라서 누벨바그는 관객에게 지금 보고 있는 영화가 카메라에 의해 촬영된 것이며 편집으로 이어붙인 영상이라는 사실을 알려준다. 그렇기 때문에 카메라를 보여주기도 하고 롱 테이크와 점프 컷을 사용하기도 한다.

둘째, 고다르의 김빠진 영상들은 할리우드 영화를 겨냥한 결과로 해석할 수 있다. 실제로 〈네 멋대로 해라〉에서는 주인공 미셸이 할리우드 스타인 험프리 보가트를 따라 하려는 장면이 있는데, 그는 보가트처럼 스타가 되지 못할 뿐만 아니라 추격하는 경찰을 멋지게 따돌리는 느와르 영화의 주인공도 아니다. 미셸은 결국 경찰의 총 한 방으로 허무하게 죽음을 맞이한다. 이것은 영웅담을 들려주는 할리우드 영화의 관행을 비꼬거나 패러디한 것으로 해석할 수 있다. 그렇게 비꼼으로써 관객들은 할리우드 영화의 장르 관습에 대해 돌이켜보게 된다. 어떤 사건을 흥미롭게 관객에게 전달해 주는 것이 아니라 관객으로 하여금 영화 자체에 대해서 생각해

그림 8-8 〈네 멋대로 해라〉에서 험프리 보거트를 동경하는 장면

보도록 유도하는 영화를 자기 스스로를 반영한다는 뜻에서 자기반영적 영화(self-reflexive film)라고 칭한다.[5] 고다르는 다른 것을 보도록 해주는 카메라를 교묘한 방식으로 활용함으로써 결국 영화가 자기 자신을 바라 보도록 했다. 자기반영성은 현대미학을 이해하는 데서 중요한 키워드 가 운데 하나이다.

3) 독일의 뉴저먼 시네마

1960년대 독일에서도 새로운 영화의 경향이 나타났는데, 바로 뉴저먼 시네마(new german cinema)이다. 두 번의 세계대전을 일으킨 독일은 과 거의 반성과 극복이라는 큰 짐을 지게 되었는데, 비단 정치인들뿐만 아 니라 예술가들도 이 문제에 대해 깊이 있게 성찰했다. 독일은 나치 시대에도 영화 제작에 힘을 쏟았으나 당시의 영화는 선전영화에 지나지 않았다. 1962년의 오버하우젠 선언(Oberhausen Manifesto)은 과거의 어두운 역사를 예술적으로 극복하려는 시도 가운데 하나이다. 오버하우젠 선언은 오버하우젠이라는 독일의 작은 도시에서 청년 영화인들이 "아버지의 영화는 죽었다"라는 슬로건과 함께 새로운 독일 영화를 선언한 것이다(이곳에서는 지금도 영화제가 개최되고 있다). 이 선언에 참여한 알렉산더 클루게(Alexander Kluge) 같은 영화인들은 선언 이후 오랫동안 영화와 텔레비전 미디어를 통해 많은 작품을 남겼다. 오버하우젠 선언은 독일 영화를 포함해 문화예술계 전반에 큰 영향을 미쳤다. 여기에는 젊은 영화인들의 노력과 더불어 문화예술인들의 자유로운 창작 활동을 보장하기 위한 국가의 영화지원 정책도 크게 작용했다.

뉴저먼 시네마를 작가영화(Autorenfilm)라고 표현하기도 한다. 클루게를 포함해 독일의 많은 작가와 지식인은 저술이나 예술 활동을 통해 자신들의 과거를 반성하고 사회문제를 비판했다. 그런데 그들이 영화 제작에도 참여하자 작가영화라는 용어가 등장했다. 여기서 지칭하는 작가는 누벨바그를 창작했던 이들, 그러니까 카메라를 들고 현장에서 실험적인 촬영작업을 했던 이들과는 다른 뜻으로 이해된다. 그리고 뉴저먼 시네마의 영화작업에 참여한 문필가들은 새로운 표현방식을 시도하기 위해 또는 대중과의 소통을 위해 영화 미디어를 선택했는데, 이 때문에 뉴저먼 시네마에는 문학적 특성이 남아 있었다. 이로 인해 뉴저먼 시네마는 문학지향성(literary orientation)을 지니게 되었다.

그렇다고 해서 뉴저먼 시네마가 현실에 대해 비판적인 목소리를 직접적으로 쏟아낸 것은 아니었다. 뉴저먼 시네마는 차분하고 내면적인 목소리와 수사적인 표현방식으로 접근했다. 뉴저먼 시네마의 대표적인 감독으로는 폴커 슐렌도르프(Volker Schlöndorff)와 빔 벤더스(Wim Wenders)를 들 수 있다. 나치가 전쟁을 일으키면서 성장을 멈춘 한 소년의 기이한 삶을 다룬 슐렌도르프 감독의 영화 〈양철북(Die Brechtrommel)〉(1979)의 수사(rhetoric)도 재미있지만, 오랫동안 작품활동을 하고 있는 벤더스의 영화는 절제된 차분함으로 역사와 사회문제에 접근한다.

벤더스의 1987년작 〈파리, 텍사스(Paris, Texas)〉는 남녀의 사랑과 가족관계를 소재로 한다. 그러나 비평가들은 이 영화가 독일의 과거와 연관되어 있다거나 갈등과 화해 같은 인간의 보편적 문제를 은유적으로 다루고 있다고 해석한다. 〈베를린 천사의 시(Himmel über Berlin)〉(1993)를 비롯해 벤더스의 영화를 분석할 때에는 고다르 같은 실험정신보다 주제를 다루는 진지함에 주목해야 한다. 〈파리, 텍사스〉의 내용은 다음과 같다. 한 여인을 너무나 사랑했던 남자가 그녀의 마음이 멀어졌다고 여겨지자 그녀의 집에 불을 지르고 혼자 길을 떠난다. 오랜 방황 끝에 동생 집으로 돌아오게 된 그는 동생네가 그동안 자신의 아들을 키우고 있었다는 사실을 알게 된다. 처음에는 자신의 아들에게 거리감을 느끼지만, 곧 아버지와 아들은 관계를 회복하고 헤어진 연인이자 아들의 엄마인 여인을 함께 찾아 나선다. 여기에서 벤더스 영화에 전형적인 로드 무비(road movie)의 특징이 나타나는데, 이 영화에서는 아버지와 아들이 함께 엄마를 찾아 여행을 떠난다는 점이 흥미롭다(〈그림 8-9〉). 결국 어느 핍쇼(peep show)장에서 일하는 그녀를 찾는다. 남자는 망설이다가 아들을 호텔방에 남겨두고 그녀를 만나러 간다. 그는 손님인 척하며 그녀를 폐쇄된 공간에서 마주한다. 그렇게 한 사람은 볼 수만 있고 다른 한 사람은 보일 수만 있는 묘한 공간에서 두 사람은 재회한다. 두 사람은 서로를 바라보며 대화할 수 없다. 한 사람이 일방적으로 말하고 지시하면 다른 사람은 그 말을 듣고 따

그림 8-9 〈파리, 텍사스〉: 함께 길을 떠나는 아버지와 아들

그림 8-10 〈파리, 텍사스〉: 거울 너머로 이야기를 듣고 있는 장면

르게 되어 있어서 그들의 소통은 왜곡될 수밖에 없다. 여인은 거울에 비친
자기 모습을 보면서도 이해할 수 없는 말을 하는 남자가 자신을 바라보고
있음을 알고 있다(〈그림 8-10〉). 남자는 모습을 감춘 채 여자에게 자신의
과거에 대해 말한다. 그러나 시간이 흘러 여자는 그가 자신이 사랑했던 남
자였음을 알게 된다. 이후에 그들은 소통이 차단된 공간에서 어떻게든 대
화를 해보려고 애쓴다. 그들은 마침내 서로를 마주보며 끔찍했던 과거에

대해 화해할 수 있었을까?

이 영화가 말하고자 하는 것은 독일의 어두운 과거를 비롯한 여러 가지 복잡한 사회 문제가 알고 보면 인간 사이의 소통이 왜곡되면서 시작되었다는 사실이 아닐까 싶다.

제9장

텔레비전 실험과 디지털 영상예술

1. 쿨미디어 텔레비전

1) 텔레비전 실험

영화를 예술의 한 장르로 본다면 텔레비전과 디지털 영상도 예술의 한 장르로 볼 수 있을까? 이 장에서는 텔레비전과 디지털 영상이 지닌 예술로서의 새로운 표현 가능성을 실험하는 흥미로운 사례에 대해 살펴보려 한다.

우선 텔레비전과 디지털 영상예술의 특징을 떠올려보자. 미디어는 그 자체로는 잘 인식되지 않는 특성이 있다. 제 기능을 잘 수행할수록 사람들에게 인지되지 않는 것이 미디어의 본질적인 속성이기 때문에, 미디어가 사실이 아닌 것을 보여주거나 사실을 조작할 때에도 그 사실을 알아차리지 못할 수 있다. 따라서 미디어의 내용이 조작될 수 있다는 것 또한 염두에 두어야 한다. 하지만 미디어를 항상 의식하면 미디어를 활용하는 본래의 목적을 달성하기 어렵다. 미디어 자체를 의식하면 블록버스터 영화를 볼 때 몰입감을 느끼기 어렵고 텔레비전 뉴스를 볼 때 내용에 집중할 수 없다. 따라서 미디어의 작용을 분석하고 미디어를 자세히 관찰하려면 아예 다른 분야에서 접근하는 것이 좋다. 미디어 영상예술은 이러한 점에서 중요한 의미를 갖는다.

사실 미디어는 현대 예술에서 매우 중요한 주제이다. 전통 예술의 특징이 현실을 모방하고 현실에 대한 창작자의 사유를 표현하는 것이었다면, 현대 예술은 모방과 사유가 이루어지는 과정에 더 큰 관심을 둔다. 현대 예술은 인간이 미디어를 통해 현실을 보는 것이 아니라 미디어가 보여주는 현실을 그대로 인식한다는 사실을 중시했기 때문이다. 따라서 영상예술은 우리가 당연하다고 생각해 오던 것들, 대상을 인지하는 인간 또는 인지를 위해 활용한 도구들을 돌이켜보고 인지나 도구 그 자체를 표현하려고 했다. 이는 마치 반성을 하는 것과도 같다. 반성은 행동을 멈추고 자신을 되돌아본다는 뜻으로, 성찰(reflexion)이라고도 한다.[1] 성찰은 예술 분야에만 해당하는 과제가 아니다. 앞만 보고 발전을 추구해 온 사회 역시 과거를 돌아보아야 한다는 주장이 제기되고 있는데, 이것을 성찰적 근대화(reflexive modernization)론이라고 한다.[2]

텔레비전은 예술과 거리를 두고 매스미디어로 발전했지만, 현대 예술은 텔레비전에도 관심을 기울였다. 대중은 텔레비전 예술을 통해 텔레비전의 원리를 알 수 있었으며 정보전달의 순기능에 가려져 잘 드러나지 않

---

1   김무규, 『서사적 영상에서 성찰적 형상으로: 영화 미디어론』(한울, 2012).
2   앤서니 기든스[안소니 기든스]·울리히 벡·스콧 래시[스콧 래쉬], 『성찰적 근대화』, 임현진·정일준 옮김(한울, 2010).

았던 텔레비전의 역기능도 파악할 수 있었다. 매클루언은 문자와 인쇄 미디어의 문제점을 지적하면서 텔레비전 같은 전자 미디어가 이들의 단점을 보완할 것이라고 예측했다.[3] 매클루언은 정보를 빠르고 폭넓게 전달하기 위해 문자를 인쇄해서 유포하면 정보의 생성과 수용 사이에서 격차가 발생하기 때문에 소통의 가능성이 그만큼 줄어들 것이라고 주장했다. 그리고 사람들이 그 과정에서 시각적인 감각만 활용하는 것도 문제라고 지적했다. 그러나 텔레비전은 문자와 달리 능동적 참여와 다양한 감각의 활용을 자극하는 쿨미디어이기 때문에 매클루언은 텔레비전이 핫미디어인 문자 미디어에서 쿨미디어로의 변화를 유도할 것이라고 전망했다. 그런데 매스미디어 텔레비전은 텔레비전이 쿨미디어로 발전한 결과라고 보기 어렵다. 텔레비전의 발전 과정은 베냐민의 기대에 미치지 못했던 주류영화의 발전 과정과 유사하다. 하지만 쿨미디어 텔레비전을 본격적으로 실험한 흥미로운 몇 가지 사례가 있다.

1991년 독일 영화감독 올리버 히르쉬비겔(Oliver Hirschbiegel)은 〈살인 결정(Mörderische Entscheidung)〉이라는 영화를 텔레비전에서 방영했다 (〈그림 9-1〉). 이 영화는 동일한 사건에 연루된 두 인물의 관점에서 진행되는 두 가지 이야기로 구성되어 있는데, 두 이야기를 각각 다른 채널 다스 에어스테(Das Erste)와 ZDF에서 방송했다. 시청자는 리모컨으로 채널을 바꾸면서 하나의 이야기를 다른 관점에서도 볼 수 있었다. 그렇게 시청자들은 채널 선택에 따라 같은 사건을 다른 이야기로 받아들일 수 있었다.

2000년에도 이와 유사한 실험적인 텔레비전 프로그램이 있었다. 라르스 본 트리에르(Lars von Trier)를 포함해 모두 네 명의 감독이 제작한 〈디

---

3   제1장 제4절 '현대의 문자 비판과 영상' 참조.

그림 9-1 **상호작용적 텔레비전 〈살인 결정〉**

데이(D-Dag)〉(2000)라는 영화가 텔레비전에서 방영되었다. 이 감독들은
네 명의 도둑이 밀레니엄 전날 소란을 틈타 은행을 터는 이야기를 영화로
만들었다. 그런데 네 명의 감독이 각각 네 명의 인물을 중심으로 영화를
만들어 네 개의 텔레비전 채널에서 방송했다는 점이 특이했다. 시청자는
채널을 돌려가며 영화를 볼 수 있었으며 누가 어느 채널을 언제 선택하는
가에 따라 제각기 다른 작품이 만들어졌다. 〈살인 결정〉과 〈디데이〉는
시청자의 행위가 있어야 비로소 프로그램으로 완성될 수 있었다. 따라서
이 두 사례는 수동적인 수용자를 자극하는 신선한 텔레비전 실험이었다.
시청자들은 주어진 자유로움을 토대로 능동적인 활동을 통해 작품의 완
성에 관여했을 것이며, 여러 채널과 프로그램으로 이루어진 텔레비전의
원리에 대해 생각했을 것이다. 다만 두 개 또는 네 개의 채널로 선택이 충

분했다고 보기는 어렵다. 선택의 폭을 더욱 넓히기 위해서는 다른 영상 미디어가 필요했다.

2) 백남준의 미디어아트

앞에서 언급한 두 사례는 시청자 참여를 실험한 작품이지만, 텔레비전의 기본적인 전송방식과 수용방식은 그대로 유지했다. 그러나 보다 급진적인 방식으로 예술적 목적을 이루려 한 예술가가 있다. 바로 텔레비전을 비롯한 미디어 예술에서 한 획을 그은 백남준이다. 그의 예술세계에서 텔레비전이 지닌 의미는 매우 크다. 그러나 백남준의 주된 작업은 텔레비전에서 방송될 프로그램을 제작하는 것이 아니라 미술관에 전시될 예술작품을 창작하는 것이었다. 그는 텔레비전 프로그램을 몇 차례 제작하기도 했지만, 그가 만든 프로그램은 일반적으로 우리가 집에서 시청하는 방송은 아니었다. 백남준은 텔레비전의 기술적인 원리를 활용한 작품을 많이 남겼는데, 여기서는 1963년작 〈음악의 전시: 전자 텔레비전(Exposition of Music: Electronic Television)〉과 1984년작 〈굿모닝, 미스터 오웰(Good Morning, Mr. Orwell)〉 두 작품만 살펴보자.

(1) 〈음악의 전시: 전자 텔레비전〉

〈음악의 전시: 전자 텔레비전〉은 최초의 텔레비전 설치예술 전시회로, 독일 부퍼탈(Wuppertal)에 위치한 갤러리 전체에 설치되었다. 갤러리 1층에 있는 12대의 텔레비전에서는 각기 다른 프로그램이 방송되었다(〈그림 9-2〉). 이처럼 텔레비전이 갤러리에 전시되면 관객들은 더 이상 드라마나 뉴스 같은 방송 프로그램에 집중하지 않고 다른 것을 감상하게 된다. 즉,

그림 9-2 **백남준의 초기 미디어아트 〈음악의 전시: 전자 텔레비전〉**

방송 프로그램을 수용자에게 전달하는 텔레비전 그 자체에 집중하게 된다. 이때 갤러리 방문객들은 프로그램을 가능하게 해주는 환경을 깨닫는다. 그러한 깨달음을 통해 시청자들은 자신이 망각했던 미디어로 시선을 돌릴 수 있다. 방송에서 예술로, 가정에서 갤러리로 바뀐 수용상황이 이 같은 새로운 시선을 가능하게 해준다. 시청자들이 한 번쯤 미디어를 다른 형태로 상기하는 것도 의미 있는 일이다. 매스미디어를 미디어아트로 탈바꿈시키면 사람들의 미디어 수용에서 비롯되는 타성(inertia)이 극복될 수 있다. 또한 미디어와 콘텐츠가 서로 자리를 바꿈으로써 예술가의 아이디어를 더 자유롭게 표현할 수도 있다.

〈그림 9-3〉은 〈음악의 전시: 전자 텔레비전〉이 전시되었던 갤러리 지하에 설치된 〈랜덤 액세스(Random Access)〉라는 작품이다. 백남준은 벽면에 테이프를 붙여놓았는데 관람객은 그 테이프의 표면을 긁어서 소리를 낼 수 있었다. 이처럼 백남준은 예술가에 의해 완성된 작품을 감상자에

그림 9-3 〈랜덤 액세스〉의 수용자 참여

게 일방적으로 전달하는 것이 아니라 감상자도 작품활동에 참여하도록
했다. '임의의 접근'이라는 작품 제목처럼 갤러리 방문객은 작품에 직접
손을 대어 소리를 냄으로써 나름대로 창작의 즐거움을 체험했는데, 이는
당시로서는 파격적인 작품 감상 방식이었다.

(2) 〈굿모닝 미스터 오웰〉

이 작품 제목에 등장하는 오웰은 1949년에 『1984년』이라는 소설을 발
표한 작가 조지 오웰(George Orwell)을 말한다. 〈굿모닝 미스터 오웰〉이
위성으로 전 세계에 실황 중계된 날은 1984년 1월 1일로, 백남준이 이 작

품을 통해 전하려는 내용을 이해하려면 먼저 이 소설에 대해 알아야 한다.

소설의 내용은 끔찍하다. 미래에 세상은 전체주의 국가가 되고 사람들은 정체 모를 독재자인 빅브라더에 의해 철저히 감시당하고 있다. 사람들은 집과 거리 곳곳에 설치된 텔레비전 방송에 의해 세뇌되고 텔레비전은 사람들을 감시하는 도구로 사용된다. 사람들은 감시 모니터가 닿지 않는 짧은 시간 동안 사적인 대화를 은밀히 할 수 있었는데 소설에서는 그것을 분할대화라고 칭한다. 조지 오웰은 이 소설을 통해 텔레비전에 의해 획일적 정보전달과 감시통제가 이루어지는 미래를 예언했다. 하지만 백남준은 〈굿모닝 미스터 오웰〉을 통해 텔레비전이 그렇게 인간에게 해로운 미디어가 아니며 오히려 그 반대가 될 수 있음을 보여주려고 했다.

〈굿모닝 미스터 오웰〉이 방송된 지도 벌써 40년 지났지만, 1949년의 조지 오웰이 옳았는지 아니면 1984년의 백남준이 옳았는지는 아직 알 수 없다. 그렇다면 백남준은 왜 조지 오웰이 틀렸다고 했을까? 〈굿모닝 미스터 오웰〉이 전 세계로 동시에 실황 중계된 시각은 뉴욕에서는 1984년 1월 1일 새벽 12시이고, 파리와 베를린에서는 1월 1일 아침 6시, 서울에서는 1월 2일 새벽 2시였다(〈그림 9-4〉). 그리고 백남준은 파리의 퐁피두센터에서 각국으로부터 수신된 방송을 동시 편집해서 그 결과를 위성으로 송출했다. 실황중계나 동시편집 같은 작업은 텔레비전만 할 수 있는데, 백남준은 이러한 텔레비전의 기술적 장점을 최대한 살려 예술작품을 창작했던 것이다. 백남준의 작업을 통해 세상 여러 곳의 모습이 전 세계로 생중계되었고 그만큼 많은 이들이 실시간으로 서로 소통할 수 있었다. 백남준이 이러한 작업을 한 것은 텔레비전에 대한 아쉬움 때문이었을 것이다.

백남준에게 있어서 전쟁은 근본적으로 소통의 부재에 의한 결과이다. 그

그림 9-4 **백남준의 텔레비전 예술 〈굿모닝 미스터 오웰〉**

래서 텔레비전에서 보면 대부분은 아시아인들은 비참한 난민들이거나 증오의 대상인 독재자들이지만, 그곳에 사는 중산층은 대부분의 미국 가정과 비슷하게 텔레비전의 악의 없는 오락 방송을 보고 있었다. 백남준을 텔레비전을 통해 전달된 편견으로 민족들 간의 오해와 편협이 초래되었다고 생각했다.[4]

백남준은 조지 오웰의 소설에 등장하는 텔레비전을 다른 목적으로 사용할 수 있다는 가능성을 보여준다. 텔레비전을 통한 동시성과 소통의 미학이 〈굿모닝 미스터 오웰〉의 형식적인 특징이지만 이 작품은 내용도 흥미로웠다. 방송을 통해 대중적인 코미디와 팝음악이 소개되었고 또 일반인에게 어렵게 느껴지는 전위예술 작품도 텔레비전으로 볼 수 있었다. 이

---

4   Edith Decker-Phillips, *Paik Video*(Barrytown Ltd, 1998). 최장희, 「백남준과 그의 예술에서의 커뮤니케이션 문제」, ≪인물미술사학≫, 4(2008), 138쪽에서 재인용.

처럼 톰슨 트윈스(Thompson Twins)의 〈홀드 미 나우(Hold me now)〉와 존 케이지(John Cage)의 전위음악을 동시에 시청할 수 있는 것 또한 〈굿모닝 미스터 오웰〉의 특징이었다. 공동작업을 하지 못했던 세계적인 예술가들도 백남준의 텔레비전 방송을 통해 멀리 떨어진 거리를 극복하고 함께 작품활동을 할 수 있었다. 이 모든 것은 텔레비전이 아니었다면 불가능했을 일이다.

2. 상호작용성과 디지털 영상예술

1) 상호작용성과 디지털 가상

디지털 영상을 활용한 예술작품의 종류는 매우 다양하지만, 여기서는 간단히 몇몇 작품만 살펴보겠다. 디지털 콘텐츠는 고정된 형태 없이 여러 가지 모습으로 계속해서 변형되는 특징을 갖고 있으므로 상호작용에 적합하다. 상호작용성(interactivity)은 커뮤니케이션에 참여하는 사람들 간에 이루어지는 쌍방 간의 대화나 협업을 의미한다. 즉, 생산자와 전달자에 의해 생성된 정보나 메시지가 소비자와 수용자에게 일방적으로 전달되는 것이 아니라 쌍방이 함께 정보나 메시지를 형성하는 특성을 일컫는다.

이러한 특성을 두 가지 측면에서 자세히 살펴보면, 첫째, 상호작용성의 상황에서 주체는 단순히 커뮤니케이션의 참여자인 것이 아니라 창작자 또는 제작자가 된다. 따라서 상호작용에 관여하는 사람을 생산자(producer)와 소비자(consumer)의 합성어인 프로슈머(prosumer)라고 칭한다. 둘째, 이들의 상호작용은 특정한 결과를 정해놓고 실행되는 것이 아니라 주체의 창의성 또는 다수의 참여로 다양하고 지속적으로 진행된다. 따라서 상호작용성의 목적은 하나의 최적의 결과를 도출하는 것이 아니라 여러 가지 결과를 도출할 가능성을 확보하는 것이다. 이처럼 상호작용성은 프로슈머의 특성과 우연성(contingency)을 지니고 있다.

디지털 영상은 상호작용적 특성을 가장 잘 발휘할 수 있는 기술영상이다. 무언가를 만들고 만든 것을 손쉽게 변형하려면 콘텐츠가 상당한 탄력성을 지니고 있어야 한다. 마노비치는 이것을 모듈성과 가변성이라고 했다. 앞에서 살펴보았듯이 기계적인 영화나 전자적인 텔레비전 영상으로는 활발한 상호작용성을 실현하기 어려웠기 때문에 초창기에는 상호작용성이 실험적으로만 시도되었다. 그러나 디지털 기술이 도입된 이후로는 이러한 가능성이 본격화되었다. 디지털 기술은 영화나 텔레비전의 기능을 양적으로 확대하기 위해 도입되었지만, 디지털로의 전환은 질적 변화를 초래했고 디지털 영상이 새로운 인터랙티브 영상으로 발전하는 계기가 되었다.

플루서는 상상을 현실화시키려는 인간의 오랜 꿈은 인간이 디지털 기술을 가짐으로써 마침내 이루어지게 되었다고 주장했다. 플루서는 이것을 "디지털 가상(digitaler Schein)"이라고 칭했는데, 디지털 가상은 '기술적 형상'의 가시적 효과를 의미한다. 이처럼 플루서는 디지털 미디어에 잠재된 상호작용성에 매우 큰 의미를 부여했다. 그 의미란 인간이 단순히 새로운 도구를 가졌다는 점을 말하지 않는다. 인간이 세상을 바라보는 새로운 관점을 가질 수 있고 그것을 통해 자연과 환경을 변화시킬 수 있는 가능성을 말한다. 플루서에 따르면, 예전에는 어떤 것을 상상하더라도 그것을 실현할 수 없었다. 하지만 디지털 미디어에 의해 데이터 처리 속도가 빨라지고 높은 밀도의 영상이 구현되면서 새로운 현실을 구성할 수 있게 되었

다. 플루서는 이것을 가상현실(virtual reality)과는 다른 디지털 가상이라고 칭했다.[5]

이제 디지털 기술을 다루는 두 가지 유형의 인간을 살펴봄으로써 가상현실과 디지털 가상을 구분해 보자. 첫째 유형은 가상을 현실로 받아들인다. 사람들은 누구나 자신이 처한 현실에 만족하지 않고 꿈같은 현실을 원한다. 그래서 다른 사람에 의해 만들어진 가상세계를 현실로 받아들이고 가상세계를 향유한다. 둘째 유형은 현실을 창조하며 계속해서 현실을 수정해 재창조한다. 이러한 유형은 자신이 만든 현실이 최종적인 것이 아니며 또 다른 현실로 변모할 것이라는 점을 이미 알고 있다. 그리고 한 번 만든 현실에 만족하지 않고 또 다른 현실을 상상하는데, 이처럼 계속해서 다른 현실을 구성해 보는 데서 만족을 느낀다. 결국 그가 처한 현실은 가상현실이 아니라 그 현실을 만드는 상황이다. 그만큼 결과보다 만들어가는 과정이 중요하다. 다만 상상한 현실을 구현하는 작업을 할 수 있으려면 기구를 다룰 줄 알아야 한다. 플루서가 말한 디지털 가상은 둘째 유형을 말한다. 디지털은 현실 같은 가상현실을 만들어준 것이 아니라 현실을 창조하고 디자인할 수 있는 가능성을 제공했다. 따라서 기구를 작동해 그 가능성을 실행할 줄 아는 사람이 중요하다.

2) 디지털 영상예술

(1) 〈키노아우토마트〉와 〈파렌하이트〉

인터랙티브 영상이 왜 디지털 기술로 실현될 수 있는지를 알아보기 위

---

5   제2장 제4절 '플루서의 기술영상: 기술적 형상과 상상의 실현' 참조.

그림 9-5 **최초의 인터랙티브 영화 〈키노아우토마트〉**

해 초창기 인터랙티브 영상과 디지털 기술로 진보된 인터랙티브 영상을 비교해 보자.

영화에서 상호작용성에 대한 실험은 오래전부터 있어왔다. 체코의 실험 예술가 라두즈 친체라(Radúz Činčera)는 1966년 최초의 인터랙티브 영화 〈키노아우토마트(Kinoautomat)〉를 제작해 관객의 참여를 유도했다(〈그림 9-5〉). 영화가 시작되면 사회자가 무대에 등장해 관객들에게 영화의 진행에 대해 설명한다. 그 설명에 따라 관객은 몇 차례 난처한 상황에 빠진 영화의 주인공이 무언가를 선택해야 할 때 주인공을 대신해 사건의 진행을 결정한다. 그리하여 영화는 다수의 관객이 선택한 결과에 따라 진행된다. 〈키노아우토마트〉는 서사가 결정되어 있지 않고 관객의 참여에 따라 구성되는 상호작용성을 영화에 적용한 최초의 시도라고 전해진다.

또 다른 인터랙티브 영화로 알려진 〈라스트 콜(Last Call)〉(2010)은 친체라의 작품과는 조금 다르다. 곤경에 빠진 영화의 주인공이 그 상황에서 탈출하기 위해 전화를 하면 관객 가운데 한 사람이 그 전화를 받고 그 인물에게 길을 알려줌으로써 사건의 진행을 결정한다. 물론 모든 관객이 상호작용을 체험하는 것은 아니지만 전화를 인터페이스로 사용해 상호작용을 유도한 점은 흥미롭다.

두 작품은 전통적인 영화 수용환경을 유지한 상태에서 관객에게 상호작용성을 체험하도록 했기 때문에 관객들의 참여는 제한적이었다. 다수의 의견을 따르는 방법 또는 전화를 하는 방법으로는 모든 관객이 자유롭게 콘텐츠를 변화시킬 수 없었다. 필름영화로는 다수의 선택 가능성을 제공하기 어려웠고 영화관의 집단적인 수용방식으로는 충분한 상호작용성이 발휘될 수 없었다. 그러나 디지털 기술을 활용하면 빠른 시간 안에 다수의 선택과 다양한 변형이 가능하다. 그리고 PC와 인터넷 환경으로 플랫폼을 변경하면 개인적 수용이 가능해지고 상호작용의 가능성도 커진다. 따라서 디지털 영상은 영화의 영상과는 다르다.

실제로 수십 년 후 〈키노아우토마트〉를 다시 상영했을 때는 디지털 미디어가 활용되어 더 많은 선택 가능성을 관객들에게 제공할 수 있었다. 디지털 기술 없이 인터랙티브 영화를 상영했던 친체라 스스로도 1966년에 자신의 실험이 디지털 영상을 활용했더라면 더욱 큰 효과를 발휘했을 것이라고 말했다.

한편 데이비드 케이지(David Cage)는 2005년 〈파렌하이트(Fahrenheit)〉라는 작품을 제작했는데 이 작품의 콘텐츠는 디지털로 제작되어 DVD 버전으로 출시되었다(〈그림 9-6〉). 여기서 관객은 사실상 게이머처럼 인물의 행동과 사건을 빈번하게 그리고 세밀하게 결정할 수 있고 사건의 진행도 자유롭게 통제할 수 있다. 이러한 유형의 콘텐츠는 케이지 스스로가 영화라고 주장하고 있음에도 불구하고 사실상 컴퓨터게임의 한 장르인 롤플레잉 게임과 큰 차이가 없다. 따라서 이러한 형태의 영화는 '인터랙티브 무비'라는 컴퓨터게임의 한 장르에 속한다. 케이지는 이후 2010년에 더욱 극적

그림 9-6 **인터랙티브 무비 〈파렌하이트〉**

으로 구성된 〈헤비 레인(Heavy Rain)〉을 제작했다. 인터랙티브 영화가 컴퓨터게임의 원리와 큰 차이가 없다는 점을 감안하면 영화가 아닌 독자적인 디지털 영상이 존재한다는 것을 이해할 수 있다. 상호작용성을 적용하기 위해 영화를 영화관에서 상영하지 않고 다양한 디지털 미디어에서 실행시키는 것을 재위치화(relocation)라고 한다. 영화학자인 프란체스코 카세티(Francesco Casetti)가 제안한 재위치화 개념은 영화가 영화관에서 벗어나 다른 미디어 상황에서 수용되는 현상을 의미한다. 영화가 충분하게 상호작용성을 발휘하려면 재위치화가 필요하다.

(2) 〈도시 읽기〉와 〈T-비저너리움〉

앞에서 텔레비전 채널을 이용해 시청자들이 내용을 결정할 수 있도록 제작된 영화 〈살인 결정〉과 〈디데이〉를 언급한 바 있는데, 이러한 방식의 상호작용성은 한계가 있기 때문에 많은 이야기를 생산하기는 어렵다. 하지만 이러한 텔레비전 실험도 디지털 영상이 도입됨으로써 더욱 진보되었다. 이러한 가능성을 예술적으로 표현한 사례로는 제프리 쇼(Jeffery

그림 9-7 〈도시 읽기〉의 상호작용성

Shaw)의 〈도시 읽기(The Legible City)〉(1988)라는 작품을 들 수 있다(〈그림 9-7〉). 미디어 아티스트인 쇼는 디지털 영상의 특성을 활용해 실험적인 작품을 많이 창작했다. 특히 그는 상호작용성이 확대될 수 있는 가능성을 실험했다. 〈도시 읽기〉에서 커다란 모니터 앞에 있는 사람은 영상을 수용하기만 하는 감상자가 아니다. 감상자가 자전거의 페달을 밟으면 앞에 놓인 모니터의 영상이 바뀌므로 감상자는 영상 속 도시를 여행할 수 있다. 영상은 제작자나 감독이 만들어놓은 정해진 이야기에 따라 상영되는 것이 아니라 수용자가 영상의 내용을 직접 만드는 방식이다. 이 경우 감상자는 영상의 제작에 참여하므로 작가와 감상자의 경계가 사라진다.

〈도시 읽기〉는 수용자의 선택과 참여가 디지털 영상을 구성하는 데 중요한 역할을 할 수 있다는 것을 잘 보여준다. 그러나 제프리 쇼는 디지털 기술의 도움으로 수용자 참여의 모티브를 더욱 확대한 작품을 다수 창작했다. 예를 들어 〈T-비저너리움(T_Visionarium)〉(2008~2010)에서 관람객

그림 9-8 **디지털 확장 영화 〈T-비저너리움〉**

은 360도로 둘러싸인 다수의 모니터 가운데에 위치함으로써 다양한 텔레비전 영상을 선택하고 전시하는 작업을 임의로 수행한다(〈그림 9-8〉). 〈T-비저너리움〉에서는 관람객을 중심으로 수많은 스크린을 원형으로 설치함으로써 관람객이 〈도시 읽기〉보다 더욱 다양한 비디오 클립을 선택하고 관람할 수 있도록 했다. 이 작품은 여러 가지 버전이 있지만, 어떤 작품에서는 오랜 기간 캡처된 텔레비전 프로그램을 디지털 데이터베이스로 구축했고 그 결과 수만 가지 이상의 텔레비전 프로그램 영상이 관람객의 선택에 따라 실행될 수 있는 환경을 마련했다. 이처럼 디지털 데이터베이스를 통해 사용자는 확대된 선택의 가능성을 향유할 수 있었고 상호작용성은 극대화되었다. 필름을 이용한 영화나 채널로 방송되는 텔레비전의 제한적인 환경에서는 상상할 수 없는 일이다. 디지털 기술이 도입됨으로써 〈도시 읽기〉의 간단한 시도는 더욱 확장되었는데, 제프리 쇼는 이것을 '디지털 확장 영화(digitally expanded cinema)'라고 칭했다.[6]

인터랙티브 무비인 〈파렌하이트〉와 디지털 확장 영화인 〈T-비저너리움)은 상호작용성을 확대하려는 목적으로 제작된 디지털 영상 작품이다. 여기에서 디지털 방식은 기존의 영화나 텔레비전의 기능을 양적으로 확대하기 위해 도입된 것이 아니라 디지털 영상에 잠재된 상호작용성을 최대한 끌어올리기 위해 도입되었다. 그 결과 컴퓨터게임이나 설치 예술작품과 유사한 형태의 생소한 영상이 만들어졌다. 다시 말해 새로운 형태의 영상 미디어가 생성되었다. 이러한 작품에 관여하는 사람은 영화 관객이나 텔레비전 시청자가 아닌 프로슈머의 역할을 맡기 때문이다. 이들은 자신만의 의도에 따라 새로운 영상을 실시간으로 창작하고 변형하는 작업을 수행하게 된다.[7]

---

6   김무규, 『뉴미디어 영화론: 수용에서 수행으로』(경진출판, 2018).
7   제16장 제6절 '디지털 영상과 성찰' 참조.

제4부

영상 언어의 세계

제10장

영상 언어의 구조

1. 영상은 언어인가

　말이나 글로 상대방에게 무언가를 이해시키는 것과 영상으로 수용자에게 무언가를 전달하는 작업은 유사하다고 할 수 있다. 그렇다면 영상은 언어라고 할 수 있을까?

　이 질문에 제대로 답하기란 쉽지 않다. 이 질문에 답하기 위해서는 먼저 언어가 무엇인지 알아야 하고, 영상의 작용에 대해서도 알아야 한다. 처음에는 학자들이 영화를 염두에 두고 이 문제에 접근했기 때문에 영화와 관련된 용어나 사례가 많았다. 그러나 이러한 논의는 다른 영상 미디어에도 충분히 적용될 수 있다. 영상이 과연 언어인가 하는 질문에 대한 답은 다음 두 가지 문제와 연관되어 있다. 첫째는 단위의 문제이고, 둘째는 구조에 관한 문제이다.

1) 단위

영상에는 프레임(frame), 숏(shot), 신(scene), 시퀀스(sequence)와 같은 단위가 있다. 영화는 1초에 여러 장의 사진을 연속적으로 배열해서 보여주는 결과라고 앞에서 언급한 바 있다. 이러한 사진 한 장을 프레임이라고 한다. 문자는 음절로 이루어져 있고 악보는 음표로 이루어져 있는 것처럼, 영상은 프레임으로 구성되어 있다. 그리고 이 프레임이 영화의 최소단위이다. 숏은 프레임보다 큰 단위이다. 촬영을 멈추면 컷(cut)이 발생해 프레임의 연속적인 연결이 중단된다. 그리고 편집할 때 촬영된 필름의 일부분이 필요 없다고 판단되면 그 부분을 잘라낼 수 있는데, 그때도 역시 컷이 발생한다. 잘라낸 컷과 그다음 컷 사이의 연속된 부분을 숏이라고 한다. 숏은 매우 자주 사용되는 용어이다. 프랑스어로는 플랑(plan)이라고 하며, 독일어로는 아인슈텔룽(Einstellung)이라고 한다. 숏은 프레임보다 더 길다. 글에 비유하자면 단어나 문장에 해당한다고 할 수 있다.

영화의 단위를 표현하는 용어로는 프레임과 숏 외에 신이 있다. 우리말로는 장면이라고도 표기한다. 신이란 어떤 하나의 사건을 동일한 공간과 시간의 범위 안에서 표현한 결과를 말한다. 대화신이나 액션신 같은 것을 그 예로 들 수 있다. 그리고 신은 다수의 숏으로 이루어져 있기 때문에 신은 숏보다 상대적으로 큰 단위를 말한다. 글에 비유하자면 하나의 단락에 해당한다고 할 수 있다. 영화 한 편은 보통 40개에서 60개의 신으로 이루어져 있다. 한편 시퀀스라는 용어도 있는데, 시퀀스는 신보다 큰 단위를 말한다. 시퀀스는 전체 영화의 발단, 전개, 절정, 결말에 해당하는 내용적 단위로, 시퀀스에는 하나의 에피소드가 담겨 있다. 글에 비유하자면 하나의 장, 즉 챕터에 해당한다고 볼 수 있다. 하나의 에피소드가 표현된 시퀀

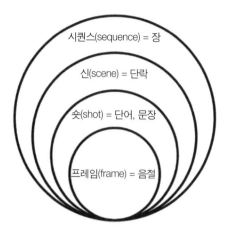

시퀀스(sequence) = 장

신(scene) = 단락

숏(shot) = 단어, 문장

프레임(frame) = 음절

그림 10-1 **영화와 글을 구성하는 단위**

스는 반드시 하나의 공간이나 시간으로 제한될 필요가 없다. 예를 들어 인물 간의 갈등이 표현되는 시퀀스에서는 서로 다른 공간에 존재하는 두 인물의 신이 하나의 시퀀스로 구성될 수 있다. 한 편의 영화는 대체로 10개에서 20개의 시퀀스를 갖고 있다. 간혹 하나의 신이나 시퀀스가 단 하나의 숏으로 이루어진 예외적인 경우도 있다. 그렇다면 그 숏은 매우 길어지는데 이러한 숏을 롱 테이크(long take) 또는 플랑 세캉스(plan sequence)라고 한다. 이처럼 영상의 단위는 언어의 단위와 비슷하다.

2) 구조

영상을 언어에 비유할 수 있는 또 다른 이유를 생각해 보자. 한 편의 영상 작품이 완성되려면 복잡한 단계를 거쳐야 한다. 기획이 완료되면 촬영과 편집을 거쳐 영상이 완성된다. 그런데 촬영을 할 때에는 여러 가지 요소를 고민해야 한다. 대상과 배경을 어떤 비율로 할 것인가? 어떤 색조나 조명으로 촬영할 것인가? 아래에서 위를 올려다보는 것처럼 촬영하는 것은 어떨까? 이러한 고민은 우리가 글을 쓰거나 말을 할 때 표현을 잘하기 위해 적당한 어휘를 고심하는 것과도 같다.

한편 촬영을 완료한 다음에는 촬영한 필름이나 파일을 잘 배열해야 한다. 이러한 작업을 편집이라고 한다. 편집을 하는 작업은 선택된 단어들을 적절하게 배열하는 것과 유사하다. 영상도 언어와 마찬가지로 선택과 배열이라는 작업을 거쳐야 의미 있는 영상을 만들 수 있는 것이다.[1] 영상을 제작하거나 연구하는 이들은 언어학 용어가 아닌 다른 용어를 사용하는데, 바로 미장센(mise-en-scène), 시네마토그래피(cinematography), 그리고 편집(editing, montage)이다. 편집 이전 단계의 작업은 두 가지로 나눌 수 있다. 첫째는 카메라로 촬영을 시작하기 전에 마치 연극의 무대를 꾸미듯 준비하는 단계이며, 둘째는 그 장면을 카메라로 촬영하는 단계이다. 전자를 미장센, 후자를 시네마토그래피라고 한다. 편집은 촬영된 영상을 배열하는 작업을 말한다. 이 세 용어는 다르게 번역되어 사용되기도 하는데, 이 책에서는 미장센, 시네마토그래피, 편집이라는 용어를 사용할 것이다. 혹자는 미장센과 시네마토그래피를 묶어서 미장센으로 간주하기도 하며, 미장센을 우리말로 화면구성이라고 표현하기도 한다.

다음에서는 영상이 구조나 체계를 갖춘 언어라는 점과 여기서 언급한 용어의 의미를 파악하기 위해 몇 편의 영화를 살펴보려 한다.

---

1   제15장 제1절 '구조주의와 영상기호학' 참조.

2. 영상 언어의 이해와 분석

1) 〈배리 린든〉의 아이러니

스탠리 큐브릭(Stanley Kubrick)의 영화를 보면 특히 미장센의 의미를 실감할 수 있다. 큐브릭의 많은 영화는 숏이 길고 화면이 넓어서 미장센 기법이 풍부하게 사용되었다. 큐브릭의 작품 가운데서도 〈배리 린든 (Barry Lyndon)〉(1975)이라는 작품은 숏이 가장 긴 영화이다. 이 영화의 숏은 평균 13.3초이다. 그리고 긴 시간 동안 지속되는 숏의 스케일 또한 매우 크다. 그리하여 여러 사람이 넓은 풍경 속에 있는 모습을 자주 볼 수 있다. 그런데 〈그림 10-2〉처럼 큰 영상 안에 풍경과 인물을 표현하려면 촬영 전에 준비해야 할 것이 많다. 인물들의 위치를 고려해야 하고 화면 안에 들어올 다양한 소품도 적절히 배치해야 한다. 아울러 이 모든 요소가 의미 있는 구도를 지닐 수 있도록 신경을 써야 한다. 이처럼 카메라가 촬영을 시작하기 전에 해야 하는 일들을 미장센이라고 한다.

영화 〈배리 린든〉은 어느 숏을 보더라도 미장센이 잘 구성되어 있어 한 폭의 미술 작품을 감상하는 것처럼 여겨진다. 그러나 미장센의 아름다움과 달리, 영화의 타이틀롤(title role)인 배리 린든의 행동은 영웅답지 못하다. 오히려 그는 치졸한 성격을 지니고 있다. 아름다운 풍경이나 겉모습에서 풍기는 기품과는 반대로 린든은 주변 사람들을 기만하면서 술수를 통해 권세를 누린다. 작품의 미장센에서 나타나는 장엄함은 인물과 사건의 가벼움과 대조를 이루어 아이러니(irony), 즉 반어의 효과가 나타난다. 따라서 이 영화의 미장센은 영웅이 등장해 감동적으로 막을 내리는 역사 영화의 미장센과 다른 효과를 의도했다고 볼 수 있다.

그림 10-2 〈배리 린든〉의 미장센

2) 〈새〉의 서스펜스

서스펜스(suspense)의 대가로 유명한 알프레드 히치콕(Alfred Hitchcock) 감독의 〈새(The Bird)〉(1963)를 살펴보자. 이 영화의 한 장면을 보면 새들이 벤치에 앉아 있는 여인을 위협하는데 새들의 존재를 알지 못하는 여인은 담배를 피우고 있다. 히치콕은 여인이 위협받고 있다는 사실만 관객들에게 전달하는 것이 아니라 여기에 서스펜스를 더함으로써 한층 긴장된 분위기를 연출했다.

영화는 빈 공간에 앉아 있는 여인을 먼저 보여주고(〈그림 10-3〉) 그다음에 그 여인을 크게 클로즈업해서 보여준다(〈그림 10-4〉). 그다음에는 앞에서 보여준 그 공간에 새가 날아와서 그녀의 뒤에 무리를 지어 앉아 있는 장면을 보여준다(〈그림 10-5〉). 이렇게 세 가지 서로 다른 숏을 차례로 보

그림 10-3 〈새〉: 빈 공간에 앉아 있는 여인의 장면

그림 10-4 〈새〉: 여인을 클로즈업한 장면

그림 10-5 〈새〉: 여인의 뒤에 새들이 무리지어 앉아 있는 장면

어줌으로써 편안히 앉아 있는 여인 뒤로 점점 더 많은 새가 모여드는 장면을 연출한다. 이렇게 여러 숏을 적절히 배열함으로써 특정한 효과를 유발하는 방식은 〈배리 린든〉의 미장센과 달리 편집을 통해 이루어진다.

새와 여인의 장면을 조금 더 생각해 보자. 히치콕은 편집을 통해 숏들을 배열하면서 인물이 간과하고 있는 위험을 관객이 알 수 있도록 했다. 다시 말해서 영화를 보는 관객은 자신이 처한 상황을 알지 못하는 여인을 지켜보게 되는데 바로 그러한 상황이 관객들의 흥미를 자극한다. 사람들은 이것을 히치콕 서스펜스라고 한다. 히치콕은 이에 대해 다음과 같이 말했다. "영화나 연극에서는 관중들이 살인자가 누구인지를 알고 처음부터 플롯의 다른 모든 인물에게 '저자를 좀 봐! 저자기 살인지리니끼!'리고 소리치고 싶은 견딜 수 없는 긴장을 조성하는 것이 가능하다."[2]

아이러니나 서스펜스 모두 영상의 특별한 기법을 통해 나타나는 것이며 그 기법들은 각각 미장센 또는 편집에 속하는 것이다. 미장센은 단어를 선택하는 것과 유사하고 편집은 단어를 배열하는 것과 유사하다. 앞으로 이 두 범주에 속하는 여러 가지 기법을 살펴볼 것이다.

3) 〈굿 윌 헌팅〉의 성장

성장에 관한 문제를 섬세하게 표현한 영화로 유명한 구스 반 산트(Gus Van Sant) 감독의 〈굿 윌 헌팅(Good Will Hunting)〉(1997)을 살펴보자. 윌 헌팅은 아버지의 학대로 불우한 어린 시절을 보내고 MIT 대학교에서 청소 일을 하면서 살고 있다. 천재인 그는 어느 날 교수가 복도 칠판에 써놓

---

2   제16장 제4절 '서사구조와 〈아가씨〉의 욕망' 참조.

그림 10-6 〈굿 윌 헌팅〉: 호수공원 장면

은 어려운 수학 문제를 풀어서 교수의 관심을 끈다. 그러나 교수와 함께하
는 지루한 연구에는 관심이 없고 방탕한 삶을 계속하자 수학 교수가 친구
인 심리학 교수 숀에게 상담을 부탁한다. 윌은 숀을 통해 진정한 삶의 의
미를 깨닫고 한층 성장한다. 숀과의 만남으로 윌은 자신의 인생에서 중요
한 전환점을 맞이한다.

영화는 둘 사이의 대화 장면을 경계로 반항아로서의 삶이 묘사되는 전
반부와 성장을 위해 애쓰는 후반부로 나뉜다. 구스 반 산트 감독 특유의
성장 모티브는 〈굿 윌 헌팅〉의 이 대화 장면에서 극적으로 표현된다. 윌
은 숀이 건넨 말에서 큰 감화를 받는다. 영화는 이토록 중요한 장면을 강
조하기 위해 다양한 장치를 섬세하게 삽입한다. 여기서는 숀과 윌의 대화
영상에서 삽입된 여섯 가지 장치를 살펴보겠다. 첫째는 공원, 둘째는 벤
치, 셋째는 숀과 윌의 표정, 넷째는 영상의 초점, 다섯째는 영상 안에 존재
하는 인물의 크기, 여섯째는 영상의 배열이다.

첫째, 공원이라는 장소를 택한 데에는 특정한 의미가 내포되어 있다.
〈그림 10-6〉을 보면 먼 곳까지 볼 수 있는 공원의 넓은 공간을 보여준다.

그림 10-7 〈굿 윌 헌팅〉: 벤치에 앉아 있는 숀과 윌

답답한 연구실에서 윌과 상담하던 숀은 경치 좋은 공원으로 윌을 불러낸
다. 공원에서 만나기 전 두 사람은 연구실에서 크게 다투었는데 이제 넓은
공간에서 만나 서로 화해할 것임이 암시된다.

둘째, 벤치에 나란히 앉아 있는 두 사람의 모습 역시 화해를 암시한다.
그들의 위치는 연구실에서 서로 마주보고 있을 때와 다르다. 연구실의 의
자와 공원의 벤치도 각자 가진 의미가 다르다. 왜냐하면 이들 의자는 두
인물로부터 서로 다른 위치를 유도하기 때문이다. 공원의 넓은 공간뿐만
아니라 벤치로 형성된 두 인물의 위치를 통해서도 그들 관계가 변화할 것
임이 암시된다(〈그림 10-7〉).

셋째, 숀은 인자한 모습을 하고 있다. 아무리 못된 학생이라도 숀과 같
이 인자한 모습으로 부드럽게 설득한다면 착한 학생으로 바뀔 것 같다. 로
빈 윌리엄스의 연기는 물론이고 맷 데이먼의 반항하는 천재 소년의 연기
도 어색하지 않다. 그들의 표정이나 제스처에서는 소통이 이루어지는 과
정이 잘 나타난다(〈그림 10-8〉).

넷째, 공원을 비추는 영상과 달리 두 사람의 대화 영상에서는 배경의 초

그림 10-8 〈굿 윌 헌팅〉: 표정연기가 나타나는 클로즈업

그림 10-9 〈굿 윌 헌팅〉: 대화 장면에서의 초점의 변화

점이 흐려져 있다(〈그림 10-9〉). 〈그림 10-5〉에서는 배경에도 초점이 맞추어져 있어서 영상 전체를 분명히 볼 수 있었던 반면, 〈그림 10-9〉에서는 배경이 제대로 보이지 않는다. 그리하여 인물의 섬세한 표정과 몸짓에 더욱 집중할 수 있다. 그리고 이 영상의 초점은 어느 시점부터 숀에게서 윌에게로 옮겨가는데, 이 또한 윌의 심경에 변화가 있음을 암시한다.

다섯째, 각각의 영상이 서로 다른 스케일을 지니고 있다. 앞에서 언급한 것처럼 큰 공간과 인물의 섬세함을 표현하려면 서로 다른 스케일의 영상이 필요하다. 〈그림 10-9〉는 두 사람이 나란히 벤치에 앉아 있는 〈그림 10-7〉에서보다 인물을 더욱 크고 명확하게 보여준다. 그렇게 숏 스케일에 변화를 줌으로써 윌이 숀의 말에 공감했음을 알려준다.

여섯째, 언급된 영상들을 적절하게 배열함으로서 소통과 공감이 실현되었음을 분명히 한다. 위의 네 개의 영상은 차례로 편집되어 관객은 이러한 장면을 순서대로 보게 된다. 그 순서에도 특정한 의미가 담겨 있다. 예를 들어 〈그림 10-8〉 다음에 〈그림 10-9〉를 배열함으로써 숀의 말에 윌이 공감했음을 보여준다. 편집을 통해 영상들이 배열된 결과를 보면 영상의 스케일이 점차 작아져서 마지막에는 인물의 얼굴만 화면을 가득 메우게 되는데, 이러한 숏의 변화에서도 두 인물의 공감과 윌의 심리적 변화기 암시된다.

지금까지 영화에서 하나의 의미나 주제를 표현하기 위해 영상에 내포되는 여러 가지 장치를 살펴보았다. 여기서 살펴본 여섯 가지 장치는 세 가지 범주로 분류할 수 있다. 첫째 요소, 둘째 요소, 셋째 요소는 미장센의 범주에 속한다. 왜냐하면 그것은 촬영이나 편집으로 할 수 있는 작업이 아니기 때문이다. 이들 요소는 카메라로 촬영하는 기술과 무관하다. 넷째 요소와 다섯째 요소는 카메라를 기술적으로 다루는 것과 관련된 작업이다. 렌즈를 조절해서 초점을 변화시키면 카메라가 움직이는 듯한 효과를 줄 수 있으므로 숏 스케일을 변화시킬 수 있다. 이것은 시네마토그래피에 해당하는 작업이다. 마지막으로 여섯째 요소인 숏의 배열은 편집과 관련된 문제이다.

이를 표로 정리하면 〈표 10-1〉과 같다. 11장에서 13장까지는 이 표를 더욱 세분화해 더 많은 영상 용어를 살펴볼 것이다.

표 10-1 〈굿 윌 헌팅〉의 장면 분석

장면	요소	영화 기법	기호학적 분류	전달하려는 내용
1	공원의 공간	미장센	계열체	두 인물의 공감과 소통, 윌의 심리 변화
2	벤치의 소품과 인물의 위치			
3	표정과 제스처, 인물의 연기			
4	영상의 초점	시네마토그래피		
5	영상에서 인물의 크기			
6	다수 영상의 배열, 순서	편집	통합체	

제11장

미장센: 대상의 배치

이 장에서는 영상 제작의 기법 중 미장센에 대해 살펴보려 한다. 미장센 기법은 종류가 매우 다양하지만 여기서는 그중에서도 특히 중요한 다음 다섯 가지를 다룰 것이다. 첫째, 공간(space)과 심도(depth), 둘째, 배경(setting)과 장식(decor), 셋째, 의상(costume)과 분장(makeup), 넷째, 연기(acting), 다섯째, 조명(lighting)이다.

한편 최근 디지털 기술의 도입으로 미장센 개념의 경계가 모호해졌다는 점도 아울러 염두에 두어야 한다. 예를 들어 카메라로도 조명을 조절할 수 있게 되었으며, 편집 단계에서도 보정을 통해 밝기를 수정할 수 있게 되었다. 물론 다른 많은 미장센 기법이나 시네마토그래피 기법도 편집작업만으로 가능해졌다.

1. 공간과 심도

우선 공간과 심도를 살펴보자. 영상은 3차원의 공간을 2차원으로 보여 준다. 따라서 관객들은 평면의 스크린이나 모니터를 보면서도 항상 공간을 보는 것처럼 생각한다. 그런데 그 공간을 어떻게 보여주느냐에 따라 영화의 의미가 달라진다. 제10장에서는 영화 〈배리 린든〉의 한 장면을 보면서 대화하는 두 인물을 둘러싼 공간이 매우 넓고 깊게 설정된 숏을 보았다(〈그림 10-2〉). 이것은 공간적 표현, 즉 공간화(spacing)의 결과로, 미장센에 해당하는 표현기법이다. 그리고 이처럼 먼 곳까지 관객의 시선이 도달할 수 있도록 심도를 깊게 하면 전경(foreground)과 후경(background)을 명확히 구분할 수 있어서 표현의 범위가 풍부해진다. 전경과 후경에 각각 다른 인물을 배치해 상이한 두 사건을 하나의 영상 안에 표현할 수도 있다. 반대로 심도를 얕게 하여 전경만 표현한 영상에서는 대화하는 인물 이외의 다른 부분이 상대적으로 축소되어 배경, 소품 등 인물 주변의 요소를 활용해서 표현할 수 있는 기회가 줄어든다. 하지만 그 인물의 의상이나 분장, 연기 같은 다른 미장센 기법에 주목할 수 있다.

이처럼 공간과 심도는 다른 미장센 기법을 활용하기 위한 기초작업에 해당하며, 이는 카메라와 피사체 사이의 거리와 연관되어 있다. 렌즈를 조정해서 후경에 초점을 흐릿하게 맞추면 심도가 얕아지는데, 이러한 표현은 미장센이 아니라 시네마토그래피에 해당한다. 왜냐하면 공간과 심도를 조절하기 위해 카메라를 기술적으로 사용했기 때문이다.

2. 배경과 장식

〈칼리가리 박사의 밀실〉은 독일 표현주의 영화의 대표작으로 알려져 있다.[1] 이 영화는 표현주의 영화답게 환상과 현실이 서로 교차하는 이야기를 들려준다. 이처럼 꿈같은 환상을 배경으로 하기 때문에 모든 장면이 섬세하게 디자인된 세트에서 촬영되었다. 세트에서 촬영되지 않았다면 꿈과 환상을 표현하려 했던 의도를 제대로 실현할 수 없었을 것이다. 이 모든 것이 미장센의 배경과 장식에 해당하는 작업이다(〈그림 11-1〉).

〈그림 11-2〉는 〈2001: 스페이스 오디세이(2001: A Space Odyssey)〉(1968)의 한 장면이다. 영화는 유인원이 살았던 아득한 과거와 인간이 우주를 여행하는 먼 미래를 보여준다. 모두 현재에 존재하지 않는 공간을 배경으로 하기 때문에 미장센에 많은 공을 들여야 한다. 또 그래야 많은 의미를 부여할 수 있다. 이 영화에서 배경과 장식은 과거와 미래의 시간적 배경을 표현하는 것에 그치지 않고 여러 가지 함의를 내포하도록 구성되어 있다. 예를 들어 미래의 한 장면에서는 깊은 심도를 통해 넓은 공간을 확보하고 그 안에 붉은색 가구를 배치해 모던하게 인테리어를 디자인했다. 이를 통해 인간이 미래에 진보된 삶을 영위하게 되었다는 것을 한눈에 파악할 수 있다. 또 화려한 장식으로 인간의 밝은 미래를 보여주는데, 이것은 이후에 벌어질 비극적인 사건, 즉 인공지능이 인간을 파멸시키는 사건과 대조를 이룬다. 넓은 공간에 배경을 꾸미고 소품을 이용해 장식하는 것은 미장센에서 빼놓을 수 없는 중요한 요소이다. 배경과 장식은 시간이나 공간을 알려주는 기능만 하는 것이 아니라 꿈과 환상, 미래의 진보와

---

1   제8장 제1절 '고전 예술영화' 참조.

그림 11-1 〈칼리가리 박사의 밀실〉의 표현주의적 배경

그림 11-2 〈2001: 스페이스 오디세이〉에서 미래세계의 배경과 장식

같은 영화의 주제를 더욱 돋보이게 한다.

3. 의상과 분장

촬영 전에 준비해야 할 작업 가운데 배우들에게 옷을 입히고 화장을 시키는 것도 빼놓을 수 없다. 이것을 각각 의상과 분장이라고 한다. 미장센은 보통 영화의 이야기를 보완하는 기능 또는 수사적인 기능을 하지만, 특히 의상의 미장센은 그 자체로 영화의 중요한 볼거리가 될 수 있다. 〈퍼니페이스(Funny Face)〉(1957)에서 오드리 햅번은 길거리 캐스팅되어 패션모델로 일하는 조를 연기한다. 천부적인 재질을 지니고 있었던 조는 곧 모델이 되었고, 작업을 하던 도중 사진작가와 사랑에 빠진다. 그러나 이 영화는 한 소녀의 성장 이야기도 아니고 남녀 간의 사랑을 다룬 멜로드라마도 아니다. 사건은 매우 단순하며 예기치 않은 전개가 벌어지지도 않는다. 그러나 서사의 단순함으로 말미암아 영화 곳곳에서 의상의 화려함을부각시킬 수 있었고 스타의 춤과 노래도 신보일 수 있었다(〈그림 11-3〉).

〈퍼니 페이스〉는 서사보다도 의상 같은 미장센 요소를 중시한 영화라고 볼 수 있지만, 이 두 가지가 서로 대립하는 영화도 있다. 〈악마는 프라다를 입는다(The Devil Wears Prada)〉(2006)에는 두 스타 여배우 메릴 스트립과 앤 해서웨이가 출연한다(〈그림 11-4〉). 저널리즘을 전공한 앤디는유명 패션잡지사에 입사하지만, 회사 분위기와 편집장인 미란다에게 잘적응하지 못한다. 그러나 앤디는 각고의 노력으로 미란다에게 인정받고성공을 목전을 두게 된다. 그러나 그 순간 그 일이 자신의 길이 아님을 깨닫고 새로운 삶을 찾아 나선다. 흥미롭게도 앤디가 패션 세계에 적응할수록 영화는 그녀의 화려한 의상을 통해 관객들에게 볼거리를 제공한다. 그러나 앤디가 자의식을 회복하는 과정이 서사적으로 표현될수록 영화는사건을 빠르게 진행시키는데, 이때 의상이나 분장 같은 미장센 요소는 점차 미약해진다. 이것은 앤디가 더 이상 화려하게 옷을 입고 화장을 진하게할 필요가 없게 되었기 때문만은 아니다. 미란다와 앤디가 서로 다른 길을가게 된 결말처럼 영화는 패션의 미장센과 저널리즘의 서사가 서로 다른

그림 11-3 〈퍼니 페이스〉의 의상 미장센

그림 11-4 〈악마는 프라다를 입는다〉에서 미란다와 앤디

영역에 있음을 보여준다. 영화는 이야기를 멈추어야 패션의 화려함을 보여줄 수 있으며 또 이야기를 위해 의상을 기호로 만들어야 한다. 미란다와 앤디의 관계가 그것을 암시한다.

　의상이나 분장 같은 미장센 요소는 서사의 범위 내부에서 인물의 성격이나 심리, 또는 사건의 인과관계를 의미화하거나 수사적으로 표현한다. 이때 의상이나 분장은 일종의 기호로 작용한다고 볼 수 있다. 이것은 의상이나 분장에 시각적인 아름다움보다 영화 서사 전체 또는 부분적인 내용

그림 11-5 〈아이즈 와이스 셧〉의 마스크

과 연관된 어떤 의미가 내포되었음을 뜻한다. 따라서 의상과 분장은 서사와 잘 융화되어야 할 뿐만 아니라 서사를 도와주는 역할도 해야 한다.

큐브릭 감독의 유작인 〈아이즈 와이드 셧(Eyes Wide Shut)〉(1999)의 한 장면을 예로 들어보자. 뉴욕에 사는 유능한 의사 윌리엄 하포드는 우연히 어느 파티에 방문하게 된다. 그곳은 가면과 의상으로 자신의 모습을 감춘 최고 권력자들의 비밀 연회가 벌어지는 곳이다. 그러나 신분이 발각된 윌리엄은 가면을 쓴 사람들에게 둘러싸여 큰 위기를 맞는다. 결국 윌리엄은 위기를 가까스로 벗어나고 상상하지 못했던 가면 파티의 실체를 알게 된다. 연회 장면들 가운데 〈그림 11-5〉는 가면을 쓴 인물들을 클로즈업한 것이다. 여기서는 기괴한 가면과 몸 전체를 둘러싼 의상으로 그 연회의 비밀스러움과 부도덕함을 암시한다. 아울러 이는 권력자들과 애초에 연회에 참석할 자격이 없었던 윌리엄이 서로 소통할 수 없음을 의미한다.

헝가리 뉴웨이브를 대표하는 영화감독 이슈트반 서보(István Szabó)는 1981년 클라우스 만(Klaus Mann)의 소설 『메피스토(Mephisto)』를 영화화했다. 클라우스 마리아 브란다우어가 주연을 맡은 영화는 사회주의 연극

그림 11-6 〈메피스토〉에서 자아를 은폐한 분장

을 신봉했으나 자신의 예술적 소신과 달리 나치독일을 옹호하는 연극을 하여 큰 성공을 거둔 헨드릭의 이야기를 다룬다. 헨드릭은 나치 정권의 후견으로 베를린 국립극장의 배우가 되며 나치 정신을 상징한다고 생각되던 메피스토를 연기한다. 메피스토를 연기한 그는 알아볼 수 없을 정도로 진하게 분장을 하고 있다(〈그림 11-6〉). 자신의 예술적 소신을 꺾고 성공에 눈이 먼 스스로를 감추려는 헨드릭에게 진한 분장은 잘 어울린다. 헨드릭은 이중적인 인물로 자신의 자아 자체를 분장하고 있다. 〈메피스토〉에서는 이처럼 분장을 통해 한 인물의 성격과 작품의 주제 전체를 표현한다.

4. 연기

〈그림 11-7〉는 〈드림 러버(Dream Lover)〉(1994)의 한 장면이다. 우연히 만난 두 연인은 서로 첫눈에 반해 곧 결혼한다. 그런데 행복해하는 신랑과 달리 신부의 표정은 굳어 있다. 관객들은 여인의 표정을 보고 이들의

그림 11-7 〈드림 러버〉의 결말을 암시하는 연기

결혼생활이 순탄할 것인가 의심하게 된다. 이후 영화는 커다란 반전을 맞아 그녀가 남자와 결혼하기 위해 처음부터 모든 것을 꾸몄음이 드러난다.

영화는 반전이 일어나기 전까지 신부의 의상이나 날카로운 인상으로 분장된 여배우의 모습 등을 통해 섬세하게 반전을 암시한다. 반전을 암시하거나 의미를 형성하는 작업이 의상이나 분장을 통해서만 이루어지는 것은 아니다. 미장센의 요소들은 따로따로 활용되기보다 함께 작용할 때, 즉 의상과 분장은 연기나 조명 같은 요소와 함께 작용할 때 더욱 효과적으로 기능한다. 조를 연기한 오드리 햅번이나 앤디를 연기한 앤 해서웨이, 특히 헨드릭을 연기한 클라우스 마리아 브란다우어의 경우 모두 배우의 훌륭한 연기를 통해 의상과 분장 같은 미장센 요소가 더욱 효과적으로 드러난 사례라 할 수 있다.

관객은 스타를 좋아하며 그들의 연기에 항상 큰 관심을 갖고 있다. 연기는 쉽지 않은 미장센 요소이며 다른 예술의 연기와는 다르다. 특히 영화배우의 연기는 연극의 연기와 다르다. 연극배우는 관객 앞에서 연기하지만, 영화배우의 연기는 카메라로 촬영된다. 무대 위의 배우는 관객들 앞

"All right, Mr. DeMille, I'm ready for my close-up."

그림 11-8 〈선셋대로〉에서 결국 카메라 앞에 선 노마 데스몬드

에서 연기하기 위해 발성이나 제스처를 크게 해야 하고 경우에 따라 과장도 해야 한다. 그러나 영화에서는 카메라의 위치를 가깝고 멀게 조절할 수 있기 때문에 배우는 현실에서의 상황과 비슷하게 연기를 할 수 있다. 그래서 일상적인 소재를 많이 다루는 텔레비전 드라마의 연기는 영화보다도 더욱 현실적이다.

〈그림 11-8〉은 〈선셋대로(Sunset Boulevard)〉(1950)의 마지막 장면이다. 글로리아 스완슨이 주연을 맡은 이 영화는 무성영화 시대의 배우였던 노마 데스몬드의 이야기를 다룬다. 노마는 유성영화가 도입되면서 관객들에게 점차 잊힌다. 발성이 형편없고 연기는 과장되어 현실과 가까워진 유성영화에는 맞지 않았기 때문이다. 이 사실을 받아들일 수 없었던 노마는 결국 화를 참지 못하고 자신과 갈등하던 남자를 살해한 후에야 비로소 카메라 앞에 선다. 영화는 과장된 노마의 연기와 카메라의 현실 사이에 큰 괴리가 있음을 보여준다. 노마 데스몬드는 시대에 맞지 않는 연기자이지만 글로리아 스완슨은 속상해 하는 여주인공을 훌륭하게 연기했다. 영화의 기술적 측면은 배우들의 연기와도 관계가 있다. 영화 초창기에 소리를

들려주는 유성 기술과 컬러가 도입된 이후로 배우들의 역할이 크게 달라졌다. 그런데 지금은 디지털 기술의 도입으로 인해 또 다시 배우들의 역할이 크게 변화되고 있다. 노마처럼 불행한 배우가 되지 않으려면 그 차이를 이해해야 한다.

5. 조명

같은 대상을 촬영하더라도 어떤 조명으로 촬영하는가에 따라 의미나 효과가 달라진다. 조명은 크게 세 가지 유형이 있는데, 주광(key light), 역광(back light), 보조광(fill light)이다. 명칭대로 각각 주요한 조명, 후면 조명, 그리고 보충하는 조명을 말한다(〈그림 11-9〉). 조명의 위치에 따라 같은 인물이더라도 완연히 다른 느낌을 준다.

한편 자연스러운 조명의 상태를 의도적으로 조절할 수도 있는데, 예를 들어 자연광보다 더욱 밝은 조명을 부여하면 〈그림 11-10〉처럼 보인다. 〈반지의 제왕(The Lord of the Rings)〉(2001)에서 환상적인 분위기를 연출하는 데에는 밝은 조명이 사용되었다. 인물의 즐겁고 쾌활한 심리를 표현하는 장면, 희망적인 미래를 암시하는 장면, 갈등이 해소되는 장면에서도 밝은 조명을 사용하면 그 의미를 더욱 강조할 수 있다.

이렇게 밝은 조명을 사용하는 방식을 하이 키(high key) 또는 우리말로 명조(明調)라고 하며, 반대로 영상을 어둡게 처리하는 기법을 로 키(low key) 또는 암조(暗調)라고 한다. 〈그림 11-11〉은 드라큘라 영화의 효시인 〈노스페라투(Nosferatu)〉(1922), 〈그림 11-12〉는 느와르 고전인 〈제3의 사나이(The Third Man)〉(1949)의 한 장면이다. 공포 영화와 느와르 영화

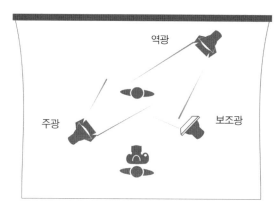

그림 11-9 **조명의 세 가지 유형**

그림 11-10 〈반지의 제왕〉: 하이 키

그림 11-11 〈노스페라투〉: 로 키

그림 11-12 〈제3의 사나이〉: 로 키

에서는 이렇게 로 키 조명을 자주 사용한다. 공포나 절망의 분위기, 범죄나 전쟁으로 유발되는 첨예한 갈등의 상황을 표현할 때에는 로 키가 효과적이기 때문이다.

화면의 밝은 부분과 어두운 부분의 차이를 극명하게 처리하는 기법을 하이 콘트라스트(high contrast) 또는 경조(硬調)라고 하며, 반대로 차이를 적게 하는 기법을 로 콘트라스트(low contrast) 또는 단조(單調)라고 한다. 흡혈귀의 출현을 소재로 한 고전영화 〈노스페라투〉의 한 장면인 〈그림 11-11〉에서는 하이 콘트라스트가 잘 나타나 있다. 영상에서는 어두운 부분과 밝은 부분이 대조를 이루는데, 이는 흡혈귀의 괴기스러움을 강조하는 하이 콘트라스트의 효과이다. 이처럼 영화는 조명을 자연광의 일상적인 상태보다 더 강하게 또는 더 약하게 활용함으로써 의미를 부각할 수 있다. 이러한 기법도 카메라로 촬영하기 전에 준비해야 하는 효과이므로 미장센 가운데 하나이다.

제12장

시네마토그래피: 촬영

1. 숏 스케일

카메라 촬영을 활용해 영상에 의미를 부여하거나 특정한 효과를 유발하는 것을 시네마토그래피라고 한다. 숏 스케일(shot scale)에 변화를 주어 피사체의 크기를 조절하는 방법도 시네마토그래피에 속한다. 대상과 카메라 사이의 거리에 따라 스케일이 달라지기 때문에 이것을 숏의 거리(shot distance)에 변화를 준다고 표현하기도 한다. 숏 스케일의 유형은 매우 다양하지만 여기서는 롱 숏, 미디엄 숏, 클로즈업, 세 가지 유형으로 나누고 이를 다시 7개로 세분해서 살펴볼 것이다(〈표 12-1〉). 각각의 유형은 특정한 의미나 기능을 지니고 있으므로 이를 이해하면 영상을 분석하거나 제작하는 데 많은 도움이 된다.

표 12-1 **숏 스케일의 종류**

숏 스케일 유형	우리말 표기	각 유형의 별칭
익스트림 롱 숏(extreme long shot: XLS)	대원사	설정 숏(establishing shot)
롱 숏(long shot: LS)	원사	마스터 숏(master shot)
미디엄 롱 숏(medium long shot: MLS)	중원사	풀 숏(full shot)
미디엄 숏(medium shot: MS)	중사	니 숏(knee shot), 아메리칸 숏(american shot), 웨이스트 숏(waist shot)
미디엄 클로즈업(medium close up: MCU)	중접사	바스트 숏(bust shot)
클로즈업(close up: CU)	접사	
익스트림 클로즈업(extreme close up: XCU)	대접사	

1) 롱 숏

배경을 크게 보여주고 인물은 식별할 수 없을 정도로 작게 촬영한 영상을 익스트림 롱 숏이라고 한다. 익스트림 롱 숏은 영화가 처음 시작될 때 주로 사용된다. 첫 장면에서 익스트림 롱 숏을 보면 현실을 잊고 서서히 꿈에 잠기는 것처럼 영화에 빠져들게 된다. 이처럼 익스트림 롱 숏은 관객이 현실에서 환상으로 넘어가도록 유도하는 역할을 한다. 익스트림 롱 숏은 스펙터클한 장면을 영상으로 담아내기 위해 사용되기도 하는데 시각적인 흥미를 자극하는 영화나 텔레비전 영상이 늘어남에 따라 익스트림 롱 숏을 접할 기회가 더 많아졌다.

롱 숏은 커다란 영상을 통해 전체 작품이 담아낼 사건의 공간과 시간 배경을 암시하므로 영상의 서사를 지원하기도 한다. 특히 이러한 익스트림 롱 숏은 배경을 설정하는 기능을 하기 때문에 설정 숏이라고도 불린다. 배경은 서사를 구성하는 중요한 요소들 가운데 하나인데 익스트림 롱 숏 영

그림 12-1 〈로 앤 오더: SVU〉: 자막을 통한 설정

상을 이용해서 세련된 방법으로 배경을 설정하는 것이다. 관객은 설정 숏을 통해 앞으로 감상할 작품에 대해 상당한 정보를 얻을 수 있다.

롱 숏은 익스트림 롱 숏보다는 작지만 스케일이 큰 숏에 속한다. 롱 숏도 서사영상에서 설정의 기능을 수행한다. 롱 숏은 인물보다 공간에 중점을 두므로 영화 전체가 아닌 하나의 시퀀스 정도를 설정한다. 이 때문에 마스터 숏 또는 모화면이라고 부른다. 마스터 숏은 앞으로 벌어질 사건의 장소나 그 장소에 위치한 인물들을 전체적으로 먼저 보여주는 영상이다. 이후에는 세부적인 묘사를 하기 위해 특정 인물이나 소품을 작게 보여주는 영상으로 편집되어 이어진다. 마스터 숏으로서의 롱 숏은 관객에게 사전에 특정 장면의 전체적인 맥락을 파악하도록 만드는 역할을 한다.

텔레비전 드라마에서는 주로 마스터 숏이 설정의 역할을 한다. 드라마는 영화와 달리 일상적인 내용을 다루고 또 시리즈 형식을 취하기 때문에 시간과 공간을 파악해야 하는 시청자들의 부담이 상대적으로 적다. 시청자들은 이미 주인공이 누구인지, 어디에서 어떤 사건이 발생할 것인지 대략 알고 있다. 마스터 숏을 사용하지 않고 설정을 간단하게 자막으로 처리할 수도 있다(〈그림 12-1〉). 시트콤 〈프렌즈(Friends)〉의 시청자들은 여섯

그림 12-2 〈프렌즈〉: 텔레비전 롱 숏

명의 주인공이 있을 만한 몇 군데 공간(집, 직장, 카페) 가운데 지금 어느 곳인지만 보더라도 전체적인 맥락을 파악할 수 있다. 간혹 긴 소파에 두세 명의 주인공이 앉아 있는 숏, 즉 롱 숏보다 작은 숏으로도 설정은 충분히 이루어진다(〈그림 12-2〉).

〈사운드 오브 뮤직(The Sound of Music)〉(1978)은 영화사에 기억될 만한 오프닝을 보여준다(〈그림 12-3〉). 오스트리아의 멋진 풍광을 웅장하게 보여주는 익스트림 롱 숏은 앞으로 전개될 사건이 어디에서 벌어질 것인지를 알려준다. 높은 곳에서 아래를 내려다보는 듯한 로 앵글 숏은 시야를 넓게 해준다. 또한 카메라는 알프스의 가파르고 험준한 산을 크게 보여주다가 산들 사이에 있는 어느 초원에서 쾌활하게 노래하는 마리아에게로 다가간다. 마리아를 발견한 카메라는 급히 움직이며 익스트림 롱 숏에서 롱 숏으로, 롱 숏에서 미디엄 숏까지 숏의 스케일에 변화를 준다. 그러한 숏의 변화를 통해 풍경에서 인물로 그리고 배경에서 사건으로 초점이 이동한다.

그림 12-3 〈사운드 오브 뮤직〉: 오프닝 장면

그림 12-4 〈사운드 오브 뮤직〉: 롱 숏

〈사운드 오브 뮤직〉 오프닝에서 나타나는 숏 구성은 설정 이상의 기능을 한다. 험준한 알프스와 쾌활한 마리아, 익스트림 롱 숏과 그보다 상대적으로 작은 미디엄 숏의 대조를 통해 앞으로 마리아가 겪게 될 고난과 갈등이 암시된다. 그런데 노래하는 마리아를 크게 부각시킨 이후의 숏 구성에서는 마리아가 고난을 이겨내고 갈등이 잘 해소될 것이라는 사실이 암시되기도 한다. 숏을 이해하기 위해서는 여러 가지 요소를 함께 감안해야 하는데, 이 장면에서 숏 스케일 외에 앵글, 카메라 움직임, 인물의 연기 등도 함께 고려해야 한다. 그리고 이처럼 다양한 숏이 어떻게 배열되어 있는

그림 12-5 〈스타워즈 에피소드4: 새로운 희망〉: 오프닝 장면

지도 파악해야 한다. 이 장면에서 보면, 제스처는 미장센에 속하는 기법이며, 카메라의 움직임은 시네마토그래피에, 숏의 배열은 편집에 해당하는 기법이다.

숏 스케일은 영화의 장르와도 관계가 있다. 뮤지컬 영화인 〈사운드 오브 뮤직〉에서는 음악의 선율과 공연의 특성을 살리기 위해 다른 멜로드라마나 가족영화와 달리 롱 숏이 자주 나타난다. 롱 숏을 통해 마치 관객이 무대 위의 콘서트를 보는 것과 같은 분위기를 연출할 수 있다.

〈스타워즈〉는 1970년대에 만들어지기 시작한 영화로, 다수의 속편이 제작되었다. 수십 년에 달하는 역사 동안 〈스타워즈〉의 오프닝은 언제나 익스트림 롱 숏으로 시작되었다(〈그림 12-5〉). 우주를 보여주는 이 숏은 〈스타워즈〉 전반의 배경을 설정한다. 한편 숏의 위쪽 프레임부터 등장하는 우주선의 위압적인 모습은 답답함과 함께 위기가 쉽게 극복될 것 같지 않은 느낌을 준다. 밝고 희망찬 미래를 암시하는 〈사운드 오브 뮤직〉의 시원한 오프닝과는 대조를 이룬다.

영화에서 나타나는 큰 숏을 어떻게 봐야 할 것인가에 대해서는 다양한 의견이 있다. 커다란 숏이 설정의 기능을 하는 것으로 간주한다면, 이는 영상서사의 관점에서 (익스트림) 롱 숏을 염두에 둔 결과일 것이다. 반면, 관객들은 영화에서 특히 큰 영상을 보려는 욕망을 가지고 있으므로 그 욕망의 근원을 이해해야 한다는 관점도 있다.

이에 대해서는 상반된 견해가 있다. 첫째, 넓은 공간이나 풍경을 선호하는 것은 그 공간을 점유하려는 욕망 때문이라는 견해이다. 〈사운드 오브 뮤직〉이나 〈스타워즈〉의 큰 영상도 여기에 해당한다고 해석할 수 있다. 영화에 등장하는 인물들은 알프스와도 같은 거대한 고난을 이겨내거나(실제로 마지막 장면에서는 모두 험한 산을 넘어간다), 우주를 통일하려 하기 때문이다. 이것은 모두 인간이 자연을 정복함으로써 자신의 점유를 확보하려는 의지와 관계가 있다. 프랑스 철학자 앙리 르페브르(Henri Lefebvre)는 인간은 시각을 이용해 공간을 확보함으로써 일종의 추상적인 공간(abstract space)을 창출한다고 분석했다. 즉, 실제 공간이 아닌 추상적인 공간을 창출하려는 인간의 욕구가 영화에서 넓은 공간을 재현하도록 했다고 볼 수 있다.

둘째, 영화에서 넓은 공간이 큰 숏에 의해 표현되는 것은 일종의 관조적인 태도 또는 고통과 슬픔을 애도하는 마음을 표현한다는 견해이다. 이주민 문제나 문화충돌의 문제를 독특한 미학으로 표현하는 것으로 유명한 장률 감독은 2013년 〈경주〉에서 경주의 풍경을 넓은 화면으로 잡아 영화 곳곳에 배치했다. 그런데 〈경주〉의 주인공인 최현은 모든 것에 욕심도 관심도 없는 사람이며 넓은 풍경화면도 상쾌하게 보이지 않는다. 오히려 최현은 풍경을 관조하는 듯하다. 그래서 우울하고 답답한 분위기가 연출된다(〈그림 12-6〉). 큰 숏을 통해 넓은 공간을 표현함으로써 한 인물이 느끼

그림 12-6 **〈경주〉: 롱 숏**

는 상실감을 표현한 것이다.

2) 미디엄 숏

롱 숏보다는 작지만 클로즈업보다는 큰 중간 정도 스케일의 숏을 미디엄 숏이라고 한다. 그리고 미디엄 숏과 롱 숏 사이의 스케일을 미디엄 롱 숏이라고 한다. 앞에서 설명한 익스트림 롱 숏이나 롱 숏에서는 인물의 표정이나 제스처를 파악하는 것이 불가능하다. 따라서 인물에 초점을 맞추려면 미디엄 숏 같은 중간 사이즈가 필요하다. 그런데 그 중간에도 여러 가지 크기가 있어서 숏이 커지면 동작과 배경에 초점이 모인다. 반대로 숏이 작아지면 배경은 식별할 수 없게 되고 그 대신에 인물의 표정이 부각된다.

〈라라랜드(La La land)〉(2016)의 한 장면인 〈그림 12-7〉은 미디엄 롱 숏이라고 보는 것이 맞지만 사실 롱 숏이라고 할 수 있을 정도로 장면이 크

그림 12-7 〈라라랜드〉: 풀 숏

다. 미디엄 롱 숏이란 인물 전체가 영상에서 드러나는 것을 말한다. 따라서 풀 숏이라고도 한다. 그리고 인물이 위치하고 있는 공간의 특성도 나타난다. 〈라라랜드〉의 풀 숏은 춤추는 남녀를 넓게 보여준다. 인물 전체를 보여주는 풀 숏에서는 배경도 자연스럽게 시야에 들어오는데, 이 때문에 이 장면에서는 두 남녀가 야외에서 춤을 춘다는 특별한 의미도 관객에게 전달한다. 〈그림 12-7〉만큼은 아니지만 〈사운드 오브 뮤직〉의 〈그림 12-4〉도 거의 모든 인물 전체를 보여주는 미디엄 롱 숏이다. 이 장면에서 폰 트랩 대령은 자신의 자녀들에게 절도 있는 동작으로 행동하도록 교육한다. 그 동작을 표현하기 위해서는 역시 풀 숏이 적당하다.

　미디엄 롱 숏보다 약간 작은 크기인 미디엄 숏은 전체 숏 스케일 유형 가운데 중간 사이즈이다. 미디엄 숏도 두 가지 다른 스케일로 나뉘는데, 인물의 무릎 위를 보여주는 숏과 허리 위를 보여주는 숏이 그것이다. 따라서 각각 니 숏, 웨이스트 숏이라고도 한다. 풀 숏과 마찬가지로 인물의 모습을 좀 더 보여줄 필요가 있을 때는 니 숏을, 그와 달리 인물의 표정을 조

그림 12-8 〈석양에 돌아오다〉: 카우보이 숏

금 더 강조해야 할 때는 웨이스트 숏을 사용한다.

〈그림 12-8〉은 우리나라에서 〈좋은 놈, 나쁜 놈, 이상한 놈〉이라는 영화로 오마주된 〈석양에 돌아오다(The Good, the Bad and the Ugly)〉(1966)의 한 장면이다. 서부영화에서는 미디엄 숏이 약간 크면 총과 같은 서부영화 특유의 소품이 눈에 띄는 효과가 나타난다. 혹자는 이를 카우보이 숏(cowboy shot)이라고 한다. 〈석양에 돌아오다〉는 스파게티 웨스턴(spaghetti western) 영화 가운데 대표적인 작품이다. 보통의 웨스턴 영화 또는 서부영화는 본디 미국의 서부개척 시대를 배경으로 한 총잡이들의 영화인데, 이러한 미국 영화를 스파게티를 잘 먹는 이탈리아 사람들이 만들었기 때문에 스파게티 웨스턴이라고 한다. 스파게티 웨스턴은 할리우드 서부영화와 달리 인물들이 말이 없고 액션은 과장되어 있다. 그런데 인물들의 멋진 (혹은 과장된) 제스처를 표현하기에는 웨이스트 숏보다 니 숏이 적당하다. 니 숏에서는 분장이나 액션 같은 미장센 요소들을 부각시킬 수 있기 때문이다.

그림 12-9 〈스타워즈 에피소드 5: 제국의 역습〉: 웨이스트 숏

〈스타워즈〉도 서부영화와 같은 서사구조를 가졌으며 액션 요소가 큰 비중을 차지한다. 하지만 제국의 역습에 대항하기 위한 유일한 희망인 루크 스카이워커는 아직도 요다로부터 많은 수련을 쌓아야 한다. 이처럼 큰 승부를 기다리는 스승과 제자는 웨이스트 숏으로 촬영되었다. 〈그림 12-9〉에서는 스승과 제자의 표정이 강조되도록 상대적으로 작은 숏으로 촬영되었다. 니 숏과 웨이스트 숏에 해당되는 미디엄 숏은 배경과 인물 모두를 인지할 수 있는 숏으로, 풍부한 표현의 재료들을 지니고 있다. 특히 니 숏은 서사를 중심으로 한 할리우드 영화에서 빈번하게 사용되기 때문에 아메리칸 숏이라고도 한다.

3) 클로즈업

클로즈업은 숏 스케일 가운데 작은 스케일에 해당한다. 클로즈업은 보통 인물의 얼굴 정도의 크기를 보여주는 경우를 말하는데, 이보다 약간 크게 가슴까지 보여주는 것을 미디엄 클로즈업이라 하고, 이보다 작게 얼굴의 일부분을 보여주는 것을 익스트림 클로즈업이라 한다. 미디엄 클로즈업은 바스트 숏이라고도 한다. 바스트 숏은 뉴스의 앵커를 촬영할 때 쓰이는 식으로 텔레비전에서 빈번히 사용된다. 텔레비전은 보통 영화보다 화질이나 음질이 좋지 않으며, 안방극장이라는 별명에서도 알 수 있듯이 일상적인 내용을 다루고 있다. 따라서 텔레비전은 영화보다 작은 숏으로 인물에 초점을 맞춘다. 최근에는 텔레비전 기술의 발전으로 표현양식이 다양해져 텔레비전 화질이 떨어진다는 것은 옛말이 되었다. 영화에서나 볼 수 있던 스펙터클 영상과 화려한 액션이 텔레비전 드라마에서도 시도되고 있으며, 뉴스 앵기의 숏도 바스트 숏에서 웨이스트 숏 정도로 커졌다. 간혹 뉴스룸의 앵커 브리핑을 풀 숏으로 찍기도 하는데, 이것은 텔레비전의 표현 가능성이 확대된 결과이다.

영화에서 미디엄 클로즈업은 진지한 대화를 할 때 사용된다. 앞에서 살펴본 〈굿 윌 헌팅〉의 대화영상이 바로 미디엄 클로즈업 또는 바스트 숏이다. 이제부터 언급할 영상은 모두 남우주연상급 할리우드 배우들의 클로즈업이다. 풍기는 분위기와 외모는 물론이고 섬세하고 깊은 표정연기 때문에 사실 그들은 멀리서 찍더라도 클로즈업처럼 보인다. 〈브로드캐스트 뉴스(Broadcast News)〉(1987)의 윌리엄 허트는 보도윤리를 어기면서까지 성공에 눈먼 뉴스 앵커 역을 맡았다(카메라는 뉴스를 진행하는 그를 바스트 숏보다 약간 크게 잡았다)(〈그림 12-10〉). 잭 니콜슨은 스탠리 큐브릭의 영화 〈샤이닝(The Shining)〉(1980)에서 고립된 호텔에서 귀신에 씌어 자신의 가족을 살해하려는 잭 토렌스를 연기했다(〈그림 12-11〉).

앤서니 홉킨스는 〈양들의 침묵(The Silence of Lambs)〉에서 인육을 먹으면서도 착한 여경찰에게 가르침을 주는 렉터 박사를 연기했다. 그녀와

그림 12-10 〈브로드캐스트 뉴스〉:
바스트 숏

그림 12-11 〈샤이닝〉:
클로즈업

그림 12-12 〈양들의 침묵〉:
클로즈업

그림 12-13 〈옛날 옛적 서부에서〉:
익스트림 클로즈업

대화하는 장면에서 그의 클로즈업은 얼굴과 영화의 프레임을 정확히 맞추었다(〈그림 12-12〉). 이보다 크기가 작아지면 익스트림 클로즈업이 되는데, 찰스 브론슨은 〈옛날 옛적 서부에서(Once Upon A Time In The West)〉(1970)라는 영화에서 익스트림 클로즈업을 통해 작은 눈을 보여줌으로써 슬픔과 함께 형의 죽음을 복수하려는 마음을 암시한다(〈그림 12-13〉). 클로즈업은 대체로 얼굴의 일부나 특정한 소품을 집중해서 보여주는데 그 크기가 작아질수록 인물의 주관적인 심리와 소품의 상징성이 강조된다.

2. 앵글

촬영하는 카메라의 기울기를 달리하면 영상을 바라보는 시선의 각도가 만들어진다. 이를 앵글이라고 한다. 카메라 각도를 달리해서 마치 우리가 대상을 아래에서 위로 올려다보는 것처럼 촬영할 수도 있고 반대로 위에서 아래로 내려다보는 것처럼 촬영할 수도 있다. 전자를 로 앵글, 후자를 하이 앵글이라고 한다. 우리말로 부감(俯瞰)과 앙각(仰角)이라고 부른다. 한편 개구리가 위를 올려다보는 듯한 극단적인 앵글을 프록스 아이 뷰라고 하고, 반대로 새가 아래를 내려다보는 듯한 극단적인 앵글을 버즈아이 뷰라고 한다. 이들은 각각 익스트림 로 앵글, 익스트림 하이 앵글이라고 표기하기도 한다. 이처럼 앵글의 변화로 만들어진 숏과 달리 일상적인 시선처럼 평범하고 평행된 각도로 촬영된 영상은 아이 레벨 뷰라고 한다.

하이 앵글로 촬영하면 촬영된 인물이나 대상이 왜소하거나 미약하다는 느낌을 주며(〈그림 12-14〉) 반대로 로 앵글로 촬영하면 위압적이거나 강한

표 12-2 **앵글의 종류**

앵글 유형	우리말 표기
버즈 아이 뷰(bird's eye view)	조안각, 대부감(extreme high angle)
하이 앵글(high angle)	부감
아이 레벨 뷰(eye level view)	수평각
로 앵글(low angle)	앙각
프록스 아이 뷰(frog's eye view)	대앙각(extreme low angle)

느낌을 준다(〈그림 12-15〉). 같은 의미에서 운명이 결정되어 있다는 느낌을 주거나 덜 중요하다는 암시를 전할 때에는 하이 앵글을 쓰고, 강한 권력을 지닌 인물이나 운명을 좌지우지할 수 있는 위치에 있는 인물을 보여줄 때에는 로 앵글을 쓴다. 우리가 일상생활에서 사람을 올려다보거나 내려다볼 때 느끼는 것과 유사하다. 이처럼 앵글과 인물의 성격 또는 상황 사이에는 특정한 관계가 있다.

그러나 〈쇼생크 탈출(Shawshank Redemption)〉(1994)의 한 장면인 〈그림 12-16〉은 다르게 해석된다. 영상은 감옥에서 탈옥해 자유의 몸이 된 직후의 주인공 앤디의 모습을 보여준다. 영상은 높은 곳에서 촬영된 버즈 아이 뷰인데 이를 통해 마침내 속박에서 벗어난 인물을 잘 표현한다. 감옥 안에서 탈출 과정을 준비하던 이전 숏들은 답답한 느낌을 준다. 배수구를 통과하는 앤디의 모습을 담은 영상들은 더욱 그러하다. 그러나 여기서는 두 팔을 하늘 높이 치켜든 앤디의 모습을 위에서 바라보는 미디엄 롱 숏으로 보여줌으로써 그 답답함을 일시에 해소시킨다. 때마침 번개가 쳐서 어두운 밤이 환하게 밝아지고 하이 키로 급격하게 전환되는데, 이러한 전환에서도 마침내 자유를 얻은 주인공의 극적인 변화가 잘 나타난다.

관객들이 영상 미디어에서 보는 숏은 거의 아이 레벨 뷰이다. 그러나 오

그림 12-14 〈어벤져스〉: 하이 앵글

그림 12-15 〈고질라〉: 로 앵글

그림 12-16 〈쇼생크 탈출〉: 버즈 아이 뷰

그림 12-17 〈만춘〉: 다다미 숏

그림 12-18 **오즈 야스지로 감독의 영화 촬영 장면**

즈 야스지로 감독은 영상 대부분을 은근한 로 앵글로 촬영했고 그 기법을 독특한 미학으로 발전시켰다. 그는 여러 작품에서 로 앵글을 활용해 가족의 의미를 차분하고 매우 특색 있는 스타일로 형상화했다(〈그림 12-17〉). 이러한 숏을 흥미롭게도 다다미 숏이라고 한다. 다다미란 일본에서 사용되는 볏짚으로 만든 방바닥 깔개를 말한다.

일반적으로 카메라가 인물보다 낮은 곳에 위치하는 전통적인 앙각 시점의 경우, 관객은 빠르게 그 시점에 동화될 수 있다. 하지만 다다미 높이 시점은 미디엄 숏보다 롱 숏이나 익스트림 롱 숏을 즐겨 사용하면서, 관객으로 하여금 일정한 거리를 유지하게 만든다.[1]

프랑스의 영화 비평가 조엘 마니(Joël Magny)에 따르면 다다미 숏은 로 앵글과 달리 약간 낮은 앵글의 숏으로, 다다미 숏을 통해 관객은 사건과 인물에 동화되지 않고 거리를 둘 수 있다. '거리를 둔다'는 것은 이해하기 어려운 관객의 심리이지만 어떤 사건을 직접 체험하는 느낌이나 특정 인물과 자신을 동일시하는 느낌과 달리 밀러서 그 사건이나 인물을 면밀히 관찰하는 태도를 말한다. 대상과 거리를 두면 큰 흥미를 느낄 수는 없지만 영상으로 표현된 사건과 인물에 대해 숙고할 수 있다. 이러한 것은 영화를 비롯한 다양한 예술의 의미는 무엇인가, 특히 예술이 사람들에게 어떤 영향을 미칠 수 있는가 하는 미학적 효과를 고려할 때 중요한 문제이다.[2]

3. 초점

우리가 촬영된 영상을 볼 때 카메라에 초점이 맞는 부분은 또렷하게 보이고 초점이 맞지 않은 부분은 흐릿하게 보인다. 카메라를 작동시켜 초점이 맞는 부분을 정할 수 있는데 초점에 포착되어 선명하게 보이는 부분을

---

1   조엘 마니, 『시점: 시네아스트의 시선에서 관객의 시선으로』, 김호영 옮김(이화여자대학교 출판부, 2007), 66~67쪽.
2   제16장 제6절 '디지털 영상과 성찰' 참조.

표 12-3 **초점의 종류**

초점의 유형	우리말 표기
딥 포커스 숏(deep focus shot)	전심초점
샐로 포커스 숏(shallow focus shot)	편심초점
래킹 포커스 숏(racking focus shot)	초점 이동

피사계 심도 또는 간단히 심도(depth of field)라고 한다. 심도가 넓으면 초점이 맞는 부분이 커지고 심도 안에 위치한 것이 모두 또렷하게(sharp) 보인다. 반대로 그 범위 바깥에 위치한 것은 흐릿하게 보인다. 심도를 조절하는 방법에는 여러 가지가 있는데, 광각렌즈(wide angle lens)를 사용하는 방법이 있고, 조리개를 조절하는 방법도 있다. 심도를 크게 하여 촬영한 숏을 딥 포커스 숏, 반대로 심도를 작게 하여 촬영한 숏을 샐로 포커스 숏이라고 한다.

딥 포커스 숏은 심도가 넓은 만큼 전경과 후경에 위치한 인물이나 사물이 고르게 잘 보이도록 하며, 샐로 포커스 숏은 특정한 부분에만 초점이 모인다. 그리하여 포커스가 맞지 않아(outfocusing) 흐릿해지는 부분이 발생한다. 미장센이 섬세하게 사용된 영상에서는 심도가 깊어야 미장센을 꾸밀 수 있는 범위가 커진다. 그래서 미장센과 딥 포커스 숏은 잘 어울린다고 할 수 있다. 한편 심도가 깊은 숏은 카메라의 영향을 덜 받은 상태에서 사실 그대로의 모습을 보여준다. 반대로 샐로 포커스 숏은 특정한 인물에 초점을 맞춘 것이므로 그 인물의 주관적인 마음이나 심리가 드러난다. 한편 특정한 물체나 장소로 초점이 이동하는 경우도 있는데, 그러한 숏을 래킹 포커스 숏(racking focus shot)이라고 한다.

영화를 촬영할 때에는 카메라 초점을 미학적 효과로 활용할 수도 있다.

이러한 방식을 처음으로 영화에 성공적으로 활용한 사람은 미국의 배우 겸 영화감독 오슨 웰스(Orson Welles)라고 알려져 있다. 웰스는 영화를 찍을 때 딥 포커스 숏을 많이 사용해 관객들이 스스로 보고 싶은 것을 선택해서 보고 나름대로 해석하도록 유도했다. 이러한 방식은 야스지로 감독을 비롯한 예술 영화인들의 시도와 비슷한 맥락에서 이해될 수 있다.

딥 포커스 숏은 오슨 웰스 감독의 대명사처럼 알려졌으며, 이후 1960년대까지 그의 영향을 받아 많은 감독이 이 숏을 사용했다. 그러나 1980년대 이후로는 딥 포커스 숏이 잘 쓰이지 않게 되었는데, 이는 영화에서 강렬한 액션과 인물의 진한 감정이 중시되면서 영상을 천천히 관조적으로 감상하는 경향이 점차 사라졌기 때문이다.

오슨 웰스가 감독한 〈시민 케인(Citizen Kane)〉(1941)의 한 장면인 〈그림 12-19〉를 보면, 멀리 창문 너머에 있는 소년은 심도를 깊게 하지 않고서는 촬영할 수 없다. 이 장면에서는 가난 때문에 아이를 입양 보내야 하는 부모가 서류에 사인을 하고 있는데 아들은 부모 사이로 보이는 창문 너머에서 천진난만하게 놀고 있다. 이 숏은 심도를 깊게 설정했을 뿐만 아니라 창문과 인물들의 위치와 각도를 정확히 맞추어 촬영했다.

〈그림 12-20〉은 허진호 감독의 〈봄날은 간다〉(2001)의 한 장면이다. 허진호 감독의 영화들은 숏이 길고 프레임이 크게 움직이지 않아서 정적인 분위기를 연출한다. 또한 그러한 숏이 그의 멜로드라마 영화에 잘 어울린다. 〈그림 12-20〉은 다시 만난 옛 여인 은수와 상우가 마지막으로 헤어지는 장면이다. 은수는 자신이 버린 옛 남자 상우를 어느 날 뜬금없이 찾아온다. 이별 후 괴로움을 겪었던 상우는 그녀를 만나 안부를 물은 후 결국 최후의 작별을 고한다. 과거의 여인과 작별하자마자 그녀는 뒤로 물러서고 또 다른 배경들과 함께 곧 흐릿해지는데, 이 때문에 그것이 과거

그림 12-19 〈시민 케인〉: 딥 포커스 숏

그림 12-20 〈봄날은 간다〉에서 초점 변화를 통한 심리 표현

인지 꿈인지 잘 알 수 없다. 이 섈로 포커스 숏은 심도가 매우 얕으며 남자 주인공 외에 다른 모든 것에는 초점을 맞추지 않는다. 이를 통해 은수를 사랑했던 상우가 마지막에 마음을 돌린 후에 어떠한 심정이었는지를 암시한다.

앞에서 다른 기법을 소개하면서 초점이 중요한 역할을 하는 영상을 언급한 적 있다. 바로 〈굿 윌 헌팅〉의 호수 장면이다. 사랑하는 여인과 이별할 때 느끼는 복잡한 마음을 표현할 때나 방탕한 삶을 살다가 인생의 전환점이 될 만한 큰 깨우침을 얻은 순간을 표현할 때 초점이 중요한 역할을 한 것이다.

4. 프레이밍

영화에서 프레임은 두 가지 다른 의미로 사용되는 용어이다. 먼저, 프레임은 영화의 기본단위로서 움직이는 영상을 위해 사용되는 사진 한 장을 의미한다. 그런데 시네마토그래피에서는 프레임이 다른 의미로 사용되는데, 영상을 에워싸고 있는 사각형의 틀을 의미한다. 프레임이라는 말은 본래 틀, 뼈대라는 뜻을 지니고 있다. 문학작품에서 이야기 속에 다른 이야기가 나올 때, 이를 액자식 서사 또는 틀 서사라고 하며, 영어로는 프레임 내러티브(frame narrative)라고 표현한다. 기술적으로 촬영된 영상은 보이는 현실 어딘가에 선을 긋고 그 안에 있는 것을 드러낸 결과인데, 그 선을 프레임이라고 한다. 그래서 모든 기술영상에는 프레임이 있다.

프레임의 바깥쪽은 비록 보이지 않지만, 영화에서는 이 부분이 중요한 역할을 한다. 화제가 되는 인물이나 사물을 온(on)으로 하느냐 오프(off)로 하느냐는 프레이밍(framing)으로 결정되지만, 폭넓게 보면 영상을 둘러싼 네 개의 선을 처리하는 모든 방식, 즉 숏 스케일이나 앵글을 정하는 문제도 프레이밍의 한 부분이라고 할 수 있다. 온은 프레임의 안쪽을 말하며 오프는 프레임의 바깥쪽을 말한다.

영화는 회화와 달리 프레임이 자주 움직이기 때문에 프레임 바깥 공간이 지니는 의미도 각별하다. 이 때문에 바쟁은 영화의 프레임은 원심적

표 12-4 **프레이밍의 종류**

프레임의 유형	우리말 표기
온 스크린(on screen), 오프 스크린(off screen)	내화면, 외화면
온 사운드(on sound), 오프 사운드(off sound)	화면 내 소리, 화면 외 소리

(centrifugal)이고, 회화의 프레임은 구심적(centripetal)이라고 말했다. 영상을 보는 관객은 프레임 안에 있는 내용과 더불어 프레임 바깥에 있는 보이지 않는 무언가에도 관심을 기울인다. 공포영화를 보면 우리는 프레임 바깥에 있을 법한 공포스러운 존재에 큰 흥미를 느낀다. 그리고 그것이 보이지 않는 곳에 있을 때 더욱 공포를 느끼게 된다. 이러한 기법을 오프 스크린(off screen)이라고 한다. 같은 의미로 프레임 바깥에서 어떤 소리가 나도록 하는 기법은 오프 사운드(off sound)라고 한다. 오프 스크린이나 오프 사운드가 영화에서 중요한 의미를 지닌다는 점을 감안하면 영화가 바깥을 향한다는 의미에서 원심적이라고 표현한 바쟁의 분석은 적절하다.

왕가위 감독은 〈화양연화(In the Mood for Love)〉(2000)에서 두 연인을 묘사하면서 흥미로운 숏을 많이 보여주었다. 예를 들어 〈그림 12-21〉는 장만옥이 연기한 소려진의 모습을 촬영한 것인데 그녀의 앞쪽으로 텅 빈 공간이 크게 드러나 있다. 반대로 양조위가 연기한 주모운의 장면에서는 앞 공간을 잘라내었다(〈그림 12-22〉). 그리하여 오프 스크린 공간에 누군가가 있을 것 같이 처리했다. 프레임을 통해 스크린 공간을 조절함으로써 화면에 특정한 의미를 부여한 것이다. 외로워 보이는 소려진의 심정을 표현하는 데에는 넓은 프레이밍으로 화면을 가득 메운 빈 공간이 어울린다. 주모운에게는 아내가 있지만 그녀는 프레임의 바깥 공간에 존재한다.

그림 12-21 〈화양연화〉: 소려진 장면의 온 스크린 활용 사례

그림 12-22 〈화양연화〉: 주모운 장면의 오프 스크린 활용 사례

왕가위 감독은 이 어른들의 이야기에서 두 인물의 심리를 표현하기 위해 스크린이 포괄하는 공간을 프레임으로 조절한다. 프레임은 기본적으로 영상 안에 들어올 것과 배제할 것을 나누는 기능을 하지만 〈화양연화〉에서처럼 인물의 심리상태를 표현하거나 서사의 전체적인 의미를 암시할 수도 있다. 왕가위 감독은 말로 표현하기 어려운 두 연인의 미묘한 감정을 잘 포착하는데, 여기서 프레임이 중요한 역할을 한다.

멜로드라마보다는 공포영화에서 오프 스크린이 자주 사용된다. 〈블레어 위치(The Blair Witch Project)〉(1999)는 미스터리를 풀기 위해 산속으로

그림 12-23 〈블레어 위치〉

들어간 세 명의 대학생이 촬영한 영상을 그대로 보여주는데, 사실 그 영상은 주작이다. 이러한 영화를 페이크 다큐멘터리(fake documentary)라고 한다. B급 영화나 고어(gore) 영화처럼 잔혹한 장면을 그대로 보여주는 영화를 제외하면 보통 공포영화의 소재가 되는 초자연적인 현상이나 귀신, 또는 괴물은 오프 스크린에 있다가 극히 짧은 시간만 그 모습을 드러낸다. 그런데 〈블레어 위치〉에서는 이러한 존재가 끝까지 오프 스크린 공간에 머무르면서 공포의 정체를 알려주지 않는다. 오프 스크린은 관객에게 인지된 공간이 전부가 아니라는 것을 암시하면서 관객의 궁금함을 불러일으키고자 할 때 사용된다(〈그림 12-23〉).

〈링〉(1998)은 최고의 공포영화를 꼽을 때 언제나 순위에서 빠지지 않는다. 기억에 남는 장면이 많지만 그중에서도 압권은 사다코가 텔레비전 화면을 뚫고 나오는 장면이다. 그 장면이 왜 충격적인가? 그것은 무언가를 부인(否認, disavowal)하는 사람의 심리현상과 관계있다. 부인하는 심리는 프로이트가 처음 언급했는데, 나중에는 영화이론가들이 영화를 즐기는 사람들의 심리를 설명하기 위해 이 말을 인용했다. 이들에 따르면,

그림 12-24 〈링〉

사람들이 충격적이고 끔찍한 영화를 보는 이유는 은연중에 그것이 자신의 주변에서 일어나는 일은 아니라고 생각하기 때문이다. 즉, 관객들은 마치 강 건너 불구경처럼 무서운 장면이 나와 별 상관없는 일이라고 생각하면서 영화를 부인한다는 것이다. 그러나 〈링〉에서 사다코가 프레임을 뚫고 나오는 장면은 부인 심리를 지탱하는 벽을 잠시나마 무너뜨린다. 프레임 바깥을 벗어나지 않을 것이라고 확신했던 곳에서 무엇인가가 튀어나오면서 공포를 실감하게 되는 것이다(〈그림 12-24〉).

프레이밍은 시네마토그래피에서 단순히 영상 안에 넣을 것과 뺄 것을 구분하는 기능만 하는 것이 아니다. 〈링〉의 경우처럼 프레임 그 자체를 활용하여 흥미로운 효과를 유발할 수도 있다.

5. 카메라 이동

영상은 회화 같은 전통적 영상과 달리 프레임을 움직이면서 표현할 수

표 12-5 **카메라 이동의 종류**

	카메라 이동과 관련된 다양한 용어
1	정지 숏(static shot), 고정 숏(fixed shot), 이동 숏(moving shot)
2	팔로잉 숏(following shot), 리프레이밍(reframing), 시점 숏(point of view shot)
3	핸드헬드 숏(handheld shot), 스테디캠(steadicam)
4	롱 테이크(long take), 윕 팬(whip pan), 팬(pan), 틸트(tilt), 롤(roll)
5	달리(dolly), 트랙킹(tracking), 크레인(crane), 줌(zoom), 줌 달리(zoom dolly)

있다. 이것을 카메라 이동(camera movement)이라고 한다. 〈표 12-5〉의 용어를 차례로 설명하면 다음과 같다.

첫째, 프레임이 움직이지 않고 고정되어 있는 숏을 정지 숏 또는 고정 숏이라고 하며, 반대로 프레임이 움직이는 숏을 이동 숏이라고 한다. 프레임을 움직이기 위해서는 카메라를 이동시키는 방법이 주로 사용되지만, 줌(zoom)을 이용해서 프레임을 움직일 수도 있다.

둘째, 카메라가 뒤따르듯이 움직이며 한 인물을 계속해서 영상에 담는 숏을 팔로잉 숏이라고 한다. 예를 들어 주인공이 재빨리 다른 공간으로 움직인다면 계속해서 그를 영상의 중심에 두기 위해 카메라를 움직여 이동 숏을 만드는 것이다. 〈그림 12-25〉는 〈샤이닝(Shining)〉(1980)에서 세발자전거를 타는 어린이를 뒤쫓는 듯한 팔로잉 숏이 로 앵글로 처리된 장면이다.

관심의 초점이 다른 인물이나 사물로 바뀔 때 사용되는 이동 숏은 리프레이밍이라고 한다. 리프레이밍을 통해 사건의 중심이 되는 인물이나 장소가 바뀌며 이를 통해 새로운 이야기가 진행될 수 있다. 리프레이밍은 편집으로도 가능하지만, 카메라를 이동시키면 부드럽고 연속적인 효과를 유발할 수 있다.

그림 12-25 〈샤이닝〉: 팔로잉 숏

　사람이 한 곳을 보다가 다른 곳을 볼 때의 시각적 인지는 카메라가 움직이는 것과 유사하다. 이처럼 영상이 한 인물이 시각적으로 인지하는 것을 그대로 보여주고 그 인물의 시점을 취할 때 이것을 시점 숏이라고 한다. 사람이 한 곳에만 시선을 오랫동안 고정할 수 없듯이 시점 숏도 대부분 이동 숏이다.

　셋째, 카메라의 움직임이 빠르고 급격해지면 떨림이 발생할 수 있다. 이러한 급격한 움직임은 불안정하고 강박적인 인물의 심리상태를 암시하며, 관객에게도 불안함과 위급함을 불러일으킨다. 아울러 카메라가 빨리 움직이면 관객은 지금 카메라로 촬영된 모습을 보고 있다는 사실을 의식하게 된다. 카메라의 빠른 움직임은 주로 카메라를 손에 들고 촬영하는 방법으로 표현되는데, 이것을 핸드헬드 숏이라고 한다. 현실을 있는 그대로 기록하는 다큐멘터리도 핸드헬드 방식으로 자주 촬영된다. 핸드헬드로 인한 프레임의 불규칙적인 떨림은 진실을 기록하는 다큐멘터리의 증표처럼 생각되는 경우도 있다.

　카메라를 손으로 들고 찍으면 자유자재로 움직일 수는 있지만, 너무 심

그림 12-26 〈버드맨〉

그림 12-27 〈버드맨〉: 스테디캠 촬영 장면

하게 흔들리는 것이 문제가 될 수 있다. 그 흔들림을 제어하는 장치를 스테디캠이라고 한다. 스테디캠을 촬영자의 몸에 부착하면 여러 가지 방향과 속도로 이동할 수 있으며 핸드헬드의 흔들림도 억제할 수 있다. 이동숏을 풍부하게 사용한 작품으로는 〈버드맨(Birdman)〉(2015)을 들 수 있다(〈그림 12-26〉). 〈버드맨〉은 한때 잘나가던 할리우드 배우가 대중의 관심에서 멀어지면서 겪는 고뇌와 소외감 등 복잡한 심리를 잘 표현한 작품이다. 영화는 후반부에 그 배우의 환각을 표현하면서 현실과 환상의 경계

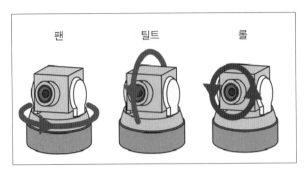

그림 12-28 **팬, 틸트, 롤**

를 모호하게 만든다. 거의 모든 장면에서 나타나는 이동 숏은 이러한 주인
공의 심리와 잘 어우러져 있다. 〈버드맨〉에서는 인물의 심리를 투영하는
움직임을 표현하기 위해 스테디캠이 사용되었다(〈그림 12-27〉).

　넷째, 〈버드맨〉에서는 이러한 효과를 살리기 위해 컷 없이 롱 테이크로
찍은 장면이 많다. 실제로는 편집된 장면이지만 하나의 숏처럼 보이는 영
상도 있는데, 이것을 윕 팬 숏이라고 한다. 팬이란 카메라를 고정시킨 상
태에서 좌우로 움직이는 이동 숏을 말한다[한편 카메라를 고정해 상하로 움직
이는 숏을 틸트, 돌리는 숏을 롤이라고 한다(〈그림 12-28〉)]. 그런데 좌우로 매
우 빨리 움직이면 중간 부분에 초점이 흐릿해지는 곳이 생기는데 바로 그
숏을 윕 팬 숏이라고 한다. 그리고 거기서 컷을 하면 마치 편집이 되지 않
은 것처럼 보인다. 흐릿해진 부분에서 컷을 하면 잘 식별되지 않기 때문이
다. 이렇게 편집을 거쳤지만 롱 테이크 효과를 구현하려 할 때 윕 팬을 사
용한다.

　다섯째, 〈네 멋대로 해라〉에서는 남녀가 샹젤리제 거리를 걷는 롱 테이
크 장면이 있는데, 이 장면은 누벨바그 영화의 특징을 잘 보여주는 명장면
이다(〈그림 12-29〉). 이 장면에서 카메라는 앞에서 언급했던 팔로잉 숏으

그림 12-29 〈네 멋대로 해라〉

그림 12-30 〈네 멋대로 해라〉: 이동 숏 촬영 장면

로 두 남녀의 뒤를 따라간다. 고다르 감독은 휠체어에 카메라를 올려놓고 휠체어를 끄는 방법으로 이 장면을 연출했다(〈그림 12-30〉). 이로써 샹젤리제를 걷는 장면은 편집 없이 단 하나의 숏으로 처리될 수 있었다.

고다르처럼 휠체어는 활용하는 것은 예외적인 경우이고, 카메라를 이동할 때에는 대개 달리, 크레인 같은 장치를 사용한다. 이러한 장치들을 사용하면 일정하고 규칙적인 카메라의 움직임을 얻을 수 있다.

달리는 카메라를 고정해서 움직이는 이동차를 말하며, 그렇게 촬영된 영상을 달리 숏이라고 한다. 달리를 선로에 올려두면 더욱 규칙적인 트래킹 숏을 촬영할 수 있다. 휠체어는 매우 원시적인 형태의 달리라고 할 수 있다.

크레인은 카메라를 상하로 움직이게 할 수 있다. 수평적인 움직임뿐만 아니라 수직적인 움직임을 찍을 때, 또는 두 가지가 복합된 이동 숏을 찍을 때 크레인을 사용한다. 크레인 숏의 명장면 가운데 하나인 히치콕의 〈영 앤 이노센트(Young and Innocent)〉(1937) 레스토랑 장면을 살펴보자.

그림 12-31 〈영 앤 이노센트〉 　　　　　그림 12-32 〈영 앤 이노센트〉: 크레인 숏 촬영 장면

스윙 음악이 울려 피지는 넓은 공간에 많은 사람이 혼란스럽게 이우러져 있다. 그곳에서 두 명의 인물이 눈에서 경련이 나는 듯 눈을 계속 찡그리는 어떤 사람을 찾고 있다(〈그림 12-31〉). 히치콕은 그들이 찾고 있는 사람이 누구인지 먼저 관객에게 알려준다. 아울러 카메라는 이동하면서 많은 사람과 넓은 공간을 천천히 보여줌으로써 그를 찾기가 쉽지 않을 것임을 암시한다. 이때 크레인에 놓여 있는 카메라는 수평으로 또는 상하로 움직이면서 넓은 공간을 여유롭게 조망한다(〈그림 12-32〉).

　줌을 이용하면 카메라를 움직이지 않고도 프레임을 이동할 수 있다. 줌인 또는 줌 아웃을 하면 상하좌우 프레임이 급격히 안쪽이나 바깥쪽으로 이동한다. 그리하여 공간이 빨리 축소되거나 확장된다. 줌 인 숏은 다른 이동 숏에 비해 공간이 빨리 축소되어 갑작스럽게 한 인물에게 관심이 쏠리는 효과가 나타난다. 그런데 달리와 줌을 동시에 사용하면 어떻게 될까? 달리를 통해 카메라를 뒤로 움직여 줌 인을 하면 인물에 초점을 맞출 수도 있고 또는 그 반대로 할 수도 있다. 그러면 인물의 위치나 크기는 크게 변하지 않지만 배경의 형태나 심도가 왜곡되어 나타난다. 이러한 기법

그림 12-33 〈현기증〉: 줌 달리 숏

그림 12-34 〈죠스〉: 줌 달리 숏

은 인물의 불안정한 심리나 환각 상태를 표현할 때 사용된다. 줌 달리 숏
은 〈현기증(Vertigo)〉(1959)에서 주인공이 계단 아래 깊은 곳을 보면서 현
기증을 느끼는 장면에서 처음 사용되었고(〈그림 12-33〉), 〈죠스〉(1978)에
서는 주인공이 식인상어에게 공격당하는 사람들을 발견하는 충격적인 장
면에서 사용되었다(〈그림 12-34〉).

제13장

편집: 의미의 구축

1. 편집의 의미와 역사

1) 완성을 위한 마지막 작업

지금까지 영상의 미장센과 시네마토그래피에 대해 알아보았다. 이제 편집 차례이다. 영상 작품은 편집을 통해 완성된다. 디지털 기술이 영상 제작 전반에 투입되면서 많은 변화가 일어나고 있는데, 그중에서도 편집에 가장 큰 영향을 끼치고 있다. 디지털 기술로 인해 미장센이나 시네마토그래피의 작업 일부를 편집 단계에서 할 수 있게 되었기 때문이다. 예를 들어 색이나 명암을 조절할 수 있게 된 것은 물론이고 촬영 당시에는 없었던 영화의 인물이나 소품도 화면에 삽입할 수 있게 되었다. 필름 촬영이나 디지털 촬영 모두 편집을 통해 영화에서 필요한 것과 그렇지 않은 것을 최종적으로 구분하며, 편집으로 사건배열의 순서뿐만 아니라 숏의 순서도 결정된다. 아울러 하나의 숏을 얼마나 오랫동안 보여줄 것인지도 편집에서 결정되는데, 이러한 모든 결정은 기획이나 시나리오 작업 단계에서 설정된 목표를 지향한다.

두 개의 영상을 어떤 지점에서 붙이는 작업은 마치 바느질과도 같다. 바느질이 잘못되면 한쪽 천이 구부러지거나 색이 맞지 않는데, 영상의 바느질도 마찬가지이다. 한 땀 한 땀 바느질하듯이 매우 섬세하게 프레임을 다루어야 해서인지 유명한 편집자 중에는 여성이 많으며, 초기 영화 시대에는 더욱 그러했다. 한편 패션쇼를 보면 기이할 정도로 천을 특이하게 연결한 경우가 있는데, 그런 옷은 아마도 예술적인 의도에서 그렇게 작업했을 것이다. 영상 편집도 마찬가지이다. 보통의 연결방식과 별개로 예술적인 연결방식도 있다.

일반적인 연결방식을 서사적 연속성(narrative continuity)의 편집이라고 한다. 촬영을 마치고 편집을 시작하면 필름이나 디지털 파일들이 많이 쌓이는데 이 파일들을 어떻게든 이어 붙여야 한다. 촬영한 순서대로 붙일 수는 없다. 나중에 보여줄 것을 먼저 촬영했을 수도 있기 때문이다. 그렇다고 사건 순서대로 붙이거나 촬영한 장소에 따라 영상을 붙일 수도 없다. 그렇게 하면 편집하기는 아주 쉽겠지만 편집된 영상을 보는 관객은 내용을 제대로 이해하지 못할 것이다. 따라서 시간이나 공간이 연속적으로 이어지도록 편집하는 것이 아니라 그 영상을 보는 사람이 내용을 잘 이해하도록 편집해야 하는데, 이것을 서사적 연속성의 편집이라고 한다. 또 이러한 연속성을 위해 필요하다면 시간과 공간의 연속성을 무시하기도 한다. 즉, 편집을 통해 시간을 역행하기도 하고 시간을 뛰어넘기도 하며, 공간을 마음껏 벗어나기도 하고 한번 왔던 곳으로 되돌아오기도 한다.

2) 멜리에스의 마술 편집

그러나 편집이 서사적 연속성의 원칙대로만 이루어지는 것은 아니다. 최초의 영상편집자인 조르주 멜리에스(Georges Méliès)는 사실 다른 목적을 위해 편집을 이용했다. 멜리에스는 뤼미에르 형제가 발명한 시네마토그래프 장치를 구입해 나름대로 영화를 만들었는데, 편집을 활용했다는 점에서 뤼미에르와 달랐다. 1902년 〈달나라 여행(Le Voyage dans la lune)〉은 쥘 베른의 소설을 영화화한 작품으로, 멜리에스는 소설을 개작하기 위해 여러 장소에서 벌어진 사건들을 촬영하고 그 촬영분을 편집했다(〈그림 13-1〉). 영화는 지구와 달에서 벌어진 사건들을 연달아 보여주는데 이를 위해 촬영된 필름들을 적당한 지점에서 서로 연결시켜야 했다. 그런데 멜리에스가 이야기를 풀어내기 위해서만 편집을 활용한 것은 아니었다.

1904년 작품 〈제멋대로인 수염(Le roi du maquillage)〉에서 멜리에스는 편집의 다른 효과를 잘 보여준다. 멜리에스가 직접 출연한 이 단편에서는 멜리에스가 칠판에 특이한 사람의 얼굴을 그리면 잠시 후 그 사람의 모습이 그림처럼 변한다(〈그림 13-2〉). 연극연출가이기도 했던 멜리에스는 장난과도 같은 이 작품에서 연극에서는 불가능한 특수효과를 편집기술로 구현했다. 영화 필름을 적당히 자르고 붙이고 또 촬영된 필름 위에 그림을 그려 넣는 방법으로 재밌는 얼굴로 바뀌는 모습을 관객에게 보여주었던 것이다. 그에게 편집은 마술같이 신기한 장면을 만들어내는 수단이기도 했다. 그러나 지금의 특수효과처럼 관객에게 그것이 사실이라고 믿게 만들려고 하지 않았다. 멜리에스는 관객을 속이려 했다기보다 영화의 매력을 보여주기 위해서 편집을 이용했다. 멜리에스는 딱딱했던 뤼미에르 영

그림 13-1 **멜리에스의 〈달나라 여행〉**

그림 13-2 **멜리에스의 〈제멋대로인 수염〉**

화를 예술적으로 또는 오락적으로 바꾸어놓았다. 진실이 아닌 거짓을 누군가에게 말할 때에는 상대를 속이기 위해서일 수도 있지만 속이려는 생각 없이 재미로 그럴 수도 있다. 멜리에스의 영상편집이 후자에 속한다면, 할리우드 영화의 편집은 대체로 전자에 속한다. 할리우드 영화가 환영주의(illusionism)적이라면 멜리에스의 영화는 매혹(attraction)적이라 할 수 있다.

3) 포터와 그리피스의 서사 편집

영화가 탄생한 직후부터 이미 서사적 연속성을 위한 다양한 편집기법이 시도되었다. 에드윈 포터(Edwin Porter)의 〈대열차 강도(The Great Train Robbery)〉(1903)와 〈미국인 소방수의 삶(Life of an American Fireman)〉(1903)을 살펴보자. 〈대열차 강도〉에서 강도가 기차역에 침입하는 사건이나 기관사를 제압하는 사건은 모두 다른 공간에서 발생하며, 또한 하나의 사건이 벌어지고 난 이후에 다른 사건이 발생한다. 관객은 두 사건이 편집으로 연결된 영상을 보면서 사건의 진행을 이해한다(〈그림 13-3〉, 〈그림 13-4〉). 하지만 모든 영화가 〈대열차 강도〉처럼 시간순서대로 진행되는 것은 아니다. 〈미국인 소방수의 삶〉에서는 3층짜리 건물 맨 위층에 사는 엄마와 아기가 소방수에 의해 구조된다. 그런데 연기가 가득한 방에서 엄마와 아기가 위기에 처한 상황과 소방수들이 방 안으로 접근해 들어가는 상황은 같은 시각에 발생한다(〈그림 13-5〉, 〈그림 13-6〉). 같은 시간 다른 공간에서 발생한 두 사건을 어떻게 편집해야 관객들이 상황을 제대로 이해할 수 있을까? 〈미국인 소방수의 삶〉에서 포터는 집 안에서 모녀가 구조되는 장면을 먼저 보여주고 그다음에 시간을 거슬러 올라가 구조할 때의 집 밖의 모습을 보여준다. 그리하여 일종의 시간적 오버랩(temporal overlap)이 발생한다. 관객은 같은 시각에 발생한 두 사건을 시간차를 두고 보게 된다. 이 역시 하나의 방법일 것이다. 하지만 이러한 편집 처리방식은 오늘날의 관객에게는 다소 어색하게 느껴진다.

초기 영화인 〈대열차강도〉나 〈미국인 소방수의 삶〉은 완벽한 서사영화의 형식을 지니고 있지 못했다. 서사를 세련되게 하는 편집방식이 아직 적용되지 않았기 때문이다. 그러나 더욱 미학적인 서사영화로 발전되기

그림 13-3 〈대열차 강도〉: 순차적 편집

그림 13-4 〈대열차 강도〉: 순차적 편집

그림 13-5 〈미국인 소방수의 삶〉: 시간적 오버랩

그림 13-6 〈미국인 소방수의 삶〉: 시간적 오버랩

까지는 그리 오래 걸리지 않았다. D. W. 그리피스(D. W. Griffith)가 1915
년에 제작한 〈국가의 탄생(The Birth of Nation)〉에서는 서사영화에 필요
했던 많은 기법이 성공적으로 적용되었다.

　〈국가의 탄생〉에서 사용된 기법에 대해 살펴보면, 첫째, 클로즈업이
다. 서사는 인물의 심리를 잘 표현해야 하는데, 영상으로는 사람의 심리
를 상세히 설명할 수 없다. 그래서 그리피스가 사용한 기법이 클로즈업이
다. 클로즈업으로 인물의 표정을 자세히 카메라에 담을 수 있었다. 클로

그림 13-7 〈국가의 탄생〉: 클로즈업   그림 13-8 〈국가의 탄생〉: 크로스 컷

즈업이 삽입되면 관객은 한 인물을 보여주는 다양한 스케일의 영상을 번 갈아 보게 되는데, 이를 통해 사건의 경위뿐만 아니라 인물의 심리도 잘 이해할 수 있게 된다(〈그림 13-7〉).

둘째, 그리피스는 동일한 시간에 서로 다른 공간에서 벌어지는 사건을 교차해서 편집했다. 이를 크로스 컷(cross cut)이라 한다. 크로스 컷을 사 용하면 관객들이 현재 벌어지는 사건이 어느 공간에서 이루어지고 있는 것인지 혼란스러워할 것 같지만, 오히려 이것은 이야기의 인과관계를 파 악하는 데 큰 도움이 되었다. 〈미국인 소방수의 삶〉에서 보았던 시간적 오버랩의 문제가 해결되었던 것이다. 〈국가의 탄생〉 마지막 부분에서는 어느 집을 포위하고 공격하는 흑인들과 포위된 사람들을 구출하러 말을 타고 이동하는 백인들이 번갈아 등장한다. 그리하여 서사의 갈등이 누구 와 누구 사이에서 벌어지고 있는지 정확히 파악할 수 있게 된다. 아울러 크로스 컷은 이야기에 극적 긴장감(tension)을 부여하는 데에도 효과적이 었다(〈그림 13-8〉).

할리우드 영화는 편집기법을 발전시키면서 보다 세밀하고 복잡한 내용을 담은 서사영화로 발전할 수 있었다. 그리피스가 숏의 크기를 변화시킨 점, 두 장소에서 일어나는 사건을 교차해서 편집한 점 등은 이러한 기법의 좋은 사례이다. 그리피스의 기법은 이후 많은 할리우드 영화에서 응용되었다. 이러한 기법을 전체적으로 분석적 편집(analytical editing)이라고 한다. 분석적 편집이란 구체적인 편집기법을 지칭하기보다 관객에게 상황을 심도 있게 이해시키거나 어떤 심리적 효과를 유발하는 편집을 말한다. 즉, 분석적 편집은 서사적 연속성을 실현하는 것을 목표로 하는 편집기법 개념이다. 앞에서 언급한 크로스 컷도 분석적 편집에 속한다. 서로 다른 공간에서 발생한 사건을 번갈아 보여주면 시간의 연속성은 흐트러지지만 사건을 더욱 세밀하게 관찰할 수 있기 때문이다.

다음에서는 다양한 편집기법에 대해 살펴볼 것이다. 먼저 여기서 소개하는 기법 외에도 흥미로운 기법이 많다는 점을 미리 밝혀둔다. 영상 콘텐츠가 대개 서사와 관련되었듯이, 편집기법 중에서도 서사와 관련된 것이 상대적으로 많다. 하지만 편집기법은 서사가 아닌 다른 목적을 위해 활용되기도 한다.[1] 여기서 다룰 세 가지 편집기법은 일치(match)의 편집, 전환(transition)의 편집, 묘사(description)의 편집이다.

2. 일치의 편집

편집기법 중 우선 일치에 대해 살펴보자. 편집으로 연결되는 영상은 시

---

1   제8장 '예술영화의 도전', 특히 소비에트의 몽타주와 프랑스의 누벨바그 참조.

공간의 차이 또는 시점의 차이로 인해 서로 이질적인 형태를 띨 수 있다. 그러나 일치의 기법을 적용함으로써 수용자들은 이러한 연결을 자연스럽게 받아들일 수 있고 그 의미를 파악할 수도 있다. 여기서는 편집에서 일치시키는 네 가지 방식에 대해 다룰 것이다. 그리고 이러한 방식은 모두 스탠리 큐브릭 감독의 영화 〈2001: 스페이스 오디세이(2001: Space Odyssey)〉(1968)에서 그 사례를 찾아볼 것이다.

1) 행위의 일치

숏이 바뀌어도 인물의 행위가 자연스럽게 연결되도록 편집하는 방식을 '행위의 일치(match on action 또는 action match)'라고 한다. 특정 인물을 분석적으로 살펴보기 위해서는 다른 각도에서 촬영한 여러 영상을 편집을 통해 연결해야 한다. 영상이 바뀌어도 인물의 행위가 이어지도록 편집하면 수용자가 시각적 부담 없이 인물에 집중할 수 있다. 또 이를 통해 영상의 의미도 정확히 전달할 수 있다. 이처럼 서로 다른 두 영상을 한 인물의 연속적 행위를 통해 이어지도록 연결하는 편집기법을 행위의 일치라고 한다.

〈2001: 스페이스 오디세이〉의 한 장면에서는 침대에 누워 있는 노인의 모습(〈그림 13-9〉)에서 컷이 되고 다음 숏으로 넘어간다(〈그림 13-10〉). 그 다음 영상의 숏 스케일과 앵글이 앞의 영상과 다르지만, 손을 들어 물체를 가리키는 동작은 자연스럽게 연속된다. 이렇게 동작을 일치시키면 편집된 두 영상은 이질감이 있더라도 자연스럽게 연결되어 보인다. 손을 드는 노인의 동작이 두 영상에서 일치되어 있기 때문이다.

그림 13-9 〈2001: 스페이스 오디세이〉: 행위의 일치

그림 13-10 〈2001: 스페이스 오디세이〉: 행위의 일치

2) 조형적 일치

조형적 일치(graphic match)란 말 그대로 연결되는 지점에서 편집된 두 영상의 조형성을 일치시키는 방법을 말한다. 서사를 위해 시간과 공간이 바뀔 때 컷이 발생하는 부분에서 유사한 형태의 두 영상을 연결하는 것을 조형적 일치라고 한다. 유사한 형태의 두 영상을 연결하면 관객은 시공간의 격차에도 불구하고 시각적인 불편함 없이 그 변화를 자연스럽게 이해할 수 있다.

〈그림 13-11〉과 〈그림 13-12〉는 조형적 일치를 설명할 때 가장 많이 언급되는 사례이다. 〈2001: 스페이스 오디세이〉에서는 인류의 조상으로 보이는 어떤 영장류의 무리가 짐승의 뼈를 무기로 다른 무리를 제압하고 그 뼈를 하늘 높이 던지는 장면이 연출된다. 카메라는 그 뼈를 클로즈업해 보여주는데 다음 숏에서 우주선이 아래로 내려오는 모습이 보인다. 먼 과거에서 알 수 없는 미래로 시간이 급격하게 도약하는 장면이다. 오랜 시간의 간극을 표현하기 위해 (도구라는 점에서는 공통적인) 짐승의 뼈와 우주선

그림 13-11 〈2001: 스페이스 오디세이〉: 조형적 일치   그림 13-12 〈2001: 스페이스 오디세이〉: 조형적 일치

의 형태가 일치되는 지점에서 편집이 이루어졌다.

3) 180도 규칙, 30도 규칙

다음에서 살펴볼 역전 일치를 이해하기 위해서는 우선 촬영의 180도 규칙(180 degree rule)에 대해 알아야 한다. 〈그림 13-13〉을 보면 대화하는 두 사람이 있고 이들을 촬영하는 여러 대의 카메라가 있다. 그런데 하나의 카메라로 촬영하면 왼편에 있는 사람은 영상의 왼쪽에 위치하게 되고, 오른편에 있는 사람은 영상의 오른쪽에 위치하게 된다. 180도 범위 내에서는 어느 곳에서 촬영해도 마찬가지이다. 하지만 180도를 넘어서서 반대편에서 촬영하면 영상에서 두 사람의 위치가 바뀐다. 따라서 180도 범위에서 촬영된 영상과 180도 범위를 넘어서 촬영된 영상을 편집으로 연결하면 영상을 보는 사람은 하나의 숏에서 왼쪽에 위치했던 사람이 다음 숏에서 오른쪽으로 자리를 바꾼 것처럼 보인다. 이러한 혼동을 막기 위해 여러 숏을 촬영해서 편집하더라도 180도 범위 안에서만 카메라 위치를 바꾸어야 하는데 이것을 180도 규칙이라고 한다.

30도 규칙(30 degree rule)이라는 것도 있다. 180도 범위에서 촬영된 영

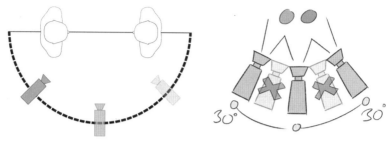

그림 13-13 **180도 규칙**   그림 13-14 **30도 규칙**

상을 편집할 때 하나의 영상은 다른 영상으로부터 30도 범위 밖에서 촬영
된 영상과 연결되어야 한다. 30도 이내의 영상으로 편집하면 이동의 폭이
너무 좁아서 오히려 부자연스럽게 느껴진다. 그래서 30도 범위 내에서 촬
영된 영상들은 서로 편집하지 않아야 연속성이 유지되는데 이것을 30도
규칙이라고 한다.

이처럼 연결된 두 영상이 연속성을 유지하기 위해서는 적절한 위치에
서 촬영을 해야 한다.

4) 역전 일치

180도 규칙이 예외적으로 위반되더라도 편집된 숏 사이를 연결하는 데
서 일치가 나타날 수 있다. 〈그림 13-15〉와 〈그림 13-16〉이 그러한 예이
다. 〈2001: 스페이스 오디세이〉에서는 우주 정거장에서 사람들이 대화
하는 장면이 나오는데, 〈그림 13-15〉 다음에 편집된 영상 〈그림 13-16〉
은 180도 범위를 벗어나 거의 정확히 반대편에서 촬영되었다. 규칙에 어

그림 13-15 〈2001: 스페이스 오디세이〉: 역전 일치   그림 13-16 〈2001: 스페이스 오디세이〉: 역전 일치

굿나지만, 오히려 이 경우에는 두 영상 사이의 관계를 쉽게 식별할 수 있다. 그래서 관객에게 자연스럽게 느껴지며 연속성이 유지될 수 있다. 이처럼 반내편에서 촬영된 영상을 편집해서 일치시키는 경우를 역진 일치(reverse match)라고 한다.

5) 시선의 일치

시선의 일치(eyeline match)란 하나의 영상에 등장한 인물이 눈으로 보는 그대로를 다음 영상에서 관객이 보도록 편집한 결과를 말한다. 그러면 영상의 형태가 이질적이더라도 또는 180도 규칙이 위반되었더라도 일치가 이루어진다. 두 이질적인 영상을 연결해 주는 요인은 보는 주체와 그가 보는 대상 사이의 관계이며, 그러한 관계에서 영상을 보는 사람은 자연스럽게 두 영상의 관련성을 이해하게 된다. 〈그림 13-17〉에서 주인공은 긴 우주여행 끝에 낯선 곳에 당도한다. 그다음 숏인 〈그림 13-18〉은 그가 본 광경이다. 시선의 일치로 영상이 편집되어 낯선 장소에 도착한 우주여행자의 혼란스러운 마음이 효과적으로 표현될 수 있다.

그림 13-17 〈2001: 스페이스 오디세이〉: 시선의 일치   그림 13-18 〈2001: 스페이스 오디세이〉: 시선의 일치

3. 전환의 편집

1) 조형적 일치와 사운드 오버랩

어떤 사건의 맥락을 서술하기 위해서는 여러 장소와 시간을 표현해야 한다. 하지만 글이 아닌 영상으로 장소와 시간을 표현하려면 많은 작업이 수반되어야 한다. 여러 장소에서 촬영해야 하고 영화의 배경이 겨울이라면 지금이 여름이라 하더라도 겨울인 것처럼 찍어야 한다. 그런 일들이 번거롭다면 아예 처음부터 하나의 사건과 하나의 공간에서 벌어진 단 하나의 사건으로 이루어진 서사를 구성하면 어떨까? 그러면 번거로운 로케이션을 신경 쓸 필요가 없을 것이다.

아리스토텔레스가 말한 연극의 3일치 법칙(Aristotelian unities)은 이러한 문제와 연관되어 있다. 연극도 영화와 마찬가지로 서사로 이루어져 있지만, 연극무대는 장소가 한 곳으로 정해져 있기 때문에 여러 시간과 공간을 표현하려면 막과 장이 바뀔 때마다 무대장치를 바꾸어야 한다. 따라서 연극으로 표현하기에 좋은 소재가 있고 그렇지 않은 소재가 있다. 하나의 시간, 하나의 공간, 하나의 사건으로 이루어진 소재는 무대를 많이 바꾸지 않아도 되기 때문에 연극으로 구현하기가 편하다. 그것이 아리스토텔레스가 말한 3일치 법칙, 즉 '시간의 일치, 공간의 일치, 행위의 일치'가 지닌 의미들 가운데 하나이다.

영화는 소설처럼 한 줄의 글로 시공간을 넘나들 수는 없지만, 연극보다는 시공간 변화를 표현하기가 훨씬 용이하다. 영화에는 연극에 없는 편집 기능이 있기 때문이다. 따라서 영화는 연극보다 소설에 가깝다. 필름을 자르고 붙여서 편집을 할 수 있는 영화는 소설처럼 시간과 공간의 제약으로부터 자유롭다. 제작기간이 짧은 텔레비전 드라마는 시공간을 전환하는 것이 영화만큼 쉽지 않아서 연극에 조금 더 가깝다고 할 수 있다. 그래서 드라마를 보면 연극을 보는 것 같은 느낌이 든다.

그런데 영상을 단순하게 편집하면 시각적으로 부담을 줄 수 있고 배경의 전환이 잘 이해되지 않을 수도 있다. 이러한 부작용을 막으려면 여러 가지 편집작업이 필요하다. 시공간이 전환되는 장면은 거의 모든 영상서사에 있지만, 여기서는 스필버그 감독의 〈라이언 일병 구하기(Saving Private Ryan)〉(1998)의 한 장면을 생각해 보자.

한 집안의 삼형제가 제2차 세계대전에 참전했는데, 첫째와 둘째가 전사하자 막내인 라이언 일병의 목숨을 구하기 위해 밀러 대위가 전선에 투입된다. 그는 힘겹게 라이언 일병을 구하지만 끝내 자신은 전사한다. 영화는 밀러 대위의 희생으로 전쟁에서 살아남은 라이언 일병이 노인이 되어 가족과 함께 밀러 대위가 잠들어 있는 노르망디 군인묘지에서 참배하는 장면으로 시작된다. 이후에 영화는 시간을 거슬러 올라가 참혹한 노르망디 전투 장면으로 전환된다. 영화 전체의 사건 전개를 볼 때 평화로운

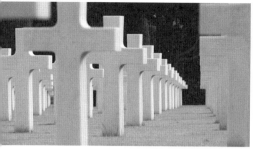

1림 13-19 〈라이언 일병 구하기〉: 전환의 편집　　　　　　그림 13-20 〈라이언 일병 구하기〉: 전환의 편집

가족에서 전쟁으로 전환되는 이 장면은 매우 중요하다. 스필버그는 이 장면전환을 어떻게 표현했을까?

　이 장면에서는 플래시백을 위해 여러 가지 기법을 응축했는데, 장면전환 이전에는 흰색 십자 모양의 묘비가 중심인 반면(〈그림 13-19〉), 장면전환 이후에는 전투가 벌어졌던 곳의 검은색 바리케이드가 중심이다(〈그림 13-20〉). 장면전환 이전과 이후의 영상은 유사한 면이 있으면서 대조적인 면도 있다. 넓은 배경에 십자 모양의 물건이 펼쳐져 있는 것은 공통적이지만, 흰색과 검은색, 가지런히 배치된 묘비와 흩어져 기울어진 바리케이드 형태는 서로 다르다. 이것은 조형적 일치와 동시에 조형성의 대조를 보여준다. 또한 노르망디 상륙작전이 벌어지던 당시로 전환되는 장면에서는 첫 영상에 'JUNE 6,1944'라는 자막을 삽입했다(〈그림 13-20〉).

　사운드도 그러한 분기점을 매우 섬세하게 표현했음을 알 수 있다. 묘지를 넓게 보여주는 영상은 주인공의 주관적인 심리에 초점을 맞추는데, 그럴수록 음악은 과거를 회상하는 주인공의 격앙된 마음을 표현한다. 음악뿐만 아니라 음향도 큰 역할을 한다. 오마하 해변의 거친 파도 소리는 장면전환이 이루어지기 전에 이미 관객에게 들리도록 편집되어 있다. 이처럼 장면전환 이후의 음향이 전환 이전의 영상에서 미리 들리도록 편집하는 방식을 사운드 오버랩(sound overlap)이라고 한다. 사운드 오버랩은 장면전환으로 서사적 사건이 전개될 때 인물의 심리를 표현하고 그 맥락을 관객에게 이해시키는 효과적인 표현방식이다.

이처럼 〈라이언 일병 구하기〉의 장면전환에서는 서사에 필요한 시공간 도약을 위해 자막 삽입, 조형적 일치(또는 대조), 음악 활용, 사운드 오버랩 등 다양한 기법을 활용했다.

참고로 사운드 오버랩에는 두 가지 유형이 있다. 앞에서 언급한 사례처럼 영상이 채 끝나기 전에 다음 영상의 사운드가 미리 들리도록 편집하는 경우가 있고, 반대로 영상이 끝나도 사운드가 계속해서 들리도록 편집하는 경우도 있다. 이 두 경우를 각각 제이 컷(J-Cut)와 엘 컷(L-Cut)이라고 한다. 제이 컷은 편집 트랙에서 아래쪽의 사운드 트랙이 더 앞으로 나와 있어서 그 형태가 알파벳의 제이처럼 보이기 때문에 제이 컷이라 칭하고, 엘 컷은 그 반대의 경우라서 엘 컷이라 칭한다.

2) 크로스 컷

영상은 여러 사건을 시간이 흘러가는 순서대로 또는 공간이 이동하는 순서대로 보여줄 수도 있지만, 간혹 이미 한번 언급되었던 시점이나 지점으로 되돌아갈 수도 있다. 그렇게 왔다 갔다 하면 더 재미있거나 의미 있는 표현을 구현할 수 있다. 〈그림 13-21〉에서 보는 것처럼 A, B, C 장면을 촬영한 세 개의 필름이 있다면, 각 장면의 조각을 엇갈리게 편집함으로써 관객으로 하여금 개별 장면을 조금씩 엇갈리게 보도록 할 수 있다. 이것을 크로스 컷 또는 평행 편집(parallel montage)이라고 한다. 이 두 용어를 뭉

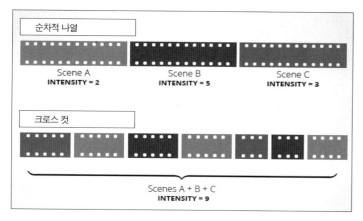

그림 13-21 **크로스 컷**

뚱그려서 같은 말로 쓰기도 하고 미세하게 구분하기도 하는데, 대체로 같은 시간에 다른 공간에서 발생한 사건이 교차하는 것을 크로스 컷이라고 한다.

앞에서는 〈국가의 탄생〉의 크로스 컷을 언급했는데, 이제 〈양들의 침묵〉(1991)의 흥미로운 크로스 컷을 살펴보자.

버팔로 빌이라는 연쇄살인범을 쫓는 FBI는 천신만고 끝에 범인의 소재를 파악하고 빌을 검거하려 한다. 렉터 박사의 도움으로 FBI 수습요원 클래리스도 나름대로 범인을 쫓는다. 대규모 병력과 함께 버팔로 빌을 추격했던 크로퍼드 국장이 그의 집을 포위하고 있다(〈그림 13-23〉). 국장의 지시에 따라 벨을 누르자(〈그림 13-24〉), 집 안에 벨소리가 울려 퍼진다(〈그림 13-25〉). 범인은 곧 잡힐 것이다. 하지만 크로퍼드가 집 안에 들어갔을 때에는 그곳에 아무도 없었고 크로퍼드는 클래리스가 추적한 자가 범인이었다는 사실을 깨닫는다. 벨소리에 빌이 문을 열어주고 빌은 클래리스와 대면하게 된다(〈그림 13-26〉). 영화에서 집 안에 울려 퍼진 벨소리는 클

그림 13-22 〈양들의 침묵〉: 크로스 컷

그림 13-23 〈양들의 침묵〉: 크로스 컷

그림 13-24 〈양들의 침묵〉: 크로스 컷

그림 13-25 〈양들의 침묵〉: 크로스 컷

그림 13-26 〈양들의 침묵〉: 크로스 컷

래리스가 누른 벨 때문이었음이 밝혀진다.

이 장면은 비슷한 시간에 다른 공간에서 발생한 두 가지 사건으로 구성되어 있으며 관객은 두 사건 일부분을 번갈아 가면서 보게 된다. 이렇게 편집된 크로스 컷은 사건의 경위를 소상히 이해시켜 주며 긴장감도 유발한다. 그런데 이 영화의 크로스 컷은 보통의 경우보다 더 흥미롭다. 작은 반전이 있기 때문이다. 할리우드 영화에 익숙한 관객이라면 영화가 결말을 향해가고 있는 지금, 크로퍼드의 FBI 병력이 범인을 곧 체포할 것이라고 추측할 것이다. 그러나 벨을 누른 사람이 클래리스였다는 사실을 곧 깨닫게 된다. 여기서 크로스 컷은 반전의 놀라움을 준비하는 과정으로 기능한다. 이 영화는 반전을 통해 크로스 컷의 관습적인 활용과 관객의 타성을 비틀었다고 볼 수 있다.[2]

3) 디졸브

디졸브(dissolve)는 편집된 두 영상이 서로 중첩되도록 처리하는 방법을 말한다. 이 기법은 시공간의 이동을 암시하기에 효과적이다. 〈그림 13-27〉은 〈노팅 힐(Notting Hill)〉(1999)의 한 장면이다. 이 영화에는 할리우드의 스타 여배우와 서점을 운영하는 평범한 영국 남자가 주인공으로 등장하는데 두 연인은 우여곡절 끝에 서로의 사랑을 확인하게 된다. 그들은 마침내 결혼에 이르는데, 서로의 사랑을 확인하는 장면에서 결혼식 장면으로 시간과 공간이 이동하는 부분이 디졸브로 처리된다. 여기서 디졸브는 시공간의 이동을 암시하는 효과와 더불어 꿈같이 행복한 미래를 암시하는 효과도 야기한다.

〈그림 13-28〉은 〈지옥의 묵시록(Apocalypse Now)〉(1998)의 한 장면이다. 오프닝에서는 주인공의 얼굴과 전쟁의 참상이 겹쳐져 묘사된다. 디졸

---

2   제16장 제4절 '서사구조와 〈아가씨〉의 욕망' 참조.

그림 13-27 〈노팅 힐〉: 디졸브

그림 13-28 〈지옥의 묵시록〉: 디졸브

브는 다른 시간과 공간에서 발생한 사건을 자연스럽게 연결시키는 역할을 하지만, 여기에서는 한 인물의 심리상태를 묘사하는 것처럼 표현되어 있어서 색다른 분위기가 연출된다. 이처럼 디졸브는 인물의 심리, 기억, 회상, 꿈과 같은 다소 비현실적인 장면과 연결될 때에도 자주 사용된다.

4) 와이프

와이프(wipe)는 장면이 전환될 때 기존의 영상이 한쪽에서 서서히 사라

그림 13-29 〈스타워즈〉: 와이프

그림 13-30 **마돈나의「디스 유스 투 비 마이 플레이그라운드」**
뮤직비디오: 와이프

지면서 그다음 영상이 점차 나타나도록 편집하는 방식을 말한다. 〈그림 13-29〉는 와이프 기법이 자주 사용되었던 〈스타워즈(Star Wars)〉(1977)의 한 장면이다. 시간 전환과 함께 공간의 전환도 자주 일어나는 〈스타워즈〉에서는 와이프를 적절하게 활용했다. 와이프는 SF장르에 걸맞은 동화적인 분위기를 연출하는 효과도 가지고 있다.

〈그림 13-30〉은 마돈나(Madonna)가 부른「디스 유스 투 비 마이 플레이그라운드(This used to be my playground)」의 뮤직비디오이다. 이 곡은 영화 〈그들만의 리그(League of Their Own)〉(1992)의 OST인데 마돈나도 영화에 직접 출연했다. 영화는 제2차 세계대전 당시 야구리그가 운영되지 못하자 여자 야구팀이 만들어진 이야기를 다루고 있다. 마돈나의 뮤직비디오는 사진첩을 한 장씩 넘기면서 야구단에 있었던 일을 회상하는 형식으로 되어 있다. 이 역시 특수한 형태의 와이프이다. 사진첩을 넘기면서 영상이 차례로 나타났다 사라진다. 가끔 사진첩을 볼 때면 과거를 회상하면서 감상에 빠지게 되는데 이러한 효과를 위해 와이프가 사용되었다.

그림 13-31 〈크리스마스 스토리〉: 아이리스 인/아웃

5) 페이드 인/아웃, 아이리스 인/아웃

페이드 인/아웃(fade in/out)은 시간과 공간이 전환될 때 화면이 점차로 밝아지거나 또는 어두워지도록 처리하는 방식이다. 특히 〈크리스마스 스토리(A Christmas Story)〉(1992)의 한 장면에서는 특정한 부분을 동그랗게 처리하고 그 모양이 점점 커지거나 작아지도록 하여 페이드 효과를 만드는 방식도 있는데, 이것은 아이리스 인/아웃(iris in/out)이라고 한다(〈그림 13-31〉). 아이리스 인/아웃을 활용하면 보통의 페이드 인/아웃보다 관객이 더 명확하게 전환을 인식할 수 있다. 아울러 플래시백이나 플래시포워드와 같이 연결되는 두 장면의 시공간 격차가 매우 클 때 또는 과거를 회상할 때에도 아이리스 인/아웃이 사용된다.

4. 묘사의 편집

1) 슬로 모션

편집은 서사가 아닌 묘사에서도 중요한 기능을 한다. 서사는 사건의 전후관계를 알려주지만, 묘사는 특정한 대상이나 인물을 상세하게 보여준다. 또는 어떤 장면을 강조하거나 수사적으로 표현하기도 한다. 묘사편집을 위해 여러 가지 기법이 활용되지만 여기서는 몇 가지만 살펴보자. 슬로 모션(slow motion)은 실제보다 느린 속도로 재생된 영상을 말한다. 촬영한 것을 천천히 재생할 수도 있고, 고속촬영을 하고 이 영상을 보통의 속도로 재생해 슬로 모션 효과를 줄 수도 있다. 어떤 방법을 사용하더라도 프레임을 조절하는 편집작업이 필요하다. 〈그림 13-32〉는 〈페이스 오프(Face/Off)〉(1997)의 교회 액션장면이다. 영화는 서로 얼굴이 바뀐 범죄자와 FBI 요원 사이에서 벌어지는 대결을 다루는데, 이 장면에서는 드디어 대면한 두 인물의 액션이 절정을 이룬다. 실제 시간보다 느리게 슬로 모션으로 처리된 영상은 관객에게 더욱 큰 긴장감을 전해준다. 또한 슬로 모션은 특정한 장면을 강조할 때도 사용되는데, 이러한 효과를 위해 활용된 가장 유명한 슬로 모션 영상은 〈매트릭스(The Matrix)〉(1999)의 한 장면이다 (〈그림 13-33〉).

2) 정지화면

정지화면(freeze frame)은 말 그대로 여러 프레임 가운데 하나를 정지시켜서 그 프레임을 계속해서 보여주는 기법이다. 〈박하사탕〉의 마지막 정

그림 13-32 〈페이스 오프〉: 슬로 모션

그림 13-33 〈매트릭스〉: 슬로 모션

지화면은 잘 알려져 있다(〈그림 13-34〉). 정지화면은 이처럼 인물의 감정이 고조된 중요한 순간을 묘사하거나 하나의 영상에 주의를 환기시키는 목적으로 사용된다. 그러면 그 인물의 내면적 심리상태에 집중할 수 있게 된다. 또는 결말을 의도적으로 결정하지 않은 상태에서 관객에게 궁금증을 불러일으키면서 이야기를 끝낼 때에도 정지화면이 사용된다.[3]

　　정지화면을 패러디해서 코미디 효과를 불러일으킨 흥미로운 사례도 있다. 〈그림 13-35〉는 1982년에 ABC 방송국에서 전파를 탄 코미디 시리즈

3　　제15장 제2절 '영상서사의 구조' 참조.

그림 13-34 〈**박하사탕**〉: 정지화면

그림 13-35 〈**형사기동대**〉의 엔딩

〈형사기동대(Police Squad!)〉의 한 장면이다. 이 시리즈는 항상 마지막 장면에 정지화면 패러디로 끝을 맺었다. 〈형사기동대〉는 범죄영화나 추리영화를 패러디한 드라마인데 이 드라마의 마지막 장면에서는 정지화면 클리셰(cliché)를 패러디했다. 정지화면인 것처럼 배우들이 동작을 멈추지만 사실 정지화면이 아니며 이 때문에 머그잔에 따르던 커피가 넘쳐흐르는 식이다.

3) 컷 인, 컷 어웨이, 컷 백

컷 인, 컷 어웨이, 컷 백은 묘사뿐만 아니라 전환의 용도로도 자주 활용되는 편집기법이다. 컷 인(cut in)과 컷 어웨이(cut away)는 서로 상반되는 편집방식이다. 앞의 영상에서 보여준 무언가를 반복해서 보여주는 것 또는 앞의 영상의 일부분을 보여주는 것을 컷 인이라고 한다. 예를 들어 미디엄 숏 정도의 숏 스케일로 특정 인물을 촬영하면 배경에 여러 가지가 나타날 수 있는데, 그다음 숏에서 앞의 숏 배경에 있던 소품 하나를 클로즈 업으로 보여주는 것이 컷 인이다. 컷 인으로 특정한 의미가 강조되거나 다른 방향으로 이야기가 진개될 수 있다.

반대로 컷 어웨이는 앞의 영상에서는 없었던 것이 다음 영상에 나타나도록 편집한 것을 말한다. 컷 인과 반대되는 개념이며 급격한 의미의 전개를 표현할 때 또는 특정 인물이 상상하는 것을 표현할 때 활용된다. 컷 어웨이로 편집된 영상은 서로 일치하지 않을 수 있다. 형태가 다른 두 영상이 편집될 수도 있기 때문이다. 그럴 경우 컷 어웨이 이후에 앞의 영상으로 되돌아오면 연속성이 유지될 수 있는데, 이렇게 컷 어웨이 이후에 또다시 앞의 영상을 연결해서 이전으로 돌아가는 것처럼 보이게 하는 방식을 컷 백(cut back)이라고 한다.

앞에서 언급한 〈양들의 침묵〉의 크로스 컷 장면에서도 컷 인과 컷 어웨이 편집방식을 확인할 수 있다. 〈그림 13-22〉는 집 전체를 보여주고 그다음에 〈그림 13-23〉에서는 그 집의 옆면을 보여주는데 이러한 방식이 컷 인 편집이다. 그러나 〈그림 13-25〉는 컷 어웨이이다. 앞의 영상들에서는 없었던 다른 소품을 보여주기 때문이다. 컷 인과 컷 어웨이를 통해 FBI가 범인이 살고 있는 집에 침투하는 상황이 자세히 묘사된다. 컷 인과 컷 어

웨이에 의해 집의 안과 밖, FBI와 범인, 질서와 위험 같은 의미가 대조적
으로 표현되었다.

4) 숏/리버스 숏, 오버 더 숄더 숏

서사적 연속성을 위해 대화 장면이 보통 어떻게 편집되는지 살펴보면
숏/리버스 숏(shot/reverse shot), 오버 더 숄더 숏(over the shoulder shot)
의 의미를 이해할 수 있다. 대화하는 두 사람을 촬영하는 두 대의 카메라
가 180도 규칙을 지키면서 각기 한 사람을 겨냥해 촬영하는 것을 각각 숏
과 리버스 숏, 우리말로는 정사와 역사라고 한다. 대체로 말을 하는 사람
을 보여주다가 다른 한 사람이 말을 하면 그쪽으로 숏이 리버스되어 옮겨
간다. 이런 방식이 반복되면 일종의 작은 크로스 컷이 된다. 말을 듣는 사
람의 반응이 중요한 경우에는 듣는 사람의 모습도 함께 보여줄 수도 있다.
이러한 경우를 반응 숏(reaction shot)이라고 한다.

〈노팅 힐〉에서 애나는 윌리엄에게 재회할 것을 제안하는데 두 인물의
대화 장면은 숏/리버스 숏과 오버 더 숄더 숏으로 처리되었다. 윌리엄의
거절에도 불구하고 두 사람의 관계는 끝날 것 같지 않고 오히려 서로의 사
랑을 확인하는 듯한 느낌을 주는데, 이것은 〈그림 13-36〉과 같은 숏보다
〈그림 13-37〉과 같은 오버 더 숄더 숏이 이 대화 장면에서 훨씬 더 많이
사용되었기 때문이다. 대화하는 두 인물을 함께 화면에 넣으면 친밀감이
암시된다. 앞에서 보았던 〈굿 윌 헌팅〉의 사제 간 대화 장면에서도 숏/리
버스 숏으로 진행되다가 두 사람의 소통이 이루어질 때는 오버 더 숄더 숏
이 사용되었다.

그림 13-36 〈노팅 힐〉: 숏/리버스 숏 가운데 하나의 숏 그림 13-37 〈노팅 힐〉: 오버 더 숄더 숏

5) 롱 테이크

롱 테이크(long take)는 컷 없이 오랜 시간 동안 숏이 지속되는 방식을 말한다. 액션이나 뮤지컬 장면과 같은 특별한 볼거리를 제공할 때 자주 사용된다. 예를 들어 〈그림 13-38〉은 스파이스 걸스(Spice Girls)의 데뷔곡인 「워너비(Wannabe)」의 뮤직비디오 영상이다. 영상은 공간을 옮겨 다니는 역동적인 멤버의 움직임을 보여주는데 이것을 하나의 숏으로 처리했다. 촬영할 때 스파이스 걸스는 고생했겠지만 편집자는 별로 할 일이 없었을 것이다. 그 결과 마치 콘서트를 보는 것과 같은 생생한 느낌이 전달된다.

〈그림 13-39〉는 히치콕의 〈로프(Rope)〉(1948)의 한 장면이다. 히치콕은 보통 편집을 통해 이야기를 풀어가거나 서스펜스를 일으키는데, 이 영화에서는 이례적으로 롱 테이크를 사용했다. 많은 대화 장면이 숏/리버스 숏 방식으로 처리되지 않고 컷 없이 계속된다. 영화에서 두 남자는 살인을 저지르고 시체를 상자 안에 넣어둔다. 그 상자 주변에서 파티에 초대된 사람들이 모여들어 대화하는데, 그 장면을 롱 테이크로 처리했다. 이 장면은 숏/리버스 숏을 활용하는 보통의 대화 장면의 편집과 매우 다르며, 이

그림 13-38 **스파이스 걸스의 「워너비」 뮤직비디오**

그림 13-39 **〈로프〉: 롱 테이크**

장면이 전달하려는 의미도 스파이스 걸스의 롱 테이크와 다르다. 영화는 인물들의 연기와 대화를 끊김 없이 보여줌으로써 관객에게 실제상황을 경험하는 것 같은 긴장감을 느끼게 만든다. 상자 안에 시체가 있다는 것을 알고 있는 관객들은 계속해서 서스펜스를 느낀다. 앞에서 살펴본 바와 같이, 컷 없는 롱 테이크는 예술영화에서도 자주 사용된다.[4]

4　제8장 제2절 '현대 예술영화' 참조.

제5부

영상구조와 영상 읽기

제14장

사실주의와 반영의 영상

1. 영상을 이해하는 세 가지 관점: 사실주의, 구조주의, 후기구조주의

1) 영상의 체계적 이해

현상을 파악하는 방법에는 두 가지가 있다. 첫째, 현상의 역사적인 변화를 추적하는 것이고, 둘째, 역사적으로 변화하지 않는 원리를 설명하는 것이다. 이것을 각각 역사적(historic) 접근과 체계적(systematic) 접근이라고 한다. 어떤 사람들은 시간이 지나면 현상도 변한다고 여겨 이러한 변화를 관찰하려고 하지만, 또 다른 사람들은 변하지 않는 것을 찾아내려고 한다. 학자마다 신념이 다르고 또 사례에 따라 적당한 접근방식이 다르기 때문에 어떤 것이 항상 옳다고 할 수는 없다. 이 책은 이처럼 두 가지 접근방식을 기반으로 역사적 접근에 해당하는 제2부와 제3부에서는 영상 미디어의 역사를, 체계적 접근에 해당하는 제4부와 제5부에서는 영상 미디어

제14장 사실주의와 반영의 영상 **287**

의 원리를 다루었다.

미학이나 언어학, 문학 등 여러 학문분야에서는 오래전부터 예술이나 언어의 체계적인 원리를 파악하고자 시도해 왔다. 따라서 영상을 이해하기 위해서는 우선 이러한 학문들로부터 많은 도움을 받아야 했다. 처음에는 구조주의 언어학의 도움으로 영상이 다른 언어나 예술과 거의 비슷하다고 설명할 수 있었다. 그 결과로 영상기호학, 영상서사학 같은 분야가 성립되었다. 하지만 나중에는 이러한 학문이 더 이상 도움이 되지 못한다는 판단하에 또 다른 영상론이 등장했는데, 이 영상론은 주로 후기구조주의 이론으로부터 영향을 받았다. 제5부에서는 이와 관련된 전체적인 맥락과 내용을 살펴보겠다.

여러 관점을 토대로 영상의 체계성을 이해하는 것은 매우 의미 있는 일이다. 왜냐하면 첫째, 궁금한 것을 알게 되기 때문이다. 둘째, 이러한 이해를 통해 좋은 영상 작품을 만들 수 있고 아울러 영상이 지닌 뜻을 깊이 있게 해석할 수 있기 때문이다. 영상의 체계는 언어의 문법과도 같다. 문법을 모른다고 글을 못 쓰는 것은 아니지만 문법에 정통하면 좋은 글을 쓸 때나 읽을 때 많은 도움이 된다. 영상의 체계나 문법을 공부하기 위해서는 그전에 먼저 언어란 무엇인지, 해석이란 무엇인지를 알아야 한다. 영상을 포함해 문헌이나 텍스트를 읽는 일은 쉽지 않으며 영상과 글에 내포된 의미도 다양하다. 우선 여기에 대해 간단히 살펴보려고 한다.

2) 글과 해석의 의미

오래전부터 사람들은 글에 담긴 의미를 어떻게 이해해야 하는지, 또 글이 전달되었을 때 어떤 효과가 있는지에 대해 많은 생각을 해왔다. 의미를 이해하는 작업을 해석(interpretation)이라고 하고 해석의 문제를 다루는 학문을 해석학(hermeneutics)이라고 한다.

해석과 해석학은 왜 중요한가? 만약 중대한 문제의 해답이 책에 있다면 우리는 그 책을 읽고 이해함으로써 문제를 해결할 수 있다. 사실 우리가 생각하는 것보다 훨씬 더 많은 문제에 대한 해답이 책에 있다. 그러나 그 책이 외국어로 쓰였다면 또는 과거에 사용되었던 글로 쓰였다면, 그 책을 읽기가 쉽지 않을 것이다. 또한 그 글이 예술적으로 표현되어 있다면 읽을 수는 있더라도 이해하기가 쉽지 않을 것이다. 표현의 방식만 문제가 되는 것은 아니다. 과거에 쓰인 글이 지금 우리가 고민하는 문제를 다룬 결과라고 어떻게 확신할 수 있을까? 그리고 그 글을 쓴 사람이 지금 우리가 고민하는 문제의 해결을 도와주려는 의도를 갖고 있었다고 볼 수 있을까? 이처럼 무언가를 해석하는 것은 간단한 문제가 아니다.

그러나 이러한 어려움을 극복하고 해석에 성공하면 우리는 많은 문제를 풀 수 있고 지혜를 얻을 수 있다. 예를 들어 괴테가 말년에 쓴『서·동시집(Westöstlicher Divan)』이라는 책이 있는데,[1] 어떤 사람은 이 책에 낯선 문화 간의 충돌과 갈등을 해소할 수 있는 묘안이 담겨 있다고 주장하기도 한다. 이러한 주장이 옳다면 그 책이 아무리 어렵더라도 그 책을 읽어야 할 것이다. 이것이 해석의 가치이자 시대를 넘어서는 고전의 의미이다.

하지만 어떤 글이 매우 심오한 가치를 담고 있지 않더라도 과거에 있었던 일이나 다른 지역에서 벌어진 일을 잘 전해줄 수 있다면 그것만으로도 문헌을 해석하는 일은 중요한 의미를 지닌다. 지식을 전달하기 위해 글을 쓰는 사람은 뛰어난 역량을 필요로 한다. 물론 글을 쓰는 일 자체도 쉽지

---

1   요한 볼프강 폰 괴테,『서·동시집』, 전영애 옮김(길, 2021).

는 않지만, 세상에서 벌어지는 많은 일 가운데 중요한 일을 골라내고 그 일의 맥락을 파악하기 위해서는 통찰력과 식견이 필요하다. 단순히 사실만 전달한다고 해서 문헌의 기능을 제대로 수행한다고 보기는 어렵다. 물론 의미 있는 과거의 일을 기록하는 차원에 그치는 것이 아니라 그 글이 사람들에게 교훈까지 줄 수 있다면 금상첨화일 것이다. 이것은 문헌이 지닌 사실주의적인 가치이다.

지금까지 언급한 두 가지 사항은 전통적 해석에 해당한다. 그런데 현대라고 일컫는 어느 시기부터 사람들이 해석에 대해 다르게 생각하기 시작했다. 결과적으로 해석의 의미를 축소하는 견해가 제기되었는데, 여기에는 두 가지 주장이 있다. 첫째 주장은 저자의 권위를 신뢰할 수 없다는 것이다. 예전에는 고전의 작가에 대해 일반 사람들과 다르게 매우 현명한 사람이라고 여겼으나 점차 과연 고전을 쓴 사람이 정답을 알고 있다고 확신할 수 있는가 하는 의문이 제기되기 시작했다. 그러한 의심을 갖는 한, 고전에서 정답을 찾을 수 있다는 가정은 성립되지 않는다. 이 같은 현상이 일어난 것은 시간이 지날수록 작가와 독자 사이의 지적 수준 차이가 적어지기 때문인 것으로 보인다.

둘째 주장은 글을 읽으면서 작가의 뜻과 관계없이 독자 마음대로 그 의미를 해석할 수 있다는 것이다. 이로 인해 해석이 문제해결의 방법으로 받아들여질 수 없게 되었다. 이처럼 독자가 자신의 마음대로 글을 해석한다는 것은 책이나 문헌에 담겨 있는 교훈의 권위가 그만큼 약해졌다는 뜻으로 이해된다. 책의 내용을 정해진 하나의 의미가 아닌 여러 의미로 해석할 수 있다면 책이 해결방안을 제시해 줄 것으로 기대할 수 없다. 오히려 책을 읽는 독자가 저자와 함께 의미를 만들어갈 수 있다는 주장도 생겨났다. 또한 독자와 저자가 함께 의미를 만들어가는 것이 글의 가치이자 글을 읽는 즐거움이라는 인식이 확대되었다. 이러한 두 가지 새로운 주장은 롤랑 바르트(Roland Barthes)의 에세이 「저자의 죽음(Mort de l'auteur)」과 「독서의 즐거움(Le plaisir du texte)」에 잘 나타나 있다.[2] 이 지점에서 언어나 해석과 관련한 전통적인 입장과 현대적인 입장이 나뉜다.

한편 어떤 이들은 말과 글은 사람의 생각이나 느낌을 표현하기에 부족하다고 여기기도 한다. 따라서 문헌이나 문헌의 해석을 전적으로 신뢰할 수는 없다고 주장한다. 이러한 주장의 근거는 글로 무엇인가를 표현하면 애초의 생각이나 느낌이 훼손된다는 것이다. 따라서 글의 문제점을 인식하고 그 문제점에 대안이 되는 소통수단을 활용해야 한다는 의견도 있다. 그리고 이러한 대안이 영상이라는 견해도 제기되었다. 예를 들어 『해석에 반대한다』라는 수전 손택(Susan Sontag)의 책 제목에서도 알 수 있듯이, 언어로 표현된 문헌에 매달리는 데에는 한계가 있다는 주장이 등장한 것이다.[3]

한편 말과 글이 자기 나름대로의 작용방식을 지니고 있다는 견해가 등장한 것도 해석의 의미가 축소된 또 다른 이유이다. 예를 들어 무언가에 대해 쓰고 싶은데 막상 글을 쓰다 보면 자신의 의도와는 다른 글이 될 수도 있는데, 그것은 언어의 구조가 현실의 구조나 생각의 구조와 다르기 때문이라는 것이다. 이처럼 언어는 현실이나 생각에 예속된 것이 아니며 자기 나름의 법칙에 따라 작용한다고 볼 수도 있다.

예전에 어느 강연에서 김용옥 선생이 "우리가 말을 하는 것이 아니라 말이 우리를 통해서 자신의 모습을 드러낸다"라고 한 적이 있는데, 이것이 바로 구조주의를 비롯한 현대적 언어관의 기본적인 생각이다. 이 같은

---

2   롤랑 바르트, 『텍스트의 즐거움』, 김희영 옮김(동문선, 2022).

3   수전 손택, 『해석에 반대한다』, 이민아 옮김(이후, 2002).

발언은 다소 과장되었을 수도 있지만, 언어에 통제되지 않고 스스로 알아서 작동하는 측면이 있다는 것은 쉽게 부정할 수 없다. 그리고 이러한 측면에 주목하는 것이 바로 구조주의적 사고방식이다. 구조주의를 믿는 사람은 언어가 우리에게 현실을 보여주거나 교훈을 전해준다고 여기지 않기 때문에 다른 것, 즉 언어구조에 관심을 둔다. 즉, 통제할 수 없는 언어에 독자적인 세계가 있다면 그 세계는 어떤 모습일까에 대해 관심을 갖는 것이다.

그런데 이러한 구조주의는 후기구조주의로 또 한 번 큰 변화를 겪는데, 이것을 탈현대주의 또는 포스트모더니즘이라고도 한다. 말과 글에 (그리고 사유에) 구조가 있다는 인식은 20세기 초반에 생겨났는데, 처음에는 그러한 구조를 마치 질서 잡힌 우주처럼 변하지 않는 것으로 여겼다. 그러나 우주의 빅뱅과 마찬가지로 우리의 언어와 생각에 존재하는 구조도 특정한 계기로 시작되었고 계속해서 변화한다는 주장이 대두되었다. 그리하여 구조가 형성된 원인과 변화하는 현상에 주목하게 되었다. 어떤 사람은 구조가 형성된 원인이 욕망에 있다고 여겼고 다른 사람은 그 원인이 권력에 있다고 여겼다. 이것은 보편적인 구조주의와 관련이 있으면서도 그것과는 또 다른 새로운 발상이다. 구조가 보편적이라는 생각을 부정하면서 구조의 근원을 탐구하고 변화를 점쳐보기 때문이다.

정리하자면 전통적 해석학이나 사실주의는 작가의 문제나 언어의 문제에 집중했으나 이에 대한 반론이 제기되면서 이들 입장과 거리를 둔 구조주의와 후기구조주의가 나타났다. 이 모든 것은 최근 20세기에 일어난 일이다. 그런데 이러한 역사는 영화에서 시작된 영상 미디어의 역사와도 비슷하다. 그래서인지 언어나 예술에 대한 새로운 주장이 제기되고 이에 대한 논쟁이 달아오르던 시기에 영상이론도 복잡하게 전개되었다. 필자가 보기에 영상이론이 의미와 해석을 둘러싸고 전통과 현대의 인식론 홍수에서 표류하는 것은 이 때문인 것 같다. 짧은 시간 동안 영상을 적절하게 설명하기 위해 실로 다양한 시도가 이루어졌지만 뾰족한 답을 찾아내지는 못했기 때문이다. 특히 후기구조주의적 관점은 매우 흥미롭지만 이 관점은 영상 미디어를 이해하는 것을 복잡한 작업으로 만들었다.

도대체 영상을 읽고 이해한다는 것은 무엇을 의미하는가? 만일 영화를 이해할 때 영화에 숨은 뜻을 찾으려고 한다면, 이것은 전통적인 해석학적 입장이나 사실주의 관점에서 영상을 고려한 결과일 것이다. 그러나 다른 관점을 도입하는 순간부터 우리는 (후기)구조주의에 주목해야 한다. (후기)구조주의는 매우 어렵지만 영상을 깊이 공부하기 위해서는 반드시 알아야 할 내용이다.

2. 전통적 사실주의

1) 전통적 사실주의와 현실의 반영

영상 미디어가 발명되기 이전에도 사실을 재현하는 것은 언어와 예술의 중요한 기능이었는데, 예술에서는 이것을 모방 또는 미메시스라고 칭했다. 그리고 어떻게 하면 미메시스가 잘 이루어질 수 있는지에 대한 방대한 논의가 이루어졌다. 영상은 우리가 눈으로 보는 것과 유사하기 때문에 영상 미디어는 보통 사실을 표현하는 미디어라고 여겨진다. 따라서 영상은 사실주의 미학과 연관시킬 수 있다. 하지만 거짓말을 하지 않던 친구의 거짓말에 더 속기 쉽듯이 영상이 우리를 더 잘 속일 수도 있다는 점 또한 염두에 두어야 한다.

영상 미디어를 이해하는 것을 포함해 우리가 접하는 여러 가지 현상을 이해하기 위해서는 특정한 관점이 필요하다. 사람은 무언가를 볼 때 특정한 시각에서 바라보기 때문이다. 이처럼 사람이 갖는 기본적인 관점을 인식론(epistemology)이라고 한다. 영상 미디어가 사실을 재현한다는 것은 '현실에 무언가가 존재하며 예술이나 미디어는 그것을 재현한다'라는 인식론에 바탕을 두고 있다. 사실주의는 존재론(ontology)적 인식론에 기반하며, 그 믿음은 변하지 않는다. 그런데 현실을 눈에 보이는 대로 재현한다고 해서 그 현실이 잘 표현되었다고 할 수는 없다. 또한 현실에도 중요하지 않은 것도 있고 반대로 본질적인 것도 있다. 그렇다면 그러한 것을 모두 표현해야 할까? 아니면 그중에서 버릴 것은 버려야 할까? 중요한 것을 선별해야 한다는 견해가 있는 반면, 있는 그대로를 표현하면 작품을 감상하는 사람이 알아서 선별할 것이라는 견해도 있다. 전자는 전통적 사실주의라고 할 수 있는데, 이것은 문학이론으로부터 나왔다. 후자에 속하는 견해 가운데에는 영화이론가들의 주장도 있었는데, 이것은 현대적 사실주의라고 할 수 있다.

전통적 사실주의는 사실이 원자재라면 이러한 사실에 특정한 작업을 가함으로써 사실을 변용하거나 무엇인가를 추가해야 한다고 본다. 왜냐하면 예술작품이 현실을 있는 그대로 표현하는 것은 둘째 문제이고 그 현실의 본질과 맥락을 표현하는 것이 중요하다고 여기기 때문이다. 따라서 전통적 사실주의 관점은 현실을 복사하는 '모사'와 현실에 깊은 생각을 곁들인 '반영'을 구분한다. 이러한 관점에 따르면 보이는 것을 글로 쓰고 카메라로 촬영한다고 해서 그것이 현실을 재현했다고 하기에는 부족하다. 그리고 현실을 성공적으로 재현했다고 하더라도 재현된 결과를 통해 사람들에게 도움을 주어야 하는데, 그 역시 전통적 사실주의의 과제에 포함된다. 특히 문학연구자들에게 이러한 문제가 중요했다. 문학연구자들은 문학이 대상을 시각적으로 표현할 수는 없지만 현실을 지각되는 것보다 더 현실적으로 재현할 수 있다고 여겼다. 본질을 파악하고 그 본질을 잘 선별해서 표현하는 데에는 영상보다 문자가 더 효과적이라고 생각했기 때문이다.

이러한 사실주의적 입장은 시민계급의 성장, 계몽주의와 합리주의 사상의 확산과 더불어 역사적으로 상당한 호응을 얻었다. 아울러 사회주의 혁명을 통해 프롤레타리아 계급이 성장할 때도 이러한 사실주의적 입장은 상당한 지지를 받았다. 사회적 측면과 사실주의 미학의 연관성에서도 알 수 있듯이, 사실주의적 입장은 예술이 사회의 변화에 기여하는 것을 중요하게 여겼다. 사회의 발전을 위해 사회의 모습을 본질에 가깝게 표현하고 발전된 사회의 모습을 예술로 구현하는 것이 의미 있다고 보았기 때문이다.

2) 작가의 통찰과 표현의 총체성

이러한 목적을 달성하기 위해 사실주의적인 표현은 다음과 같은 점들을 고려해야 한다.

(1) 작가성과 총체성

우리가 어떤 사건을 문학이나 영상으로 재현할 때 그 사건과 관계된 모든 것을 세세하게 표현할 수는 없다. 따라서 중요한 것 위주로 작품에 표현해야 한다. 그런데 그 중요한 것이 작은 것이라도 재현되는 전체를 포괄

할 수 있어야 한다. 다시 말해서 일부분만 표현하더라도 전체의 인과관계나 배경지식을 알 수 있도록 해야 한다. 아울러 이러한 가능성을 실현해 사실주의적인 예술작품을 완성하려면 예술가는 본질적인 것을 꿰뚫어 보는 혜안을 지니고 있어야 한다. 따라서 예술가를 가리켜 단순히 글을 쓰거나 영화를 제작하는 사람이 아닌 작가라고 칭하며 작가성(authorship)을 지니고 있다고 말한다. 예술가는 무엇인가 특별한 일을 하는 사람이고 사건에 대해 통찰력과 표현력을 가진 사람이다. 그리고 그 작가에 의해 선별된 중요한 것, 본질적인 것은 사건의 전체, 즉 총체성(totality)을 포괄해야 한다. 요약하면 작가성이란 작품을 통해 총체성을 구현시키는 역량을 말한다.

(2) 전형성

총체성이 형상화되려면 작은 것이 큰 것의 전형이 되어야 한다. 예를 들어 작품 내의 어떤 인물이 특정한 집단이나 계급을 대변하는 전형적인 인물이어야 할 것이다. 그러면 그 인물은 더 큰 범위의 사람들을 대표한다고 이해할 수 있다. 등장인물이 한 인간에 머무는 것이 아니라 특정 집단이나 계층으로 확대될 수 있으려면 전형성(typicality)을 지니고 있어야 한다.

(3) 전망

총체적인 것이 예술작품에서 표현되고 전형적인 것의 맥락과 인과관계가 정리되면 사건들의 발전 방향을 제시할 수 있는데, 이것을 전망(perspective)이라고 한다. 예술작품에서 제시한 발전 방향을 수용자가 인식하면 그 수용자의 현실도 발전시킬 수 있을 것이다. 예를 들어 작품 안에서 갈등을 해소하고 문제를 해결할 수 있는 희망적인 가능성이 구현되면 수용자가 처한 현실의 문제를 해결하는 데 참고가 된다. 작품에서 사건들이 발전적인 방향으로 배열되는지, 나아가 미래의 긍정적인 가능성을 제시하는지를 살펴보는 것도 사실주의를 가늠하는 중요한 판단기준이다.

지금까지 간략히 언급한 몇 가지 개념은 헝가리 태생의 미학자 죄르지 루카치(György Lukács)의 견해이다.[4] 그는 시민계층을 대변하는 사실주의 소설문학을 참고해 프롤레타리아 계급의 미학인 사회주의적 사실주의 이론을 제시했다. 루카치가 정리한 사실주의 이론은 매우 정교하게 구성되어 있어서 예술의 사회적 기능을 논할 때 참고할 만하다. 루카치의 미학은 특히 소설 같은 문학작품에 잘 적용된다. 전형성이나 전망을 담아내려면 예술 분야 중에서도 문학이, 문학 중에서도 소설이 가장 적합할 것이다. 하지만 문학작품이 아닌 영화나 텔레비전 드라마에도 루카치의 사실주의 이론을 적용할 수 있다는 주장이 제기되었는데, 이러한 주장에 따르면 영상 작품도 현실을 비판하고 대안을 제시할 때 의미 있는 역할을 할 수 있다.

영화 초창기에는 사실주의 문학이론가들이 영화가 마치 현실 그 자체와 같아서 사실주의적 형상화를 기대할 수 없다고 평가했었다. 그러나 문학작가가 작품에 사실의 총체성을 형상화하듯이, 영화를 만드는 사람도 여러 가지 기법을 동원해 사실주의적 형상화를 구현할 수 있다. 특히 우리나라에서는 정치적 격동기였던 1980년대에 영화비평이 문학비평으로부터 발생한 전통적 사실주의의 관점을 취했다. 아직도 많은 영화평론가들

---

4   죄르지 루카치[게오르그 루카치], 『소설의 이론』, 김경식 옮김(문예출판사, 2014).

은 사실주의 관점을 견지해 현실의 문제점을 잘 지적하고 현실을 제대로 비판한 작품을 우수한 작품이라고 평가한다. 〈기생충〉이 계급 간의 갈등을 잘 형상화한 수작이라고 찬사를 받는 것도 이러한 이유에서이다. 현실을 반영한 영화가 실제로 우수한 작품인지 살펴보려면 앞에서 언급한 작가성, 총체성, 전형성, 전망 같은 개념을 적용하면 된다.

영화평론가 이효인은 어느 글에서 이 문제를 다룬 적이 있다. 그는 1990년에 제작되었고 노동자의 삶을 그린 두 영화 〈파업전야〉와 장선우의 〈우묵배미의 사랑〉을 비교했다. 그러면서 〈파업전야〉가 진정한 사실주의 영화라고 주장했다. 이효인은 장선우의 영화에도 노동자 계급에 속한 인물들이 등장하지만, 그들은 특정 계급을 대표하는 전형성을 지니지 못했다고 분석했다. 아울러 〈우묵배미의 사랑〉에서는 노동자들이 겪는 사회적 문제가 총체적으로 표현되었다고 보기도 어렵다고 주장했다. 왜냐하면 〈우묵배미의 사랑〉은 일상생활에서 벌어질 법한 일들을 다루고 있으며 대사에도 농담이나 잔소리 같은 말이 많아서 실제 삶의 일부분이라고 여겨지긴 하지만 사건의 맥락이나 사회적 문제를 표현하지는 못한다고 보았기 때문이다. 또한 〈우묵배미의 사랑〉에서는 노동자의 문제에 대한 희망적인 미래가 그려지지 않으며, 인물들도 무기력하고 힘든 삶에 지쳐 보인다. 〈파업전야〉에서처럼 씩씩한 인물이 등장하지 않고 문제해결의 실마리가 잘 드러나지도 않는다는 것이다. 이효인은 전형성 문제에 대해 다음과 같이 썼다.

사실주의에서 세부묘사의 진실성이란 영화작품의 전형화에 어느 정도 성공한 위에서만 획득될 수 있는 것이다. [……] 사실주의 영화란 현실의 본질을 반영함과 동시에 역사발전의 합법칙적 전망을 제시하는, 현실 사회의 변화와 전형인물, 사건, 환경 등이 치밀하게 얽혀서 역동적으로 분출되는 그러한 것이어야 하기 때문이다.[5]

사실주의 영화가 무엇인지 파악했다면 다른 영화도 그러한 관점에서 비평할 수 있을 것이다. 어떤 영화가 우리 사회에 기여할 수 있는지에 관한 토론은 항상 중요하다. 이 두 영화가 제작된 이후로 우리나라에서 사실주의 영화가 또다시 많이 제작된 시기가 있다. 2010년대 초반에 개봉된 〈부러진 화살〉(정지영, 2011), 〈도가니〉(황동혁, 2011), 〈남영동1985〉(정지영, 2012), 〈26년〉(조근현, 2012)이 그러한 영화이다. 이러한 영화들이 한국사회의 감춰진 문제점을 부각시키고 대안을 제시한 것은 사실이다.

3. 영화적 사실주의

앞에서 '영상을 이해하는 세 가지 관점'을 설명하면서 작가 개념이 비판되는 맥락, 글로 쓰인 문학작품 개념이 비판되는 맥락에 대해 살펴보았다. 〈파업전야〉나 〈우묵배미의 사랑〉은 소설 같은 영화라서 사실주의에 관한 개념을 적용해 볼 수 있다. 그렇다면 소설을 쓰면 될 것을 왜 구태여 영화로 사실주의 미학을 구현했는가 하는 문제가 제기될 수 있을 것이다.

영화의 사실주의는 문학의 사실주의와 다르며, 이 다른 면도 나름대로 중요한 의미를 지닌다는 주장이 있다. 영화가 탄생했을 때부터 바쟁은 영화야말로 대상을 재현하려는 인간의 의도를 완벽하게 실현해 주는 미디

---

5 이효인, 「파업전야와 우묵배미의 사랑: 한국영화의 사실주의」, ≪창작과 비평≫, 18(2)(1990), 282, 285쪽.

어라고 했다.[6] 왜냐하면 아무리 뛰어난 화가라고 하더라도 영화만큼 현실을 있는 그대로 재현할 수는 없기 때문이다. 영화는 사실을 완벽하게 재현하는 미디어라고 할 수 있을 것이다. 여기서 바쟁이 말하는 사실주의란 작가의 개입을 통해 현실을 재현해야 한다는 루카치의 사실주의와 매우 다르다. 바쟁은 영화에서는 카메라를 통해 표현되기 때문에 사람들이 눈으로 인지하지 못하는 사실도 표현할 수 있다면서 이것이 영상에 의해 표현되는 사실주의가 지닌 의미라고 주장했다. 바쟁은 영화는 오히려 작가가 덜 개입하면 사람이 지각하지 못하는 것을 표현할 수 있다는 점에서 특별한 사실주의의 가치가 있다고 말했다.

독일의 예술이론가 지그프리트 크라카우어(Siegfried Kracauer)도 바쟁과 유사한 영화적 사실주의를 주장했다. 그는 영화가 일상에서 느끼지 못하는 미묘한 사실을 발굴한다고 주장했다. 이를 근거로 크라카우어는 영화의 사실주의를 사실의 복원 또는 구원(Errettung/rescue)이라고 표현했다.

바쟁이나 크라카우어가 말한 사실주의는 있는 그대로의 사실에 머무른다고 하더라도 그 나름대로 충분한 가치가 있다는 견해에 바탕을 두고 있다. 이 때문에 바쟁은 영화를 소설처럼 만드는 것을 좋아하지 않았다. 작가가 촬영할 대상에 개입해 그 대상의 본질이나 인과관계를 관객에게 알려주는 작품은 사실주의 영화로 볼 수 없다고 여겼다. 작가가 어떤 대상에 관여하는 것은 관객의 생각을 방해한다고 보았기 때문이다. 이 관점에서 보면 작가는 현자나 능력자가 아니라 관객이 잘 볼 수 없는 것을 발굴해서 보여주는 존재로 규정된다.

---

6   제2장 제2절 '바쟁의 기술영상: 사진적 영상과 사실의 재현' 참조.

영화의 현대적 사실주의는 두 차례 세계대전 이후 프랑스나 이탈리아에서 등장한 예술영화에서 잘 나타난다.[7] 이들 영화는 사실 그대로를 구현하는 것이 목적이었기 때문에 오히려 맥락 없는 이야기로 구성된 경우도 있었다. 그리고 전통적 사실주의가 지향했던 문제해결 제시, 즉 전망도 나타나지 않는다. 이야기는 대체로 열린 결말을 취하고 있으며 갈등 해소를 위한 방안이나 희망적인 미래는 그려지지 않는다. 영상은 서사에서 전지적 작가의 시점을 취하지 않으며, 우연히 지나가면서 사건을 본 것처럼 표현한다. 따라서 당시 영화인들은 다듬어지지 않고 거칠게 보이는 영상으로 영화를 창작했는데 이 때문에 당시의 영화는 마치 다큐멘터리처럼 보인다.

바쟁은 자신이 제안한 사실주의 영화들은 다음과 같은 미학적 특징을 지녀야 한다고 말했다. 첫째, 대상을 있는 그대로 영상으로 옮겨야 하므로 컷이 많지 않아야 한다. 따라서 현실의 연속성을 유지해 주는 롱 테이크가 적절하다. 둘째, 영상은 움직이기보다 고정되어 있어서 마치 어떤 관찰자가 대상을 바라보는 것처럼 처리해야 한다. 셋째, 영상의 모든 곳에 초점을 맞추어 어느 한 부분도 흐릿하게 처리되지 않는 딥 포커스 숏으로 촬영해야 한다.

이 세 가지 사항은 대체로 기교를 구사하지 않고 절제해서 표현하는 기법에 속한다. 그리고 누군가가 어떤 현실을 보고 그 의미를 판단한 후에 그 현실을 영상으로 옮기는 방법이라기보다 누군가가 개입하기 이전의 상태를 포착하는 방법이다. 오슨 웰스는 특히 딥 포커스 숏의 중요성에 대해 다음과 같이 말했다.

---

7   제8장 제2절 '현대 예술영화' 참조.

배우와 사물 간의 관계를 이해함에 있어서 관객의 역할이 더욱 창조적으로 — 덜 수동적으로 — 고무된다. 딥 포커스는 보는 이로 하여금 실제 생활에서 보는 것과 똑같은 시각적 자유를 누리게 한다. "사람들은 각자 눈이 있으니까 한 숏에서 보고 싶은 것을 보면 된다. 나는 무엇을 보라고 강요하긴 싫다"라고 웰스는 말했다.[8]

영화적 사실주의는 전통적 사실주의에 대한 비판에 반응하여 영상 미디어를 통해 대안을 제시한 결과이다. 작가성이라는 개념에서도 알 수 있듯이, 사건의 본질을 재현하기 위해서는 작가라는 현명한 주체가 있어야 한다. 그리고 수용자는 작가의 통찰과 표현을 신뢰해야 한다. 그러나 현대미학은 이러한 전제를 문제시했다. 이러한 맥락에서 영화이론가들은 작가의 역할을 다르게 규정하고 영상의 의미를 강조함으로써 새로운 사실주의 이론을 구성했다. 영화이론가들은 전지적 작가를 관찰하는 작가로, 가르침을 주는 작가를 보여주는 작가로 파악했다. 그리고 관찰하는 카메라와 보여주는 영상이 중요하다고 주장했다.

---

8   루이스 자네티, 『영화의 이해』, 김진해 옮김(현암사, 1999), 20쪽.

제15장

구조주의와 기호의 영상

1. 구조주의와 영상기호학

1) 구조란 무엇인가

구조주의는 인식론의 일종이며, 기호학은 구조주의를 바탕으로 소통이나 문화예술의 문제를 다루는 학문분야를 가리킨다. 이 장에서는 구조주의의 관점에서 영상을 이해하기 위해 다음 다섯 가지 사항을 살펴볼 것이다. 첫째, 구조주의와 기호학의 뜻, 둘째, 구조주의와 기호학이 영상에 적용된 맥락, 셋째, 구조주의가 서사를 이해하기 위해 활용된 맥락(서사가 영상에만 있는 것은 아니지만 구조주의는 특히 영상서사를 설명하는 데 적당하다), 넷째, 영화를 이해하기 위해 도입된 기호학이 텔레비전에 적용된 과정, 마지막으로 다섯째, 구조주의적 사고방식이 발전 또는 비판되어 새로운 관점으로 변모한 배경에 대해 알아볼 것이다.

구조주의자들은 세상의 모든 것이 규칙적이며 체계적으로 작동한다고 여긴다. 그리고 겉으로 보면 다르지만 내부에서는 모두 비슷하게 작동하고 있다고 본다. 자연현상을 이해하는 데 적합한 이러한 발상을 인간과 사회에 대해서도 적용했다는 것이 구조주의적 인식론의 특징이다. 예를 들어 구조주의자들은 인간의 언어는 어떤 법칙에 종속되어 있으며 인간의 심리도 규칙적인 움직임에 영향을 받는다고 본다.

구조에 대해 설명하기 위해 이해하기 쉬운 예를 들어보자. 많은 사람이 아파트에 산다. 아파트는 다 똑같아 보이지만 옆집과 우리 집은 느낌이 매우 다르다. 가구도 다르고 인테리어도 다르기 때문일 것이다. 하지만 옆집과 우리 집의 가족 구성과 생활양식은 비슷하다. 왜냐하면 아파트는 똑같이 설계되어 같은 구조로 되어 있기 때문이다. 이처럼 겉으로는 다른 듯하면서도 속으로는 같은 것 또 규칙적으로 작동해 알지 못하는 사이에 우리에게 많은 영향을 미치는 것을 구조라고 한다. 구조주의자라면 생활을 결정하는 것은 아파트의 구조이며 식구들의 성격은 상대적으로 의미가 적다고, 즉 인간보다 구조가 더 중요하다고 여길 것이다.

그렇다면 구조를 지니고 있다는 말은 결국 무슨 의미인가? 첫째, 좀 과장하자면, 많은 일이 그때마다 달라 보이지만 사실은 다람쥐 쳇바퀴 도는 것처럼 똑같다는 것이다. 둘째, 언어의 단어나 가족의 구성원은 그 자체로 고유한 본질적 의미나 성격을 지닌 것이 아니고 특정한 관계에 따라 변한다는 것이다. 그러니까 중요한 것은 존재가 아니라 요소이며 요소들은 다른 것과의 관계 속에서 기능을 발휘한다.

언어가 구조를 지니고 있다고 처음으로 주장한 학자는 스위스의 언어학자 페르디낭 드 소쉬르(Ferdinand de Saussure)이다. 그가 1916년에 쓴 책『일반언어학 강의』는 인식론의 혁명을 가져왔다.[1] 한편 프랑스 인류학자 클로드 레비-스트로스(Claude Lévi-Strauss)는 소쉬르의 사상을 바탕으로 구조주의 인류학 분야를 개척했다. 1949년 이후부터 출판한 여러 저서에서 레비-스트로스는 원시 부족이나 문명화된 사회에서는 모든 친족관계에 어떤 규칙성이 있음을 밝히려고 했다.[2] 이 두 학자는 언어와 문화는 표면에 드러나지 않는 구조를 지니고 있다고 주장했다.

2) 소쉬르의 주요 개념

소쉬르의 설명 가운데 중요한 몇 가지 개념을 살펴보자.

(1) 랑그와 파롤

소쉬르는 언어가 랑그(langue)와 파롤(parole)로 구성된다고 했는데, 랑그란 언어의 내적 규칙을 말하며 파롤은 그 규칙이 작용해서 실제로 나타난 결과를 말한다. 우리는 말을 하거나 글을 쓸 때 그런 행위가 자연스럽게 이루어진다고 생각하지만, 사실 그것은 어떤 규칙이 작용한 결과이다. 여기에서 규칙은 랑그이며, 파롤은 규칙의 작용으로 만들어진 말이나 글을 말한다. 파롤은 랑그에 의해서 이루어지기 때문에 소쉬르는 랑그의 구조적 작용이 더 중요하다고 보았다.

(2) 기의와 기표

랑그의 구조적 작용을 의미작용(signification)이라고 하는데, 이러한 의미작용은 기호(sign)의 작용을 말한다. 의미작용은 기표(signifier)와 기의

---

1   페르디낭 드 소쉬르, 『일반언어학 강의』, 김현권 옮김(그린비, 2022).
2   클로드 레비-스트로스, 『레비-스트로스의 인류학 강의』, 류재화 옮김(문예출판사, 2018).

(signified), 다른 말로 지시어와 지시대상으로 구성되어 있다. 기의는 기표에 의해 표시된 특정한 개념이나 대상을 말한다. 그리고 기호의 의미작용을 탐구하는 학문은 기호학(semiotics, semiology)이라고 한다.

(3) 계열체와 통합체

그런데 이렇게 많은 기호는 서로 특정한 관계를 맺으면서 의미작용을 한다. 우리가 말을 하거나 글을 쓸 때 두 가지 작업을 하게 되는데, 첫째는 선택 작업이고 둘째는 배열 작업이다. 사람들이 언어로 표현하고 소통하기 위해서는 자신의 생각을 드러낼 수 있는 적당한 단어를 선택해야 한다. 기호학에서는 선택될 수 있는 것을 파라디그마(paradigma), 우리말로 계열체라고 한다. 계열체는 선택되거나 배제되는 기호들의 집합이다. 그런데 적당한 단어들을 선택하더라도 이 단어들을 적절하게 배열하지 않으면 문장이 될 수 없다. 따라서 단어들을 적재적소에 배치하는 작업도 해야 되는데 이때 문장으로 배열하는 단어들의 관계를 신타그마(syntagma), 우리말로 통합체라고 한다. 따라서 단어들은 계열체 관계 또는 통합체 관계를 지닌다. '나'와 '너'는 계열체 관계이지만 '나'와 '간다'라는 말은 통합체 관계이다. 언어를 연구하는 사람들 가운데에는 언어의 뜻을 탐구하는 사람도 있고 단어들의 배열 관계를 탐구하는 사람도 있다. 언어의 뜻을 연구하는 언어학 분야를 의미론(semantics), 단어들의 배열을 연구하는 언어학 분야를 통사론(syntax)으로 분류한다.

계열체와 통합체를 이해하기 위해 다음과 같이 사례를 생각해 볼 수도 있다. 우리가 외국어를 배울 때는 두 가지 종류의 책이 필요하다. 첫째, 단어의 뜻을 알고 그 단어를 암기하기 위해 사전이 필요하다. 둘째, 단어들의 쓰임새와 배열방식에 관한 규칙을 알기 위해 문법책이 필요하다. 사전은 우리에게 계열체의 규칙을 알려주며, 문법책은 통합체의 규칙을 알려준다. 언어를 공부하려면 사전과 문법책이 필요하다는 것만 보더라도 계열체와 통합체에 대한 소쉬르의 분석이 맞는 것 같다. 앞서 소쉬르가 착안한 내용과 함께 구조주의적인 인식론이 출발했고 이 인식론이 많은 다른 분야에도 활용되었다고 언급했는데, 계열체와 통합체라는 개념 역시 그러하다.

기호학은 파롤보다 랑그에 더 관심을 기울이는 학문이다. 그런데 언어학에서 파롤을 중시하는 새로운 분야가 생겼는데, 화용론(pragmatics)이 이러한 사례이다. 기호학은 언어의 규칙을 중시하지만, 화용론은 언어의 쓰임새가 더 중요하다고 보고 말이 사용되는 상황에 따라 의미나 규칙이 달라질 수 있는 가능성을 탐구한다. 따라서 화용론은 말을 하거나 글을 쓰는 상황이나 맥락, 즉 콘텍스트(context)가 규칙보다 더 중요하다고 본다. 내적 구조를 중시하는 기호학은 이후 새로운 문제제기와 함께 다른 방향으로 전개되는데, 여기에 대해서는 뒤에서 다룰 것이다.

3) 영상기호학의 전개

프랑스의 영화학자 크리스티앙 메츠(Christian Metz)는 소쉬르가 기호학의 구성을 위해 제시한 개념들, 특히 계열체와 통합체의 원리를 영화에 적용했다.[3]

---

3   크리스티앙 메츠, 『영화의 의미작용에 관한 에세이』 1, 2, 이수진 옮김(문학과지성사, 2011).

(1) 계열체

제4부에서는 영상이 언어가 될 수 있다고 했는데, 특히 제11장과 제12장에서 언급한 내용은 영상의 계열체 규칙을 말한다. 언어의 단위 가운데 단어와 유사한 형태인 숏을 만들기 위해서는 여러 기법 가운데 하나를 선택해야 하는데 숏을 찍을 때 필요한 정형화된 기법을 언어의 계열체 규칙이라고 볼 수 있기 때문이다. 영화를 찍을 때는 롱 숏으로 촬영할지 클로즈업으로 촬영할지, 하이 키로 촬영할지 로 키로 촬영할지를 두고 고민하는데, 이것은 계열체 관계에 놓여 있는 단어 가운데 하나를 선택하는 작업과 비슷하다. 하지만 이것만으로는 영상을 기호라고 단정할 수 없다.

사실 숏은 하나의 단어라고 보기 어렵다. 숏은 단어보다 길거나 짧을 수 있기 때문이다. 그리고 집을 보여주는 영상을 집이라는 단어와 동일시하기도 어렵다. 영상을 보면 집만 있는 것이 아니라 정원도 있고 하늘도 있기 때문이다. 그렇다고 영상을 단어로 만들기 위해 사각형의 프레임으로 집만 촬영할 수도 없다.

메츠는 이 문제를 코드(code) 개념을 통해 해결하려고 했다. 영상으로 촬영된 집의 주변에 다른 것이 있다 하더라도 우리는 그것을 통념상 집이라고 이해하고 집이라는 단어로 이해한다. 이러한 통념을 코드라고 한다. 이처럼 영상을 감상하는 사람들 사이에 어떤 약속이 되어 있기 때문에 그러한 통념이 성립하며 숏이 단어처럼 기능한다. 그리고 영화가 탄생하기 이전부터 여러 가지 예술을 감상하던 관습이 사람들에게 있기 때문에 사람들은 코드를 활용해 영상을 하나의 단어처럼 이해할 수 있다. 이처럼 영상이 단어와 동일하지 않더라도 영상이 지닌 의미는 통할 수 있다.

그런데 메츠에 따르면 영상 코드에 두 가지 종류가 있다. 메츠는 다른 예술이나 미디어에서 사용되던 코드를 영화에 그대로 사용하는 경우 '필름 코드(fait filmque)'라고 칭했다. 우리는 문학작품을 읽을 때면 문자를 코드로 사용한다. 회화작품을 감상할 때 역시 어떤 형태를 특정한 의미로 이해하는데 이것을 그림 코드라고 할 수 있다. 영화를 볼 때에는 자막을 읽고 영상을 보면서 의미를 파악하는데, 이때에는 필름 코드를 활용한다고 볼 수 있다.

하지만 영화의 모든 코드가 다른 예술의 코드에 의존하는 것은 아니다. 메츠는 영화에만 있는 특수한 코드도 있다고 지적했는데, 바로 영상, 음향, 음성, 대사, 문자와 같은 여러 가지 요소를 조합해 의미를 만드는 코드를 말한다. 관객들이 영화를 볼 때에는 한 가지 요소만 수용하는 것이 아니라 여러 가지를 동시에 수용하면서 그것을 하나의 의미로 빚어내는데, 메츠는 이것이 영화에 특별한 의미작용이라고 보았다. 그리고 이것을 '시네마 코드(fait cinématographique)'라고 칭했다. 이처럼 메츠는 코드 개념을 활용하여 영화의 계열체 규칙을 설명하면서 영화가 체계적 특성, 즉 기호의 특성을 지니고 있다고 주장했다. 제4부에서는 미장센과 시네마토그래피 기법에 특정한 규칙성이 있다고 설명했는데, 이러한 규칙성의 존재가 메츠의 주장을 뒷받침한다.

(2) 통합체

메츠는 편집을 통해 숏을 연결하는 작업이 단어를 배열해 문장을 구성하는 통합체에 해당한다고 설명했다. 그는 이러한 영화 통합체의 유형을 여덟 가지로 구분했는데, 이를 메츠의 '대통합체론(grande syntagmatique)'이라고 한다. 메츠의 통합체론이 지닌 의미는 제13장 편집 부분에서 이해할 수 있다. 통합체론과 편집작업이 세부적인 내용까지 동일하지는 않지만, 기본적인 취지는 같다. 영화는 여러 프레임이 모여서 하나의 숏을 구성하고, 마찬가지로 숏들이 적절히 배열되어 의미를 만들기 때문이다.

　통합체를 구성하기 위해서는 코드의 작용이 필요하다. 말하는 한 인물을 보여주고 그 인물의 말이 끝난 다음에 이어서 다른 사람이 말하는 영상을 보여주면 두 인물이 같은 영상 안에 존재하지 않더라도 관객은 두 사람이 서로 대화하고 있다고 이해한다. 이것은 우리가 영화 이전에 존재했던 영상예술에서 학습한 어떤 코드를 활용했기 때문이거나 두 인물의 대사가 연속된 것임을 이해할 수 있는 언어사용의 코드를 활용했기 때문일 것이다. 또 다른 예를 들어보면 디졸브로 연결된 두 숏에서는 하나의 숏이 다른 숏보다 더 과거에 일어난 사건을 보여준다고 인식되거나 어떤 인물의 회상을 의미한다고 인식된다. 즉, 디졸브가 플래시백(flashback)으로 이해되기 위해서는 디졸브가 코드화되어야 한다.

　계열체와 통합체의 작용으로 언어가 의미를 생성한다는 관념은 구조주의적인 사고방식에 기반한 기호학적 관점에서 언어를 바라본 결과이다. 그런데 앞에서 영상을 제작하는 과정은 우리가 말을 하고 글을 쓰는 과정과 유사하며 계열체는 미장센 및 시네마토그래피와, 통합체는 편집과 유사하다고 언급했었다. 이러한 유사성은 언어와 영상이 구조적으로 비슷하다는 사실을 뒷받침한다. 그리고 앞에서 영상언어의 기법을 분류하고 그 사례들을 살펴보았는데, 영상을 제작할 때 그러한 기법들을 반복적으로 적용한다면 영상언어와 영상기호학적 관점이 서로 통한다고 볼 수 있다.

2. 영상서사의 구조

1) 서사란 무엇인가

구조주의적 접근방법이 영상기호학에만 활용되는 것은 아니다. 영화는 한 편의 이야기이므로 이야기 역시 구조주의로 설명할 수 있다. 이야기를 뜻하는 용어는 스토리텔링, 내러티브, 서술 등 다양하지만, 여기서는 서사라는 용어를 사용하겠다. 내러티브(récit/narrative)라는 용어는 주로 프랑스의 구조주의자들이 이야기 형식에 대해 논할 때 사용했다. 요즘엔 스토리텔링이라는 말도 많이 사용하는데, 이야기를 콘텐츠로 활용할 때 주로 스토리텔링이라고 한다.

그렇다면 과연 서사란 무엇일까? 기호는 우리가 표현하거나 소통하기 위해 사용하는 거의 모든 수단을 말하는데, 이러한 수단 중에서도 서사는 특별한 경우이다. 서사는 단순히 의미만 전달하는 것이 그 의미를 효과적으로 전달하는 것을 목적으로 삼는다. 따라서 서사에서는 간혹 어떤 사건이 사실이 아니더라도 재미있게 전달하는 것이 더 큰 의미를 지닐 수도 있다. 사람들은 지구가 멸망하는 영화를 보거나 연쇄살인범에 관한 소설을 읽을 때 재미만 있다면 내용이 황당하더라도 의미 없다고 생각하지 않는다. 〈인터스텔라〉 같은 SF영화가 과학적으로 말이 되지 않더라도 큰 문제가 되지 않는다. 그런 이야기는 핍진성(verisimilitude)을 갖춘 서사이기 때문이다. 핍진성은 개연성과 다르다. 개연성이란 어떤 사건이 발생할 가능성을 말하지만, 핍진성이란 개연성이 적더라도 이야기가 그럴듯해서 믿을 만한 특성을 말한다. 서사에서 핍진성이 중요하다는 말은 서사되는 사건이 사실과 거리가 있더라도 서사가 성립될 수 있음을 의미한다. 아울러 서사는 사건의 맥락을 표현하는 데도 능하다. 서사는 시와 달라서 특정한 대상을 자세히 묘사할 수도 있고 어떤 사건이 발생한 원인이나 사건의 전체적인 과정을 설명하기에도 적합하다.

즉, 서사는 어떤 사건을 재현할 때 사람들에게 즐거움을 줄 수 있도록 표현하는 것과 그 사건의 깊은 맥락을 표현하는 것, 두 가지 의미를 지니고 있다. 따라서 서사는 신문기사나 역사 연대기처럼 현실을 있는 그대로 기록하지 않으며, 발생한 사건들을 서사할 때면 개별 사건의 순서를 바꾸기도 한다. 그러면 수용자는 더 큰 흥미를 느끼고 사건의 맥락을 더 자세히 이해할 수 있다.

사건을 특정한 목적에 따라 재구성하기 위해서는 서술자나 화자(narrator)의 역할이 중요하다. 서술자는 어떻게 하면 서사를 수용하는 사람이 흥미를 느끼고 전후관계를 잘 이해할 수 있을지 미리 생각해 두어야 한다. 예를 들어 추리소설이나 영화에서는 시간상 가장 먼저 발생한 사건에 대한 범인을 마지막에 알게 되는 경우가 대부분이다. 이것은 의도적으로 사건의 배열을 바꾼 결과이다. 또는 착한 인물의 성격을 부각시키기 위해 빌런을 더욱 악하게 묘사하기도 한다. 서술자는 이처럼 이야기를 바꾸기도 하고, 서사되는 사건의 내용을 알고 있지만 모른 체하기도 하며, 사실과 다르게 거짓말을 하기도 한다. 하지만 사람들은 서사를 통해서 호기심을 충족시키고 예기치 않은 놀라움을 즐기기 때문에 이 모든 것을 용인한다. 때로는 그 서사가 거짓말인 줄 알면서도 사실이라고 은연중에 자기를 속이기도 한다.

2) 구조주의 서사론의 전개

러시아 태생의 민속학자 블라디미르 프로프(Vladimir Propp)는 구전된 민담들을 수집한 뒤 이 민담들의 특성을 비교했다.[4] 그 결과 민담들에 일정한 패턴이 있다는 사실을 알아냈다. 그는 민담을 구성하는 공통적인 사건을 31개로 분류했는데 이 사건들이 일정한 순서를 지니고 있다고 주장했다. 그리고 등장인물을 일곱 가지 유형으로 분류했다. 러시아는 규모도 크고 역사도 오래된 나라인데 그곳에 흩어져 있는 이야기들도 일정한 패턴을 지닌 것을 보면 서사에 구조가 있다는 주장이 틀린 것은 아닌 듯하다.

그렇다면 프로프가 수집한 인물 구성에서 나타난 일곱 가지 유형은 과연 무엇일까? 바로 영웅(hero), 가짜 영웅(false hero), 공주(princess), 전송자(dispatcher), 조력자(helper), 악당(villain), 기여자(donor)이다. 그런데 이러한 인물 구성은 러시아 민담에만 해당되지 않는다. 〈스타워즈〉에서 루크는 오비완 케노비로부터 자신이 제다이의 아들임을 알게 되고 오비완 케노비에게 훈련을 받는다. 루크는 영웅이며 오비완 케노비는 전송자이자 조력자이다. 루크에게는 제다이를 배신하고 제국에 편에 선 악당 다스 베이더를 물리치고 제국으로부터 공화국을 부활시키는 임무가 주어진다. 그 과정에서 한 솔로를 만나게 되는데 그는 가짜 영웅인 것 같기도 하고 조력자인 것 같기도 하다. 그 임무를 수행하는 과정에서 레이아 공주의 등장도 빼놓을 수 없다. 그들은 매우 어려운 상황에 처한 약자였지만 루크의 활약에 힘입어 극적으로 제국군을 물리치게 된다.

---

4   블라디미르 프로프, 『민담형태론』, 어건주 옮김(지만지, 2013).

그림 15-1 〈스타워즈〉: 루크와 오비완 케노비

그림 15-2 〈취권〉: 성룡과 소화자

〈스타워즈〉의 이야기는 무협지 이야기나 성룡이 출연하는 쿵푸영화와도 비슷하다(〈그림 15-1〉, 〈그림 15-2〉). 반복되는 구조는 인물의 구성에서도 나타나고 인물들이 겪는 사건의 순서에서도 나타난다. 한 편의 이야기에는 인물들이 등장해 사건이 발생하는데 이야기가 진행되는 동안 모든 인물을 등장시킬 수도 없고 작은 일까지 이야기할 수도 없다. 따라서 이야기를 창작하는 사람은 의미 있는 인물, 예를 들어 프로프가 말한 일곱 가지 유형의 인물을 선택해야 하고 그 인물들이 경험하는 일들 가운데 중요한 사건을 선별해야 한다. 물론 인물과 사건을 선택했다고 해서 이야기가 이루어지는 것은 아니다. 인물들을 적재적소에 배치해야 하고 선택한 사건들을 잘 나열해야 한다.

　이러한 선택과 배열은 구조주의에서 말하는 계열체와 통합체의 원리이기도 하다. 서사는 언어의 특별한 형식이지만 서사 역시 계열체와 통합체의 구조를 지니고 있다. 프로프의 개념은 구조주의의 관점에서 서사문제를 고찰한 여러 프랑스 이론가에 의해 심도 있게 전개되었고 모델은 더욱 복잡해졌다. 1966년 프랑스의 서사기호학자 알기르다스 줄리앙 그레마스(Algirdas Julien Greimas)는 서사의 인물과 사건구성을 더욱 섬세한 모델로 제시했다. 이것을 행위소 모델(actantial model)이라고 한다. 한편 바르트는 1970년 『S/Z』라는 책에서 서사의 사건 배열방식에도 패턴이 있으며 그 패턴이 코드처럼 작동한다고 주장했다.[5]

3) 사건의 배열과 플롯장치

　특히 사건들이 배열되는 패턴이 있는데 이러한 패턴을 플롯장치(plot device)라고도 한다. 플롯장치가 존재한다는 것은 서사에도 구조가 있음을 보여준다. 예를 들어 '체호프의 총(Chekhov's gun)'이라고 불리는 플롯장치를 생각해 보자. 러시아의 소설가 안톤 체호프(Anton Chekhov)는 "1막에서 권총을 소개했다면 3막에서는 반드시 쏴야 한다. 발사되지 않을 거라면 무대 위에 놓아서는 안 된다"라는 유명한 말을 남겼다. 즉, 어떤 소품이 처음에는 큰 의미가 없더라도 한 번 등장했으면 나중에 다시 사용하라는 뜻이다.

　예를 들어 〈노팅힐〉에서는 연인이 아침 식사를 하면서 벽에 걸린 샤갈

5　　롤랑 바르트, 『S/Z』, 김웅권 옮김(연암서가, 2015).

그림 15-3 〈노팅힐〉: 체호프의 총 플롯장치

그림 15-4 〈노팅힐〉: 체호프의 총 플롯장치

의 그림에 대해 잠깐 대화하는 장면이 나온다. 샤갈의 그림이 이때는 별다른 의미가 없지만 이 그림은 마지막에 다시 한번 등장한다. 여자와 남자가 크게 다투고 헤어진 후에 여자는 남자를 찾아와 샤갈 그림 진품을 선물하며 다시 만나자고 한다. 하지만 남자는 얄밉게도 선물만 받고 고백을 거절한다(〈그림 15-3〉, 〈그림 15-4〉). 이 사건의 전개에서는 '체호프의 총' 기법이 사용된 것이다.

이 외에도 사건의 배열법에는 어떤 것이 있을까? 고대 그리스의 연극에서는 복잡하게 얽힌 이야기를 끝내기 위해 마지막에 신을 등장시키는 방법을 종종 사용했다. 이처럼 결말을 짓거나 갈등을 풀기 위해 뜬금없이 등장하는 플롯장치를 '데우스 엑스 마키나(deux ex machina)'라고 한다. 이 말은 '기계장치로 내려오는 신'이라는 의미이다. 영화 〈해운대〉(2009)에 서는 많은 등장인물이 각자 풀기 어려운 갈등을 겪는다. 그런데 갑자기 쓰나미가 몰아닥치고 이로 인해 부산 곳곳에서 큰 피해가 발생하지만 그들의 갈등이 모두 해소되고 서로 화해하는 결말을 맞이한다. 결국 쓰나미는 이 이야기에서 데우스 엑스 마키나의 신과 같은 역할을 한 것이다.

한편 '클리프행어(cliffhanger)'는 어떤 인물이 딜레마에 빠지거나 갈등이 고조된 마지막 순간에 결말 없이 이야기가 끝나는 플롯장치를 말한다. 지금은 범인을 체포했지만 오랫동안 미제로 남아 있었던 화성연쇄살인사건을 다룬 〈살인의 추억〉(2003)이나 시트콤 장르의 특성을 쭉 유지하다가 마지막에 결말 없이 끝난 MBC 시트콤 〈지붕 뚫고 하이킥〉(2009)도 일종의 클리프행어 플롯장치를 지니고 있다. 한편 비슷한 설정의 tvN 시트콤 〈감자별〉(2013)도 혹성과 지구가 충돌하는 황당한 결말로 끝나는데, 이 경우는 일종의 데우스 엑스 마키나이다. 텔레비전 드라마는 시청자들에게 다음 회를 보도록 하기 위해 호기심을 자극하는 클리프행어의 엔딩 방식을 취한다. 시리즈 형식은 등장인물이 많고 사건도 다양해 작가로서는 한번에 결말을 짓기가 쉽지 않다. 그래서 이 두 편의 시트콤은 결말에 특별한 플롯장치를 이용했다. 최근에는 JTBC 드라마 〈재벌집 막내아들〉(2022)의 결말을 놓고 논란이 있었는데, 사람들은 결말이 재미없다거나 논리적으로 맞지 않는다는 비판을 쏟아냈다. 만일 클리프행어를 썼더라면 어땠을까?

'인 메디아스 레스(in medias res)'에 대해서도 알아보자. 인 메디아스 레스는 '사물의 중심에' 또는 '사건의 한가운데'라는 뜻으로, 독자나 관객을 먼저 사건의 한가운데로 끌어들인 뒤 사건의 전개나 인물에 관한 설명을

그림 15-5 〈형사 콜롬보〉: 인 메디아스 레스

뒤로 돌리는 수법을 뜻한다. 미국 NBC와 ABC에서는 1968년부터 〈형사 콜롬보(Colombo)〉 (1968·1978, 1989~2003)라는 드라마가 방송되었다(〈그림 15-5〉). 이 드라마는 일반적인 추리 장르나 범죄 장르와는 다른 특징을 지니고 있었는데, 바로 살인사건을 해결해야 할 주인공 형사가 허술하고 털털해 보인다는 것이다. 범죄자가 살인을 저지르는 장면을 시청자에게 먼저 보여주고 시작한다는 점도 특이했다. 살인자는 대개 상류층에 속한 지능범이어서 범인이 누군지 이미 알고 있는 시청자들은 어리숙한 형사가 꾀를 내어 범인을 체포하는 과정을 지켜보는 데서 큰 흥미를 느꼈다. 이러한 구성을 인 메디아스 레스라고 한다. 핵심으로 직접 들어간다는 뜻이다.

이러한 방식은 시청자에게 범인이 누구인지 마지막에 알려주는 '후더 닛(whodunit)'과는 대조되는 플롯장치이다. 텔레비전 추리물 가운데 〈제시카의 추리극장(Murder, she wrote)〉 (1984~1996)은 후더닛의 대표적인 사례인데(〈그림 15-6〉), 사실 많은 추리소설이나 영화, 드라마가 후더닛 플롯구성을 따르고 있다. 인 메디아스 레스는 원인이 되는 사건을 앞에 두는 방식이고, 후더닛은 원인이 되는 사건을 뒤에 위치시키는 방식이다.

그림 15-6 〈제시카의 추리극장〉: 후더닛

한편 데우스 엑스 마키나는 결정적인 해결 방법을 마지막에 배치하는 반면, 클리프행어는 아무것도 배치하지 않는다. 이처럼 영상서사에서는 사건을 배열하는 방식이 다양한데, 구조주의 용어로 말하자면 이것은 통합체 규칙이다.

3. 장르유형과 장르혼성

1) 장르구조

이 절에서는 구조주의적인 관점에서 영상 작품의 장르(genre)에 관해 살펴보자. 장르란 예술을 다양한 유형으로 분류한 여러 가지 범주를 말한다. 그렇다면 영화의 장르는 어떻게 분류할 수 있을까? 여기에 대해서는 다양한 의견이 있지만 여기서는 토머스 샤츠(Thomas Schatz)의 이론을 토대로 살펴보고자 한다.[6]

표 15-1 **질서 장르와 통합 장르**

	질서 장르 (웨스턴물, 갱스터물, 탐정물)	통합 장르 (뮤지컬, 코미디, 가족, 멜로드라마)
주인공	개인(남성 중심)	커플/집단(여성 중심)
배경	경쟁적인 공간(불안정한 이데올로기)	문명화된 공간(안정적인 이데올로기)
갈등	외면화 – 폭력적	내면화 – 감성적
종결	제거(죽음)	포용(사랑)
주제	중재 – 구원 마초 코드 고립된 자존 약속으로서의 유토피아	통합 – 순치 모성적 – 가족 코드 공동체 협력 실재로서의 유토피아

샤츠는 영화를 두 가지 유형으로 분류했다. 웨스턴물(western), 갱스터물(gangster), 탐정물(detective)을 크게 '질서(order) 장르'로 묶었고, 반대로 뮤지컬(musical), 코미디(comedy), 멜로드라마(melodrama)를 '통합(integration) 장르'로 묶었다. 이러한 분류는 우리의 상식에 부합한다. 심각하고 강렬한 내용의 영화는 질서 장르에, 반대로 가볍고 밝은 분위기의 영화는 통합 장르에 속한다. 하지만 샤츠는 단순히 느낌대로 분류한 것이 아니라 두 장르에 속하는 영화들의 체계적인 구조에 관해 설명했다. 특정한 내용의 이야기를 하려면 여러 가지 요소를 선택해야 하고 그러한 요소를 나름대로 배열해야 한다. 예를 들어 서부영화는 여러 성격의 인물들 가운데 마초적인 남성을 주인공으로 선택하고 그가 겪는 사건을 규칙성 있게 배열한다. 서부영화를 보면, 주인공은 우연히 곤경에 빠진 마을을 들르고 빌런으로부터 위험에 처한 마을을 구하지만 결국 그는 (마을의 미녀가 붙잡아도) 조용히 마을을 떠나는 순서로 이야기가 진행된다. 그런데 이 역

---

6   토머스 샤츠[토마스 샤츠], 『할리우드 장르』, 한창호·허문영 옮김(컬처룩, 2014).

그림 15-7 〈차이나타운〉: 여주인공의 질서 장르 영화

시 계열체와 통합체의 문제이다.

특정한 요소를 나름대로 배열하는 또 다른 규칙에 대해 살펴보면, 질서 장르의 주인공은 개인이며 주로 남성인 반면, 통합 장르의 주인공은 커플이나 집단이며 주로 여성이다. 질서 장르의 배경은 이데올로기가 불안정하고 경쟁적인 공간인 반면, 통합 장르의 배경은 안정적이고 문명화된 공간이다. 질서 장르의 갈등은 외연화되어 있고 폭력적인 반면, 통합 장르의 갈등은 내면화되어 있고 감성적이다. 한편 샤츠는 질서 장르의 결말은 '제거(죽음)'로, 통합 장르의 결말은 '포용(사랑)'으로 표현했다. 느와르 영화와 멜로드라마 영화를 떠올려보면 대체로 도식화된 두 가지 장르의 규칙이 잘 들어맞는다.

하지만 〈노팅힐〉을 보면 윌리엄 대커는 남자인데도 멜로드라마 영화에서 여자가 담당하는 역할을 했다. 그는 변덕스러운 여배우 때문에 상처를 받지만, 그녀를 사랑한다. 반면에 영화배우 김혜수는 2014년 〈차이나타운〉과 2017년 〈미옥〉에 출연하면서 조직의 보스역을 맡았는데, 그녀는 느와르 영화에서 남자들이 주로 하는 역할을 맡았다(〈그림 15-7〉). 이러한 사례는 샤츠가 정리한 장르구조에 역행하는 것처럼 보이지만, 자세히 살펴보면 남자가 여자 역할을 맡아 여성의 성격을 갖게 되거나 반대로 여자가 남자 역할을 맡아 남성의 성격을 가지게 된 것일 뿐이다. 그렇기 때문에 구조는 유지되었다고 볼 수 있다. 남자와 여자의 역할이 뒤바뀌어 (switch) 흥미를 유발하긴 하지만 전체적인 이야기의 구성은 바뀌지 않았다. 〈노팅힐〉에서 남자가 여자 역할을 맡았지만 두 연인은 결국 사랑으로 화해하고, 반대로 〈차이나타운〉에서는 조직의 보스가 여성이지만 그렇다고 해서 자신에게 도전하는 부하에게 자비를 베풀지는 않는다.

2) 장르혼성

〈노팅힐〉, 〈차이나타운〉, 〈미옥〉이 장르혼성의 면모가 살짝 드러난 영화라면, 장르구조가 완전히 무너진 영화도 있다. 예외 없는 규칙은 없으며 간혹 예외가 더 큰 의미를 지닐 때도 있다. 이러한 사례는 영화서사가 구조주의의 틀을 벗어난 경우로, 다른 이론으로 설명해야 한다. 쿠엔틴 타란티노(Quentin Tarantino)는 포스트모더니즘 영화의 미학을 대표하는 감독으로 불리는데, 그 이유 가운데 하나는 그의 영화에서 나타나는 장르혼성 때문이다.

〈킬빌, 1부(Kill Bill, Vol.1)〉(2003)의 한 장면을 생각해 보자. 블랙 맘바는 코마에서 깨어나 자신을 파멸시킨 옛 동료 조직원들에게 차례로 복수를 한다. 그녀는 버니타 그린을 처음으로 찾아간다. 그린은 이미 가정을 꾸리고 어린 딸을 낳아 키우면서 착하게 살고 있다. 블랙 맘바는 그린의 집으로 찾아가 결투를 벌인다. 영화는 액션 장면을 보여주다가 갑자기 창문 밖으로 스쿨버스가 천천히 도착해서 그린의 어린 딸이 집으로 걸어오

그림 15-8 〈킬빌, 1부〉: 질서 장르와 통합 장르의 혼성

는 장면을 보여준다. 즉, 질서 장르 영화에서 전형적인 액션 장면이 빠른 컷으로 진행되다가 갑자기 가족영화의 느린 리듬으로 전환되는 것이다. 액션과 가족, 질서와 통합의 장르 속성이 충돌하면서 갑자기 긴장감과 몰입감이 떨어지고 웃지 못할 장면이 연출된다(〈그림 15-8〉). 여기서는 상반되는 장르 패턴의 충돌로 인해 구조가 와해된다. 이로써 영화는 액션도 아니고 가족도 아닌 색다른 코미디의 느낌을 풍긴다. 그리고 구조를 의도적으로 파기한 것으로부터 '영화의 장르 원리가 원래 이런 것이었구나'라는 생각이 들게 만든다. 이 영화는 영화의 장르구조를 비꼬면서 왜 꼭 영화가 구조에 순응해야 하는지를 물어보는 것 같다. 타란티노라면 충분히 그럴 수 있을 것이다.

〈킬빌, 1부〉를 보면 구조를 기반으로 한 영상에서는 이해할 수 없는 점들이 나타난다. 첫째, 영상이 기의를 지닌 기표로 작용한다고 보기 어렵다. 왜냐하면 〈킬빌, 1부〉는 특정한 의미나 사건을 지시하는 것이 아니라 단지 다른 영화를 지시하거나 비꼬기 때문이다. 즉, 〈킬빌, 1부〉는 다른 영화를 패러디한 것이다. 둘째, 〈킬빌, 1부〉의 이 장면에 등장하는 인물이나 사건은 서사구조론으로 유형화한 것 가운데 어디에 속하는지 알 수 없다. 따라서 〈킬빌, 1부〉는 특정한 장르에 속한다고 보기 어렵다. 마지막으로 중요한 점은 〈킬빌, 1부〉에서 영상이 담당하는 역할이다. 서사는 영상예술에서만 나타나는 형식이 아니다. 영화나 텔레비전이 발명되기 이전에는 서사가 문학작품의, 특히 소설장르의 형식 가운데 하나로 여겨졌다. 다시 말해, 서사는 영상 작품에만 있는 특수한 형식이 아닌 것이다. 하지만 액션영화가 가족영화와 뒤섞인 〈킬빌, 1부〉의 이 장면에서는 우스운 코미디 같은 묘한 느낌이 드는데, 이러한 아이러니는 말이나 글로는 표현할 수 없다. 즉, 영상으로만 표현된다. 왜냐하면 가족을 의미하는 스쿨버스와 액션을 의미하는 결투를 '동시에' 표현하는 것은 영상으로만 가능하기 때문이다. 만일 스쿨버스와 결투를 글로 차례대로 묘사했다면, 다시 말해 스쿨버스를 언급하고 그다음에 결투를 언급했다면 장르혼성에서 발생하는 묘한 느낌을 전달할 수 없었을 것이다. 이 장면에서는 장르의 구조도 깨지고 언어의 구조도 깨진다.

그렇다면 이렇게 구조로 설명할 수 없는 영상은 어떻게 이해해야 하는가? 이에 대해서는 뒤에서 살펴볼 것이다. 그전에 잠시 텔레비전 영상의 구조에 대해 살펴보자.

4. 텔레비전 영상의 구조

영화 미학이론은 다른 영상 미디어에 대한 이론보다 먼저 논의되기 시작했고 또 상당히 진보되어 있다. 따라서 영화 미학이론을 먼저 살펴보고 이를 바탕으로 다른 미디어를 살펴보는 것이 좋다. 물론 구조주의 이론은 보편적이고 일반적인 규칙을 지향하기 때문에 구조주의 이론을 적용했을 때는 그 결과가 예상을 크게 벗어나지 않는다. 따라서 제4부에서 살펴본 영상기법과 그 기법이 지닌 구조적 의미는 모든 영상 미디어에 적용할 수 있을 것이다.

텔레비전 영상에도 기본적으로 기호 구조가 내재되어 있으며 영화에 비해 소통과 정보교환에 상대적으로 더 많이 활용되기 때문에 텔레비전 영상은 오히려 더 구조적이라고 볼 수 있다.[7] 물론 텔레비전 미디어가 지닌 특성에 따라 어떤 규칙이 더 적절하다거나 적절하지 않다고 볼 수도 있다. 예를 들어 과거에는 텔레비전 영상의 품질이 좋지 못했기 때문에 클로즈업이 많이 쓰였는데 이러한 점이 영화와 다르다. 또한 텔레비전 수용자는 보통 간헐적 시청자이기 때문에 그들의 주의를 끌기 위해 대사나 음향을 상대적으로 더 많이 사용한다. 그리고 보도나 다큐멘터리 장르는 정보를 전달하는 기능에 치중하기 위해 자막이나 도해를 많이 활용한다.

텔레비전 드라마도 영화처럼 서사를 내용으로 하기 때문에 구조적 특성이 존재하지만, 표면적으로는 차이점도 있다. 이러한 차이점은 매우 흥미로우며 텔레비전 미디어의 특징을 확인시켜 준다. 영화는 전통적인 시민소설의 형식과 유사하지만, 텔레비전 드라마는 그렇지 않다. 드라마는 시리즈(series) 또는 시리얼(serial) 형식으로 되어 있어서 매일 또는 매주 반복적으로 방영된다. 시리즈는 인물의 구성이나 장르가 결정되어 있으며 회마다 다른 사건을 다룬다. 시리즈는 굳이 매회 시청하지 않더라도 시청자가 드라마를 이해하는 데 큰 문제가 없다. 텔레비전의 이러한 특성으로 말미암아 드라마의 서사구조를 이해할 때에는 프로프의 서사구조론을

7   엘런 세이터[엘렌 세이터], 「기호학과 텔레비전」, 로버트 앨런[로버트 알렌] 엮음, 『텔레비전과 현대비평』, 김훈순 옮김(나남, 1992), 35~65쪽.

단순하게 적용하기가 어렵다. 대체로 갈등은 두 인물의 관계에만 한정되어 있지 않고 여러 인물 사이에 퍼져 있다. 또 사건의 배열이 더욱 복잡하며 다양한 장르의 이야기가 겹쳐지기도 한다.

그러나 여기서 언급한 특성은 사실 지엽적인 문제이다. 텔레비전과 구조주의에 대해 들여다보면 보다 근본적인 문제점이 있다는 것을 알 수 있으며 구조가 유지되는 텔레비전 프로그램에서 걱정스러운 점도 있다. 텔레비전은 매스미디어로서 영화와 달리 보도기능을 갖고 있다. 그리고 뉴스에는 계획된 서사가 있을 수 없기 때문에 뉴스를 구조주의적인 관점에서 이해하는 것은 곤란하다. 서사되는 사건에는 패턴이 있지만, 현실에서 벌어지는 사건에는 패턴이 없으므로 특정한 유형으로 분류할 수 없기 때문이다. 만약 뉴스로 보도되어야 할 사건들을 구조화한다면 현실의 사건을 파악하기가 어려워질 것이다. 따라서 텔레비전은 구조주의적 관점이 잘 들어맞지 않는다고 단순하게 판단할 수도 있다. 하지만 바로 여기에서 문제가 발생한다.

한 예를 들어보자. 선거를 치르고 나면 우리는 개표가 끝나기도 전에 선거결과를 텔레비전을 통해 알 수 있다. 선거에서 결과만큼 중요한 것이 후보들의 정치적 성향이나 정책적 이슈이다. 결국 중요한 것은 누가 당선되는가가 아니라 선거를 통해서 우리 사회가 어떻게 변화하고 발전할 것인가 하는 것이기 때문이다. 하지만 선거 보도방송에서는 이보다 후보 간에 경쟁하는 모습들을 더 많이 보게 된다. 선거방송을 하면서 정책적 이슈보다 후보의 경합을 주로 다루는 것을 경마 저널리즘(horse-race journalism)이라고 한다. 경마식 보도는 마치 영화에서 이야기의 흥미를 배가시키기 위해 갈등을 첨예화하고 결투나 경쟁을 중심으로 인물과 사건을 구성하는 것과 비슷하다. 다시 말해서 서사구조화시킨다는 것이다. 선거 보도가 서

그림 15-9 **선거방송의 한 장면**

사구조일 수는 없으며 그렇게 되어서도 안 되지만, 심층에서 서사구조가 작동하고 있다는 점 또한 부인할 수는 없다. 경마 저널리즘의 예를 통해 텔레비전 방송이 구조적 특성을 지니고 있다는 사실과 함께 그러한 특성의 문제점도 이해할 수 있다(〈그림 15-9〉).

또 다른 예를 들어보자. 대중이 텔레비전을 통해 쉽게 접하는 뉴스는 서사구조와 매우 유사하다는 주장이 있다. 따라서 뉴스도 이야기의 유형으로, 즉 서사의 장르로 분류할 수 있다고 본다. 뉴스는 현실에서 벌어진 사건을 시청자들에게 알리는 것이 목적이므로 뉴스도 구조를 지닌 서사로 간주할 수 있다는 의미인데, 과연 이러한 상태에서 사실 보도의 가치가 충분히 실현될 수 있을지 의문스럽다.

현실에서 발생한 사건은, 앞에서 살펴본 것처럼, 서사의 인물구성이나 사건의 배열과 일치할 수 없다. 그렇다면 구조에 맞추기 위해 현실의 사건을 왜곡할 수도 있지 않을까? 예를 들어 사건에 연루된 어떤 인물을 영웅으로 만들기 위해 또는 반대로 빌런으로 만들기 위해 인물이나 사건을 과장할 수도 있을 것이다. 누군가를 속죄양으로 묘사하거나 희생자로 묘사할 수도 있을 것이다. 만일 그러한 과장이나 왜곡을 쉽게 알아차리지 못하

그림 15-10 **미디어 조작을 주제로 한 영화 〈웩더독〉**

도록 은밀하게 보도한다면 그것은 더 큰 문제가 될 수 있다. 앞에서 사실주의에 대해 설명하면서 사실주의는 구조주의와 충돌할 수 있다고 했는데, 이러한 충돌이 텔레비전 보도영상에서 발생한다면 그로 인한 부정적인 효과는 심각할 것이다. 영화 〈웩더독(Wag The Dog)〉(1997)에서는 대통령의 스캔들을 감추기 위해 참모들이 알바니아와 전쟁이 벌어졌다는 가짜뉴스를 보도하고 가짜영상을 제작한다(〈그림 15-10〉). 참모들은 대중이 이해하기 쉽고 좋아할 만한 내용으로 뉴스와 영상을 창작했던 것이다.

5. 구조주의적 영상이해의 문제점

영상에 접목된 구조주의는 다양한 방향으로 전개되었으며 여러 가지 이론도 파생시켰다. 그러나 곧 구조주의 자체에 대한 그리고 구조주의적 영상이론에 대한 비판과 대안이 제기되었다. 앞에서 텔레비전 영상이 지닌 구조적인 문제에 대해 다루었다면, 여기에서는 영상을 기호로 간주했을 때 제기될 수 있는 근본적인 문제점에 대해 알아보자.

첫째, 영상의 유형이 다양하다는 것이다. 매우 다양해서 무엇을 의미하는지 분명하지 않거나 아무것도 의미하지 않는 영상도 있다. 예를 들어 실험영화나 예술영화에 반드시 분명한 의미가 담겨 있는 것은 아니다. 또는 블록버스터 영화를 재미있게 보고 나서 생각해 보면 긴 시간 영화를 보지만 줄거리는 단순하다. 주인공은 악당을 물리치고 지구를 구할 것이 뻔하다. 이해하기 어려운 예술영화이든 흥행을 목적으로 만든 영화이든 간에 의미 없는 영상이 존재한다. 다시 말해서 이러한 영상은 기의 없는 기표인 셈인데, 이것은 기호학적으로 설명하기 어렵다.

둘째, 영상은 여러 가지 요소로 구성되어 있고 이러한 요소들이 동시에 수용된다는 것이다. 영상은 문학처럼 시간에 따라 수용되는 예술의 특성과 회화처럼 공간에서 수용되는 예술의 특성을 모두 지니고 있다. 그런데 어느 한 예술의 입장을 택하면 다른 예술의 입장은 배제될 수밖에 없다. 따라서 영상이 지닌 의미를 파악하기 위해 특정 요소를 선택하고 다른 요소는 누락시키는 경우가 빈번하다. 하지만 이처럼 어떤 요소가 누락된 채 의미를 파악하면 부분적으로는 영화를 이해할 수 있겠지만 영화 전체를 이해했다고 보기는 어렵다. 예를 들어 〈킬빌, 1부〉의 영상은 어떤 요소를 배제해야 비로소 액션영화 또는 가족영화로 간주할 수 있다. 다시 말해 영화 텍스트에는 특정한 요소를 선택하면 배제되는 요소, 즉 '코드화되지 않은 잔해(uncoded residue)'가 존재하는데, 이것은 기호학적으로 해결될 수 없는 문제이다.

셋째, 모든 요소가 잘 어우러지고 조합된다(이것을 시네마 코드라고 한다)

고 가정하더라도 요소를 조합시키는 주체에 대한 의문은 해결되지 않는 다는 것이다. 즉, 코드의 작용으로 영화가 의미를 내포한다고 볼 수 있더 라도, 그 코드가 이미 존재하는 것으로 전제할 수 없으며 어떻게 해서 형 성되었는지 설명이 필요하다. 이것은 후기구조주의자들이 언어와 소통의 문제를 다룰 때 항상 지적하는 주체의 위치와 작동에 관한 문제이다. 기호 학은 주체의 의식이나 활동을 기정사실로 간주하는데, 왜냐하면 그 근거 를 문제시할 수 있기 때문이다. 영화이론 역시 이 문제를 피해갈 수는 없 었다. 특히 여러 요소를 조합해서 복잡하게 의미를 생성하는 영화의 경우 조합의 주체에 대해 문제시하지 않을 수 없었다. 영상을 보는 사람이 모두 다르게 기호를 조합하고 선택해서 처리할 수 있기 때문이다.

지금까지 언급한 기의 없는 기표의 문제, 선정과 배제의 문제, 그리고 조합의 주체의 문제, 이 세 가지 문제를 기호학이 해결해 주지 못한다는 것이 구조주의적으로 영상을 이해하는 데서 지적된 문제의 핵심이다. 이 러한 비판이 제기된 이후 영상이론은 여러 방향으로 전개된다. 메츠는 여 러 후기구조주의 이론을 수용하고 이들 이론을 바탕으로 조합과 주체의 문제를 풀어내려 했다. 그 결과 영화는 매우 복잡한 유형의 텍스트라고 주 장하게 되었다.[8] 메츠에 따르면, 영화가 복잡한 이유는 영화에서는 의미 와 그 의미를 구성하는 과정이 모두 텍스트 표층에 나타나기 때문이다. 한 편에 기호가 있으면 그 기호가 코드화되는 과정 역시 텍스트 표층에 나타 나고, 기호의 작용으로 서사가 성립되면 그 서사를 성립시키는 힘도 영화 텍스트 표층에 나타난다고 주장했다. 간단히 말하자면 영상은 두 가지를 전달한다. 즉, 의미를 전달하고, 그 의미가 생성되고 전달되는 작업도 전

---

8   크리스티앙 메츠, 『상상적 기표: 영화, 정신분석, 기호학』, 이수진 옮김(문학과지성사, 2009).

달한다.

이 알쏭달쏭한 답이 메츠를 비롯한 여러 후기구조주의 영상이론가들의 분석이었고, 이러한 과정을 거쳐 후기구조주의 영상론으로 전환되었다. 제16장에서는 이러한 전환 과정에 대해 자세히 살펴볼 것이다. 우리는 앞에서 기호뿐만 아니라 서사에 대해서도 살펴보았는데, 구조주의 서사학에서도 비슷한 비판과 대안이 제기되었다. 서사에는 인물과 사건의 유형이 있고 그러한 인물과 사건이 선택되고 배열되면서 서사가 이루어지는데 서사구조를 형성하는 힘은 어디에서 오는가 하는 문제가 제기된 것이다. 몇몇 이론가는 서사구조가 인간의 욕망과 결부되어 있다고 주장했다. 서사로부터 쾌감을 얻으려는 인간의 욕망에 따라 서사구조가 성립되었다는 것이다.

이 모든 것은 구조가 어떻게 만들어졌는가 하는 문제와 관련된다. 이것을 설명하기 위해서는 다른 인식론이 필요했다. 비유를 하나 해보자. 사람들은 아침에는 태양이 뜨고 밤에는 별이 뜨는 것을 보고 지구를 중심으로 태양과 별이 돌고 있다고 생각했으나 나중에 태양계의 존재를 알게 되었다. 사람의 눈에 보이지 않는 태양계라는 구조를 인식한 것이었다. 지동설은 엄청난 발견이었지만 문제는 거기에서 끝나지 않았다. 곧 태양계의 작용은 영원불멸한 것이 아니며 어느 시점에 생겨났다가 변화할 수도 있다고 생각하기 시작했다. 이러한 생각이 발전해 우주는 빅뱅으로 생성되었으며 나중에는 소멸될 수 있다는 주장이 제기되었다. 그리고 구조를 형성한 원인과 구조의 변화를 일으키는 원인에 대해서도 고심하게 되었다. 우리에게 중요한 기호는 어떠한가? 빅뱅과 마찬가지로, 우리는 기호의 구조에 대해서도 그 구조가 어떻게 생성되었는지 의문을 제기할 수 있을 것이며, 그 구조가 생성된 데에는 어떤 원인이 있을 것이라고 가정할 수 있다. 다시 말해서 언어가 선택과 배열이라는 구조 작용에 의한 결과라면 그 작용을 일으키는 힘이 어디에서 오는 것인지, 그리고 그 힘이 어떻게 해서 선택과 배열이라는 구조를 만들어냈는지 추적할 수 있을 것이다.

애초에 언어를 구조주의적으로 설명하려는 의도는 언어의 보편적인 활용 가능성을 전제로 했다. 그런데 후기구조주의자들은 이러한 전제를 비판했다. 제16장에서는 대표적인 후기구조주의자 데리다의 주장을 간단히 살펴보고 데리다의 입장을 받아들인 영상이론에 대해 알아볼 것이다. 또한 구조 생성의 문제에 대해 과감하게 도전한 후기구조주의 이론들을 다룰 것이다. 그러나 후기구조주의자들의 사유를 이해하는 것은 매우 어려운 작업이며, 그렇기 때문에 후기구조주의자들의 생각이 디무니없다고 비판하는 사람도 있다.[9]

---

9   앨런 소칼·장 브리크몽, 『지적사기』, 이희재 옮김(한국경제신문사, 2014).

제16장

후기구조주의와 성찰의 영상

1. 해체와 영상

1) 문자의 서명

제1장에서는 데리다가 제기한 차연이나 이식 같은 개념을 언급한 바 있다.[1] 이 장에서 설명할 내용은 그 개념과 연결된다. 데리다는 우리가 항상 사용하기 때문에 특별히 이상하다고 느끼지 못하는 문자의 사용에 대해 문제점을 지적했다. 우리는 문자가 어느 곳에서나 어떤 상황에서나 똑같은 의미를 지니고 있는 것처럼 사용하는데, 데리다는 이것을 반복가능성(itérabilité)이라고 칭했다. 이 개념은 앞에서 설명한 이식 개념의 맥락에서 이해할 수 있다. 기호를 사용할 때에는 그 뜻이 유지된다는 점을 전제

---

[1]   제1장 제4절 '현대의 문자 비판과 영상' 참조.

로 하는데, 데리다는 바로 그것이 문제라고 했다. 뜻이 유지되거나 반복되지 않는다면 기호를 사용할 때마다 뜻이 변하기 때문에 기표와 기의의 대응관계가 무너진다. 그리고 기호가 보편적으로 사용될 수 없다. 반복가능성은 우리말 번역이고 원래 프랑스어로는 itérabilité이다. iter는 '또 다시'의 뜻을 지닌 접두어이지만 산스크리트어로 itara는 '다르다'라는 뜻을 지니고 있다. 따라서 데리다가 사용했던 반복가능성이라는 용어를 잘 새겨보면 문자는 반복되어 사용되지만 사실은 사용될 때마다 뜻이 달라진다는 점이 암시되었음을 알 수 있다.

그렇다면 이 문제를 어떻게 해결할 수 있겠는가? 만약에 문자를 쓸 때의 상황이 문자 안에 담겨 있다면 읽는 사람이 그 문자의 맥락을 파악하는 데 도움이 될 것이다. 여기서 상황이란 문자가 쓰일 때의 시간과 공간, 쓰는 사람의 마음이나 행동 같은 것을 말한다. 우리는 문자를 읽을 때 문자의 의미에 대해서는 생각하지만 문자가 쓰였던 당시의 상황에 대해서는 잘 생각하지 않는다. 그런데 그 상황을 생각해 보면 어떨까? 당시의 상황이 문자에 남겨져 있다면 그때의 문자는 앞에서 설명했던 기호와는 전혀 다른 어떤 것이 될 것이며 반복(불)가능성의 문제도 해결될 것이다. 데리다는 이렇게 문자를 자세히 살펴보면 문자가 지닌 문제점을 피할 수 있다고 했다. 그런데 어떻게 문자에 상황의 흔적을 남길 수 있고 그 흔적을 읽을 수 있을까?

문자는 기호의 특성 외에 그림의 특성도 갖고 있는데 그 특성을 이용하면 된다. 예를 들어 서예로 쓴 글자에는 그림의 특성이 풍부하게 담겨 있으며, 그 글자에 쓰는 사람의 행동이나 마음이 담겨 있다. 서예 작품을 보면 작가가 기분에 따라 붓을 어떻게 움직였는지 알 수 있다. 어떻게 보면 모든 문자는 일종의 그림인데, 인쇄된 활자에는 그 특성이 적게 반영되고 서예에는 그 특성이 많이 반영된다.

또 다른 예로는 사인, 즉 서명을 들 수 있다. 서명은 기호와 다른 특징을 지니고 있다. 내가 한 서명이 기표이고 나 자신이 기의라고 볼 수 없다. 왜 냐하면 서명은 이미 일어난 사건의 발생을 지시하기 때문이다. 예를 들어 서명은 내가 이곳에서 지금 점심을 먹고 신용카드로 계산을 했다는 사건 을 지시한다. 그리고 그것은 유일무이한 사건이며 반복이 불가능하다. 내 일 이곳에서 점심을 또 먹고 똑같은 서명을 하는 상황이 와도 어제 했던 서명을 사용할 수는 없다. 서명은 자기 이름을 쓰는 것이 아니라 내가 여 기 있었다는 사실의 기록이기 때문이다. 그러니까 의미를 기록하는 것이 아니라 상황을 기록한 결과이다. 그러나 서명은 분명 텍스트 안에 들어와 있으므로 기호와 함께 존재한다. 미술작품의 서명도 마찬가지이다. 미술 작품에서의 서명의 용도는 작품을 감상하는 사람으로 하여금 화가의 이 름을 알게 하는 것이 아니라 화가로 하여금 자신이 그 작품을 과거 어느 순간에 창작했음을 알게 하는 것이다.

신용카드와 미술작품의 서명에는 공통점이 있다. 첫째, 서명은 기호가 아니라는 것이다. 기호는 반복되어야 하지만 서명은 반복될 수 없다. 왜 냐하면 서명은 의미를 지시하지 않고 기호가 생성되었던 그 순간의 상황 을 지시하기 때문이다. 둘째, 서명은 문자이면서 그림, 즉 영상의 속성을 지니고 있다는 것이다. 서명이라는 영상을 보면 그 기호가 하나의 사건으 로 발생되었던 시점을 기억할 수 있는데, 그것이 서명이라는 영상이 지닌 의미이다. 결국 데리다가 생각한 문자란 반복되는 기호를 말하는 것이 아 니라 영상의 특성이 담겨 있는 특별한 기호를 말한다. 따라서 문자는 '문 자영상'이라고 보아야 하며, 여러 요소가 혼재되어 있고 복잡한 형상을 띠 고 있다.

2) 영상의 수행성

데리다가 영상 미디어에 대해 고찰한 적은 없다. 하지만 몇몇 영화이론가가 데리다의 문자 개념을 영상에 적용했다. 기호를 다른 각도에서 고찰한 데리다의 관념은 매우 급진적이었다. 그 관념이 영상으로 옮겨간 결과 새로운 설명이 제안되었지만 이론의 복잡함을 피할 수는 없었다. 그러나 영상이론에서 문자에 대한 비판적 사유를 받아들인 것은 의미 있는 시도였다. 왜냐하면 주로 기호학이나 서사학처럼 기존의 이론을 참고해 다른 소통방식과 유사한지를 검토하던 관행에서 벗어나 영상만이 갖고 있는 특수성을 찾으려 했기 때문이다. 예를 들어 프랑스의 미학자 마르-클레르 로파르스(Marie-Claire Ropars)는 데리다가 말한 문자, 즉 반복되는 구조가 아닌 '수행성'을 지닌 문자가 영화에서 실현된 경우를 찾으려고 했다. 수행이란 그 구조를 만들었던 행위를 말한다.

로파르스가 말한 내용을 간단히 살펴보면 다음과 같다. 영상은 복잡한 형태를 띠고 있는데, 그 이유는 영상은 기호로 이루어졌지만 동시에 그 기호의 생성을 알려주는 또 다른 기호가 뒤섞여 있기 때문이다. 다시 말해 영상은 의미를 전달하는 기호이면서 동시에 그 의미가 생성되는 배경이기도 하다는 것이다.

프레임을 예로 들어보자. 모든 영상은 사각형의 프레임 안에 담겨 있다. 프레임은 카메라에 의해 만들어지기 때문이다. 인물을 가까이서 촬영하면 프레임 안에 있는 사람이 크게 보이며, 멀리서 촬영하면 사람이 작게 보여서 주변에 배경이 나타난다. 프레임에 따라 영상의 의미가 다르게 결정되므로 프레임은 영상을 기호로 만들어주는 작용을 한다. 하지만 다르게 생각할 수도 있다. 영상에서 프레임을 잘 관찰하면 영상을 촬영하는 카메라가 어느 위치에 있었는지를 정확히 알 수 있다. 그리하여 영상은 항상 촬영 현장의 모습을 간직하고 있다. 하지만 우리는 영상을 감상하면서 카메라의 위치를 의식하지는 않는다. 카메라의 위치를 의식하려면 흥미로운 이야기를 포기해야만 한다. 카메라를 망각해야만 지금 보고 있는 영상에 몰입할 수 있으며, 그 영상이 카메라에 의해 촬영된 것이라고 의식하기 시작하면 몰입이 깨진다. 영상을 보면서 카메라를 의식하는 일은 서명을 읽으면서 이름으로 읽지 않고 누군가가 점심을 먹고 신용카드로 결제를 했다는 사실을 깨닫는 것과도 같다. 영화나 텔레비전을 보면서 카메라를 떠올리기는 쉽지 않지만, 데리다가 말한 해체주의적 독서는 이러한 수용을 요구한다. 로파르스는 특히 영화의 영상을 이렇게 읽을 수 있다고 주장했다.

이러한 주장은 앞에서 언급한 영상기호학의 문제점에 대한 답변이 될 수 있다. 예를 들어 사람이 찡그리고 있는 영상은 그 인물의 고통을 의미하고 웃고 있는 영상은 행복을 의미한다고 생각할 수 있다. 이때 영상은 기호이다. 영상의 표면은 기표이며, 고통이나 행복은 기의이다. 하지만 그 인물의 뒤에 있는 배경은 어떻게 이해해야 할까? 만약에 사람은 웃고 있지만 배경은 어두운 분위기를 풍기고 슬픈 음악이 함께 들린다면 그때도 이 영상의 기의를 행복이라고 할 수 있을까? 영상을 축소해서 해석할 때에는 영상을 기호로 간주할 수 있지만 모든 요소를 고려하면 오히려 새로운 문제가 시작된다. 구조주의적인 사고방식은 영상이 의미나 교훈을 전달해 줄 수 있다는 점을 증명하는 데에는 활용되었지만, 영상의 특수성을 파악하는 데에는 큰 역할을 하지 못했다.

따라서 메츠는 결국 기호학에서 벗어나 다른 학문을 참고하게 되었다. 메츠가 자신의 관점을 바꾼 것은 영상연구 역사에서 큰 사건이었다. 그때부터 후기구조주의 관점이 영상이론으로 들어왔기 때문이다. 후기구조주의 관점으로의 변화에서 가장 핵심적인 사항은, 첫째, 영상은 구조작용의 결과물인 것이 아니라 기호화의 과정 역시 영상 안에 담겨 있다고 보게 되었다는 것이다. 둘째, 따라서 영상은 다른 기호와 질적으로 다르다고 인식하게 되었다는 것이다. 시계를 예로 들어보면, 우리가 시계바늘로 시간을 알게 되며 동시에 시계 안에 있는 톱니바퀴의 움직임도 보는 상황을 떠올리면 된다. 물론 시간만 보려는 사람에게는 톱니바퀴가 보일 리 없다. 하지만 시계도 영상도 실제로는 두 가지 움직임을 모두 지니고 있다.

이렇게 후기구조주의 관점으로 변화함으로써 영상을 기호로 간주했을 때는 설명하지 못하던 부분, '코드화되지 않은 잔해' 같은 부분을 설명할 수 있게 되었다. 아울러 코드가 생성되는 곳에 왜 반드시 잔해가 남는지도 파악할 수 있게 되었다. 여러 영상이론가는 문제가 되는 그 부분을 형상(figure)이라고 칭했다.

영상을 비롯한 모든 언어는 생성의 과정을 통해 만들어진다. 그리고 기호는 우리가 편할 때 사용할 수 있도록 이미 준비되어 있는 것이 아니라 누군가에 의해 만들어지고 또 코드화의 과정을 거치면서 고착된 결과이다. 그리고 그 과정이 형상에 담겨 있다.

2. 기호와 〈헤어질 결심〉

1) 형상이란 무엇인가

그렇다면 이제 형상에 대해 알아보자.

첫째, 형상은 의미 없는 영상, 즉 기표이기는 하지만 기의가 없는 기호를 뜻한다. 기술장치를 사용해 촬영한 영상은 우리가 평소에 눈으로 보는 현실과 유사하다. 따라서 이러한 영상은 기호라고 보기 곤란하다. 하지만 우리가 특정한 것에 주의를 기울이면 그것에 점차 의미가 부여되는데, 이 때에는 그것이 기호로 작용할 수 있다. 촬영된 영상도 바로 이러한 특징을 지니고 있다. 따라서 영상에 보이는 모든 것을 기호라고 할 수는 없으며 그렇게 아무런 의미가 부여되지 않은 영상을 형상이라고 한다.

둘째, 형상은 의미가 부여되는 과정을 뜻한다. 앞에서 말한 대로 영상은 기본적으로 의미가 없지만 영상 미디어는 그 영상을 가공하면서 점차 의미를 부여한다. 영상은 미장센으로 꾸며지고 촬영기법으로 조절되고 마지막에 편집을 거쳐 의미 있는 기호가 된다. 그렇게 기호들이 만들어지고 그 기호들이 모여서 재미있는 이야기가 구성된다. 그런데 영상은 이 모든 과정을 포괄하고 있으며, 기호화된 결과는 영상의 일부분에 지나지 않는다. 따라서 형상이란 지각된 것이 어떤 작업을 거쳐 의미 있는 것으로 발전하는 전체적인 과정을 보여주는 영상이다. 결국 기호가 인간의 의식작업의 결과로 산출된 것(product)이라면, 반대로 형상은 지각된 것(percept)이자 의식작업의 과정과 연관된 것이다.

또 다른 후기구조주의 철학자 질 들뢰즈(Gilles Deleuze)도 이러한 맥락에서 언급할 수 있다. 들뢰즈는 많은 철학적 업적을 남겼지만, 영화에 대해서도 『영화 1』과 『영화 2』라는 영상철학 저서를 남겼다.[2] 그는 영상을 두 가지 부류로 나누었는데, 첫째 부류를 운동 영상(image movement)이라고 칭했고, 둘째 부류를 시간 영상(image temp)이라고 칭했다. 운동 영상이란 특정한 의미를 내포하거나 보는 사람에게 어떤 생각이 들도록 꾸

---

2   최영송, 『질 들뢰즈: 시네마』(커뮤니케이션북스, 2017).

며진 영상을 말한다. 단순하게 눈에 보이는 것만 촬영한 영상에서는 사람들이 의미를 금방 알아채거나 큰 재미를 느끼지 않기 때문에 영상을 조정할 필요가 있다. 앞에서 살펴본 여러 영상기법의 결과가 대부분 운동 영상이라고 할 수 있다.

반면에 카메라에 담긴 현실을 있는 그대로 보여주는 영상을 시간 영상이라고 하는데, 시간 영상에서는 사람들이 눈으로 보고 귀로 듣는 그대로를 표현할 수 있다. 이처럼 별다른 기법을 활용하지 않고 영상을 촬영하면 사람들의 인지와 거의 비슷한 '형상'이 묘사될 수 있다. 그런데 의미를 전달하거나 흥미를 불러일으키지 않는 밋밋한 영상을 들뢰즈는 왜 중요하게 여겼을까? 사람들은 무언가를 인지하면 그것을 곧바로 언어로 표현하지 않는다. 특정한 작업을 통해 언어나 기호로 만들어야 한다. 그런데 들뢰즈의 시간 영상은 기호가 만들어지기 이전의 상태를 보여준다. 즉, 시간 영상은 인간의 언어 이전에 위치하기 때문에 시간 영상에서는 영상 미디어가 언어에서 잘 드러나지 않는 단계를 포착하는 기능을 한다.

요약하자면 후기구조주의자들은 대체로 언어 구조가 이미 존재하는 것이 아니며 어떤 과정을 겪는다고 보았다. 그런데 들뢰즈는 언어활동에서는 드러나지 않는 그 과정을 영화라는 영상 미디어를 통해 보여줄 수 있다고 주장했다. 메츠의 새로운 관점과 들뢰즈의 영화론은 많은 영상이론가에게 받아들여졌다. 어떤 이는 아방가르드 영화처럼 어려운 예술영상을 통해 언어의 형성 과정을 살펴보려 시도했고, 또 어떤 이는 할리우드 영화를 분석함으로써 기호가 아닌 요소로부터 그 과정을 찾아내려 했다. 그들이 분석한 영화는 달랐지만, 모두 영상은 심층에서 작용하는 구조화의 과정, 즉 '기호화 과정(signifying process)'이 '형상화(figuration)'된 결과라고 생각했다.

2) 〈헤어질 결심〉

형상의 사례를 하나 들어보자. 박찬욱 감독의 〈헤어질 결심〉(2022)은 형사 해준이 살인사건을 수사하는 과정에서 살해당한 유승목의 부인이자 피의자인 서래를 사랑하게 되는 이야기이다. 이 작품은 과거 박찬욱 감독의 영화들과 달리 장르영화나 대중영화가 종종 취하는 소재를 다룬다. 예를 들어 히치콕 감독의 〈현기증〉(1959)과 비슷하다. 두 영화는 모두 현기증을 일으키는 높은 곳에서 추락하는 사건으로 시작된다. 그리고 용의자인 여인을 미행하다가 그녀와 사랑에 빠지며, 그 사랑 때문에 부인 또는 연인과 이별하게 된다. 그리고 사랑을 계기로 주인공의 정신적 강박증은 치유되지만 결국 여인의 비극적인 죽음으로 결말을 맞는다. 사실 이러한 구성은 그다지 특별하지 않다. 〈헤어질 결심〉의 여주인공은 팜므파탈이라기보다 사랑하는 남자를 위해 자신을 희생하는 구원의 인물로 묘사된다. 따라서 괴테의 『파우스트』에 나오는 '영원한 여성성(die ewige Weibliche)'의 모티브를 갖고 있다.

그러나 형식적인 차원에서 보면 〈헤어질 결심〉은 이색적인 영상이 많다. 이처럼 이색적인 영상을 분석할 때 작품의 주제나 모티브를 수식하기 위한 것으로 해석할 수도 있지만, 형상의 관점으로 해석할 수도 있다. 이러한 영상에서 사랑을 통한 치유와 구원이라는 모티브를 파악했다면, 이것은 영상기호학적 관점을 적용한 결과이다. 그러나 이러한 해석은 앞서 언급한 대로 특정한 요소를 선택하고 다른 요소를 생략함으로써 적용 가능하다.

그렇다면 형상론 관점에서는 〈헤어질 결심〉의 영상을 어떻게 해석할 수 있을까? 〈현기증〉에서 잘 드러나듯, 장르영화에서는 전형적으로 등장하는 주요 장면, 예를 들어 대화 장면, 추격 장면, 관음 장면, 회상 장면의 숏 구성이 문법처럼 패턴화되어 있다. 한편 〈헤어질 결심〉은 유사한 소재를 다루고 있기 때문에 유사한 장면이 나오긴 하지만 패턴을 벗어나는 방식으로 표현되는데, 이것을 형상 개념으로 이해할 수 있다.

(1) 대화

〈현기증〉에서는 대화 장면이 대개 마스터 숏, 숏/리버스 숏으로 구성된다(〈그림 16-1〉, 〈그림 16-2〉).[3] 두 영상의 형태와 편집방식은 코드화되어 있어서 관객들은 이것이 대화 장면임을 쉽게 알 수 있다. 반면 〈헤어질 결심〉의 대화 장면은 〈현기증〉과 달리 복잡하게 구성되어 있다. 인물들이 모니터에 재생되거나 거울, 유리창 등에 의해 비치면서 영상 안에서 인물의 위치가 계속해서 변한다. 카메라의 시선과 앵글은 고정되어 있지 않다(〈그림 16-3〉, 〈그림 16-4〉). 그런데 전반부에서는 인물들의 위치가 혼란스럽게 변화하다가 후반부에서는 〈현기증〉처럼 정돈된 모습을 보인다. 이것을 의미의 차원에서 해석하자면 두 남녀가 교감한 이후에 서로에게 관심을 두게 되고 점차 사랑으로 발전한다는 것을 암시한다고 할 수 있다.

하지만 이 상황을 다르게 해석할 수도 있다. 영상들이 기호화된 것이 아니라 단순히 누군가의 시점에서 바라본 결과를 표현하는 것으로 볼 수도 있다. 말하자면, 그것은 자연 상태와 같은 0도(degree zero)의 영상이다. 하지만 점차 영상들은 복잡한 화면구성과 다양한 숏의 연결을 통해 〈현기증〉처럼 코드화된 대화의 장면으로 변화하게 된다. 〈헤어질 결심〉의 대화 장면은 0도의 상태가 코드화되는 과정을 모두 보여준다. 그것은

---

3   제13장 '편집: 의미의 구축', 특히 제4절 '묘사의 편집' 참조.

그림 16-1 〈현기증〉: 대화 장면

그림 16-2 〈현기증〉: 대화 장면

그림 16-3 〈헤어질 결심〉: 대화 장면

그림 16-4 〈헤어질 결심〉: 대화 장면

기호화의 과정이다. 이러한 변화가 일어날 수 있었던 이유는 애초에 대화 장면의 전반부에서 기호화되기 이전의 영상들, 즉 지각된 상황 자체를 풍부하게 표현했기 때문이다. 들뢰즈는 이것을 일종의 시간 영상, 좀 더 자세히 말하면 '순수시지각적·음향적 영상(pure optical sound image)'이라고 칭했다.

(2) 회상

〈현기증〉과 〈헤어질 결심〉에서는 어느 순간 살인사건의 진실이 밝혀진다. 〈현기증〉에서 진실은 인물이 과거를 회상하는 방식으로 서사되며 현재와 과거가 디졸브로 연결된다(〈그림 16-5〉). 이러한 방식은 일종의 코드이다. 오버랩으로 중첩된 영상을 보면 관객들은 지금 그 인물이 과거를 회상한다고 생각하기 때문이다. 반면에 〈헤어질 결심〉에서는 진실을 추적하는 남자와 상상 속의 여자가 하나의 영상에 함께 있다(〈그림 16-6〉). 이러한 영상은 일종의 형상화 방식이다. 왜냐하면 기억하는 주체와 기억되는 대상을 하나의 영상에서 배치함으로써 진실을 구성하는 주체가 직접 표현되었기 때문이다. 이 장면에서는 사건을 의미하는 기호와 함께 기억과 상상을 통해 그 기호를 구성하는 주체의 의식도 동시에 묘사된다. 이 때문에 사실을 밝히는 회상 장면은 〈현기증〉에서처럼 확정적인 진실로 느껴지지 않고 해준에 의해 상상된 것처럼 보인다. 주체의 의식 활동, 즉 기호화되는 과정이 묘사되었기 때문이다.

기호학은 언어가 의미를 표현하거나 전달하는 규칙적인 체계를 고찰하는 학문이다. 그러나 인간이 활용하는 기호체계는 이미 존재하는 것이 아니다. 인간은 특정한 의도에 따라 체계를 만들거나 변화시키거나 폐기할 수 있다. 모든 일은 시간상으로 진행되는 과정이다. 이러한 전제로부터

그림 16-5 〈현기증〉: 디졸브를 통한 회상

그림 16-6 〈헤어질 결심〉: 형상화된 회상

후기구조주의적인 새로운 언어학과 기호론이 시작되었다. 그리고 후기구조주의 이론이 확산되면서 영화이론에서 이러한 착상은 형상론으로 자리잡게 되었다. 형상론은 영화의 기호체계를 부정하지 않지만 기호의 구조가 어느 순간 누군가에 의해 생성된 결과라고 주장한다. 그리고 그러한 생성과 변화의 움직임이 영화 텍스트 내부에 기호와 함께 내재되어 있다고 본다.

형상론적인 분석이란 영화의 의미를 해석하기보다 그 의미가 구성된 조건이나 과정을 텍스트 안에서 찾아내는 것을 말한다. 〈헤어질 결심〉은 장르영화의 소재를 다루고 있지만, 영상의 특성을 다양하고 풍부하게 활용해 이러한 소재를 독특하게 표현했다. 따라서 형상론 관점에서 영상을 해석할 수 있다. 물론 형상이 개입했다고 해서 치유와 구원의 사랑이라는 모티브가 소멸했다고 볼 수는 없다. 그러나 해준의 내적 갈등이 서래의 희생으로 치유되는 상황이 극적인 것처럼 그 사건을 지시하는 기호의 생성 또한 극적으로 이루어진다.

3. 구조 발생의 근원

형상론적 분석이 왜 필요한가에 대해 프랑스의 영상이론가이자 예술가 티에리 쿤젤(Thierry Kuntzel)은 "영화를 (다시) 보는 것은 기호화 과정을 설명하기 위한 시도를 하는 것이다. 그리고 (영화의) 조작이 어떻게 작동하는지 알아보기 위해 스펙터클에 의해 이루어진 조작을 거부하는 것이다"라고 말했다. 쿤젤의 말에는 형상을 분석하는 것이 지니는 의미가 잘 나타난다. 범죄자는 범행현장에 항상 자신의 흔적을 남긴다고 하는데 생성된 기호도 바로 그곳에 자신의 흔적을 남긴다.

만일 언어에 구조라는 것이 있다면 (이 때문에 언어가 기호가 될 수 있긴 하지만) 그 구조란 원래 존재하는 것이 아니라 만들어진 것이다. 그런데 장 프랑수아 리오타르(Jean-François Lyotard)처럼 언어의 생성과정이 무질서하고 혼란스럽다고 보는 이가 있는 반면, 이러한 과정이 질서 잡힌 체계라고 보는 이도 있다. 특히 자크 라캉(Jacques Lacan)은 언어가 생성되는 과정 또한 언어구조처럼 되어 있어서 계열체와 통합체 관계로 이해할 수 있다고 주장했다. 즉, 라캉은 언어를 만드는 내면의 작용도 언어의 작용과 유사한 구조로 되어 있다고 보았다.

라캉이 옳다면 사람의 내면을 아는 것은 의외로 쉬울 수 있다. 그 사람의 언어 현상을 관찰하면 되기 때문이다. 한편 메츠나 쿤젤 같은 영상이론 가들은 라캉의 주장에 따라 사람의 내면이 언어처럼 구조화되었다고 여겼고, 이러한 생각을 기초로 영상을 분석했다. 언어를 통해 마음을 아는 것, 또 그 마음을 영상으로 보여주는 것은 쉬운 문제가 아니지만, 영상이론가들은 이러한 어려움을 돌파하려고 했다.

이 문제를 살펴보기 위해서 지그문트 프로이트(Sigmund Freud)부터 간략히 살펴보자. 프로이트는 1900년『꿈의 해석』을 출판했다. 프로이트가 이 책을 쓴 이유는 우리의 의식이 (드러나지 않는) 무의식의 지배를 받고 있다는 사실을 밝혀내기 위해서였다. 또한 프로이트는 무의식은 욕망으로 점철되어 있고 의식은 그 욕망이 뒤틀려서 나타나는 부산물과도 같다고 생각했다. 이 때문에 프로이트는 꿈이 인간의 무의식을 이해할 수 있는 열쇠라고 여겼다. 인간은 깨어 있을 때는 이성적이고 의식적인 삶을 살지만 잠을 자고 꿈을 꿀 때는 욕망의 무의식 세계에 산다고 여겼던 것이다. 하지만 우리가 깨어 있을 때에도 무의식은 계속 작용해, 우리는 백일몽을 꾸거나 망상을 하기도 하고 말실수를 하기도 한다. 그런데 우리가 꿈을 꿀 때에도 무의식은 우리의 욕망을 있는 그대로 보여주는 것이 아니라 그 욕망을 다른 것으로 탈바꿈시켜서 보여준다. 비록 검열의 결과이기는 하지만 꿈을 잘 관찰하고 해석하면 우리는 욕망의 세계가 어떠한지 파악할 수 있다.

프로이트는 감추어진 것을 꿈 사고(dream-thought)라고 칭했고 꿈 사고가 변형되어 꿈으로 나타난 결과를 꿈 내용(dream-content)이라고 칭했다. 꿈에서는 꿈 사고가 꿈 내용으로 바뀌는데 이렇게 바꾸는 과정을 꿈 작업(dream-work)이라고 칭했다.

꿈 작업은 두 가지로 나뉘는데, 하나는 압축(condensation)이고, 다른 하나는 전치(displacement)이다. 다른 유형의 작업도 있으나 이 두 가지가 가장 중요하다. 다른 유형의 작업으로는 '형상화'도 있는데, 형상화란 욕 망하는 것, 그러니까 형태가 없고 추상적인 어떤 것이 꿈속에서 그림처럼 나타나도록 하는 작업을 말한다. 앞에서 언급한 형상이라는 것도 사실 이 것과 관계가 있다. 왜냐하면 보이지 않는 기호화 과정에 영상으로 형태를 부여한 결과를 형상이라고 하기 때문이다.

압축이란 여러 가지 꿈 사고를 하나의 꿈 내용으로 혼합시키는 작업을 말한다. 예를 들어 누군가가 심리적인 강박을 느끼고 있다면 그 강박의 원 인은 여러 사람에 의한 다양한 요인에서 비롯되는데, 꿈에서는 그 사람들 이 각각 따로 나타나지 않고 하나의 인물로 압축적으로 나타난다. 그래서 꿈에서는 누군지 알 수 없는 황당하고 기괴한 인물을 만나게 된다. 반면에 전치란 어떤 꿈 사고를 다른 것으로 대체하는 작업을 말한다. 우리는 우리 를 속상하게 만드는 대상이 있을 경우 그 대상과 직면하기를 꺼린다. 그래 서 꿈 작업을 통해 그 대상을 다른 것으로 바꾸어놓는데, 이러한 작업을 전치라고 한다. 프로이트는 자신의 책에서 황당하고 알 수 없는 꿈 내용을 자세히 분석했고, 사람들이 꿈을 통해 어떻게 자신의 욕망을 드러내는지 또 욕망을 대리로 충족하는지 밝혀내려 했다.

그런데 이후 압축과 전치라는 두 과정은 소쉬르가 말한 언어의 구조작 용인 계열체와 통합체의 쌍과 같은 맥락이라는 주장이 제기되었다. 이 주 장이 맞는다면 소쉬르와 프로이트는 같은 시기에 살면서도 서로 교류가 없긴 했지만 각자 의식적 언어와 무의식적 욕망을 비슷하게 설명했다고 볼 수 있다. 하지만 압축과 전치, 그리고 계열체와 통합체가 유사하다는 것을 밝히는 작업은 매우 복잡했다.

우리는 말을 할 때 단어를 선택하고 배열하는 작업을 하는데, 응축과 전치도 꿈을 만들기 위해 무엇인가를 선택하고 그것을 다른 것과 연결하는 작업이라고 볼 수 있다. 언어와 꿈 모두에서 비슷한 두 가지 과정이 존재한다는 사실은 놀랍다. 그리고 이러한 과정이 유사하다는 것을 근거로 표층의 언어구조와 심층의 구조 생성방식도 서로 유사하다고 볼 수 있다.

결국 구조의 작용이 왜 선택과 배열이냐고 물으면, 구조는 인간의 무의식과 관계가 있으며 특히 욕망의 작용이 응축과 전치이기 때문이라고 답할 수 있다. 정신분석학자였던 라캉은 구조의 근원에 관한 의문과 관련해 꿈 작업을 설명한 프로이트를 참고했지만 이것은 매우 복잡하고 어려운 일이었다. 다만 우리는 구조를 형성하는 것이 인간의 욕망과 결부될 수도 있다는 점을 이해할 수 있다. 언어가 왜 선택과 배열의 과정을 거쳐 만들어지는가에 대한 중요한 답을 하나 찾은 것이다. 하지만 아직도 갈 길이 멀어 보인다.

한편 메츠와 쿤젤은 우리가 〈헤어질 결심〉에서 간단히 살펴보았던 형상화의 가능성을 라캉의 개념에 적용했다. 특히 쿤젤은 영화의 영상은 꿈 작업을 보여주는 영화 작업(film-work)이라고 했다. 그리고 형상도 꿈 작업처럼 몇 가지 유형으로 분류할 수 있다고 보았다. 그들은 언어가 구조인 것처럼 꿈의 생성도 구조적으로 이루어진다는 생각을 따라갔고, 이러한 생각에 영상은 자신이 생성되는 과정을 보여준다는 생각을 추가했다. 그렇다면 영상도 꿈처럼 구조생성의 과정을 보여주는 것으로 간주할 수 있다.

꿈과 영상이 생성되는 과정은 같을 수도 있지만 차이점도 있다. 왜냐하면 꿈을 기억해 보면 그 내용이 황당해서 도무지 이야기로 연결할 수 없지만, 영화는 이야기로 생각되는 동시에 이야기의 생성과정, 즉 형상 또한 살펴볼 수 있기 때문이다. 달리 설명하면, 꿈은 무의식이 왜곡되어 드러난 결과이기에 명시적인 것(the manifest)만 보여주고 잠재된 것(the latent)은 보여주지 않지만, 영화는 감추는 것 없이 두 가지 모두를 영상으로 조합(configuration)해서 보여준다. 사람은 이 조합된 것들 가운데 무언가를 누락시켜야 비로소 의미 있는 기호를 건져낼 수 있다. 하지만 기호만 읽으려고 하면 기호의 생성과정에 주목할 수 없다. 따라서 영화는 마치 꿈이 현실이 되고 현실이 꿈이 된 것처럼 복잡하게 얽혀 있는 상태와도 같다.

4. 서사구조와 〈아가씨〉의 욕망

1) 서사구조와 욕망

지금까지 기호와 형상을 대비해서 보았는데 이제 서사의 문제를 살펴보자. 서사는 인물이나 사건이 선택되고 그것이 적절하게 배열되어 완성된다. 여기서 후기구조주의 관점에서 질문을 던져보자. 플롯장치와 같이 특정한 서사구조를 활용한 영화나 드라마는 왜 재미있을까? 다시 말해 영화나 드라마는 왜 그런 구조를 갖추고 있을까? 이 질문들 역시 구조의 발생에 관한 것이다. 여러 가지 답변이 가능하지만, 형상에 대해 다룰 때 언급했던 욕망의 관점에서 답해보자.

보통 이야기를 감상할 때 궁금했던 것을 알게 되면 호기심이 충족되면서 쾌감을 느낀다. 그런데 앞에서 다룬 플롯장치를 살펴보면 꼭 그렇지만은 않다. 시청자는 〈형사 콜롬보〉에서 범인이 누군지 이미 알고 있다. 반대로 〈제시카의 추리극장〉은 살인자가 누구인지를 가르쳐주지 않고 답답하게 시간을 끈다. 클리프행어 플롯을 감상하는 수용자는 범인이 누구

그림 16-7 〈담뽀뽀〉의 한 장면

인지 아예 알 수 없으며 상상 속에서 추측해야 한다.

플롯장치에서는 대체로 호기심을 채우는 만족의 순간이 나중으로 미루어진다. 우리는 어제 영화를 보고 온 친구에게 그 영화의 줄거리를 듣고 싶어 하면서도 결말을 이야기할 때는 귀를 막게 되는데, 이 또한 비슷한 심리이다. 호기심이 유발되면 사람들은 결말을 나중에 듣고 싶어 하는데, 이것은 호기심을 채우는 것보다 호기심을 느끼는 상황 자체가 더 즐겁거나 그 과정을 통해 쾌감이 증폭되기 때문이다. 그래서 앎의 욕망이 충족되는 것을 뒤로 미루고 싶어 하는 사람들을 위해 서사의 사건이 배열되고 서사구조가 형성된다. 이것을 지연의 플롯(delaying plot)이라고 한다.

그런데 왜 사람들은 눈앞에 보이는 욕망의 대상을 충족하려고 하지 않고 시간을 끌어서 그 순간을 지연시키려고 하는 것일까? 이 질문에 답하기 전에 시간을 좀 끌어보겠다. 주조 이타미의 영화 〈담뽀뽀〉(1986)는 일본 최고의 라면을 만들기 위해 분투하는 인물들을 그린 코미디 영화이다(〈그림 16-7〉). 첫 장면에서 명인은 청년에게 라면을 맛있게 먹는 법을 가르쳐준다. 특히 차슈는 처음에 건드리기만 하고 나중에 먹어야 하며 은은

하게 바라보아야 한다고 알려준다. 명인은 맛의 쾌락을 위해 시간을 끌라고 조언한다. 그러면 나중에 차슈를 먹을 때 감동이 더 커질 것이라고 이야기하는데, 이는 분명 마지막 순간을 기다리는 느낌 때문에 더욱 그러할 것이다.

다음으로는 〈아라비안 나이트〉의 내용을 생각해 보자. 술탄은 불륜을 저지른 왕비 때문에 성격이 이상해진다. 그는 많은 여인과 밤을 보내고 그들의 목을 베어 죽여버린다. 욕망은 탐욕을 넘어 변덕스러워지고 그렇게 3년이 흐른다. 어느 날 재상의 딸인 셰에라자드가 술탄과 밤을 보내겠다고 한다. 그날 밤 그녀는 술탄에게 재미있는 이야기를 들려준다. 그리고 이야기가 재미있다 싶으면 갑자기 중단해 술탄의 호기심을 불러일으킨다. 술탄이 이야기를 계속 들으려면 그다음 날 밤까지 기다려야 하는데, 그의 마음은 텔레비전 드라마의 다음 회를 기다리는 마음과 비슷할 것이다. 그렇게 하루 이틀이 지나고 그 현명한 여인의 이야기는 천일 동안 이어진다. 마지막에 술탄은 그녀를 사랑하게 되고 그녀는 왕비가 된다.

라면 명인과 셰에라자드의 이야기에서 알 수 있는 것은, 첫째, 욕망에는 어떤 원리가 있다는 것, 둘째, 서사도 욕망과 구조적으로 유사해서 두 가지 모두 시간을 끄는 것이 중요하다는 것이다. 모순되는 말이지만, 라캉은 욕망을 충족하는 것은 곧 죽음의 욕망이고 욕망을 절제하는 것은 곧 삶의 욕망이라고 말했다. 좀 더 자세히 설명하자면, 욕망을 충족하는 것은 "죽음의 충동, 소멸을 향한 욕구"라고 보았다. 왜냐하면 충족은 곧 종말을 의미하기 때문이다. 반면에 욕망을 절제하는 것은 삶의 욕망이라고 보았는데, 왜냐하면 살고자 하는 사람은 자신의 욕망을 계속해서 미룸으로써 욕망을 극대화시키기 때문이다. 라캉은 이처럼 욕망이 모순되는 원리를 지니고 있다고 보았다.

라면의 명인은 이 때문에 차슈를 먹지 않고 지긋이 차슈를 바라보았다. 셰에라자드와 밤을 보낸 후 그녀의 목을 베지 않고 이야기를 기다렸던 술탄은 결국 도착에서 벗어나 그녀와 가정을 이룸으로써 더 큰 기쁨을 맛보았다. 특히 셰에라자드의 이야기는 욕망의 절제와 지연의 플롯 사이에 특정한 관계가 있다는 것을 보여준다.

서사가 욕망과 결부되어 있다고 주장한 피터 브룩스(Peter Brooks)는 이처럼 모순된 욕망의 원리가 서사구조에 적용된다고 했다. 브룩스는 흥미롭게도 서사의 원리와 인간의 욕망을 같다고 여겼는데, 특히 결말을 쉽게 알려주지 않고 시간을 끄는 특징이 욕망과 유사하다고 했다. 브룩스는 이러한 서사의 특징을 "지연하면서 동시에 손짓하는 종착점"이라고 표현했다. 서사는 결말을 알려줄 듯 종착점으로 오라고 손짓하면서도 시간을 끈다. 이렇게 모순적인 서사의 특징은 인간의 욕망과도 유사하다. 욕망은 브룩스의 말대로 "도달할 수 없으면서도 계속 되풀이해서" 나아가기 때문이다.[4]

서사에서 사건들을 배열할 때 그 사건들을 촘촘히 그리고 시간을 압축하는 방식으로 배열할 수도 있고 그와는 반대로 느슨하게 배열할 수도 있다. 사건들을 압축하면 수용자는 갑작스럽게 많은 정보를 받아들여야 하므로 놀라게 된다. 반대로 느슨하게 배열하면 사건과 사건 사이에 시간이 지체되는데, 그 역시 흥미를 불러일으킬 수 있다. 이것은 앞에서 언급한 욕망의 두 가지 상반된 모습이다. 이 두 가지 방식으로 인해 수용자들은 어떤 심리상태에 도달하게 되는데, 이것을 서프라이즈(surprise)와 서스펜스(suspense)라고 한다. 서사학자 시모어 채트먼(Seymour Chatman)에 따

---

4   피터 브룩스, 『플롯찾아 읽기』, 박혜란 옮김(강, 2011), 104~105쪽.

르면 서사에서는 이 두 가지가 균형을 잘 이루어야 한다.[5] 이것은 마치 무언가를 빨리 충족하고 싶어 하는 욕망과 천천히 즐기려는 욕망이 서로 조화를 이루어야 하는 것과 비슷하다.

2) 〈아가씨〉

서사구조와 욕망의 조화에 대해 알아보기 위해 박찬욱 감독의 또 다른 영화 〈아가씨〉(2016)를 살펴보자. 이 영화는 서사구조가 복잡하다. 한 시간 정도의 첫 번째 에피소드가 끝나면 두 번째 에피소드가 50여 분이고, 이후에 세 번째 에피소드가 약 30분 동안 진행된다. 첫 번째 에피소드에서는 백작과 숙희가 함께 히데코의 재산을 차지하려고 공모하는 이야기가 전개된다. 그런데 두 번째 에피소드에서는 백작과 히데코가 짜고 숙희를 속이는 이야기가, 세 번째 에피소드에서는 숙희와 히데코가 함께 백작을 속이는 이야기가 진행된다. 세 에피소드는 각각 두 명씩 짝을 지어 나머지 한 명을 속이는 이야기로 되어 있다.

영화를 보면서 관객은 두 사람의 공모가 성공했는지 그 결과를 기다리는데 결말에는 항상 반전이 있다. 특히 첫 번째 에피소드의 전반 시퀀스는 백작과 숙희의 작전을 오랫동안 설명해 주는데, 이것은 서스펜스를 위한 시작 지점이면서 동시에 서프라이즈를 위한 준비이기도 하다. 그리하여 관객은 첫 번째 에피소드에서 속고 있다는 사실을 모르는 히데코를 바라보며 서스펜스를 느낀다. 이러한 형태의 서스펜스는 두 번째와 세 번째 에피소드에서도 나타난다. 상황이 바뀌어서 두 번째 에피소드에서는 백작

---

5   시모어 채트먼, 『이야기와 담화: 영화와 소설의 서사구조』, 홍재범 옮김(호모루덴스, 2019).

과 히데코의 공모를 모르는 숙희를, 세 번째 에피소드에서는 히데코와 숙희의 공모를 모르는 백작을 바라보며 서스펜스를 느끼게 된다. 그러나 영화는 첫 번째와 두 번째 에피소드 사이에서 나타난 반전을 통해 서프라이즈를 일으킨다. 관객은 어떤 두 사람이 짜고 다른 한 사람을 속이고 있다고 생각했다가 자신이 잘못 생각했음을 갑작스럽게 깨닫기 때문이다.

반전에 대해 자세히 살펴보자. 두 번째 에피소드는 첫 번째 에피소드에 나타났던 레드 헤링(red herring)을 부인하면서도 반전이 논리적임을 확인시켜 준다. 레드 헤링이란 냄새가 강한 훈제 청어로, 사냥개로 하여금 냄새를 참아내고 여우를 쫓도록 길들이는 데 사용했던 것이다. 첫 번째 에피소드에서 히데코를 순박한 인물로 묘사하는 것은 일종의 레드 헤링이다. 왜냐하면 이로 인해 관객들은 그녀가 누구를 속일 수 있는 사람이라고 생각하지 못하기 때문이다. 하지만 두 번째 에피소드에서는 그녀가 사실은 하녀를 속인 악녀임이 밝혀지는데 그렇다면 첫 번째 에피소드에서 묘사된 그녀의 순박함은 무엇이었을까? 하지만 영화는 내가 속인 것이 아니며 그녀가 악녀라고 보는 것이 더 논리적이라고 주장할 수 있는 알리바이를 가지고 있다. 따라서 두 번째 에피소드의 후반부는 주로 첫 번째 에피소드의 여러 장면을 다른 각도에서 다시 보여주면서 그 알리바이를 강조한다. 그리고 다른 각도로 촬영된 (혹은 다르게 편집된) 장면들을 반복함으로써 관객의 판단이 잘못된 것이었음을 보여준다. 그렇게 관객이 잘못 보았던 (혹은 잘못 보도록 유도했던) 장면들의 논리를 알리바이와 함께 짜 맞춘다. 예를 들어 첫 번째 에피소드에서 등장한 백작과 히데코의 투 숏(〈그림 16-8〉)을 두 번째 에피소드에서는 다른 각도로 보여주는데(〈그림 16-9〉), 이 숏은 관객과 숙희의 이해가 사실 잘못되었음을 지적하면서도 〈그림 16-8〉의 논리에 문제가 없었음을 영상으로 보여준다.

그림 16-8 〈아가씨〉: 백작과 히데코의 대화 장면

그림 16-9 〈아가씨〉: 백작과 히데코의 대화를 바라보는 숙희

이렇게 숏을 구성함으로써 관객에게 반전의 경위를 설명한다. 반전을 통해 재설정된 인물들 간의 관계와 사건의 논리는 다음의 서스펜스를 위해 정보를 제공해 또 다른 서스펜스를 유발하도록 한다. 그리고 그 서스펜스는 서프라이즈로 귀결된다. 결국 영화는 반복되는 서스펜스와 서프라이즈가 서사의 전체적인 구조를 형성한다. 이러한 구조는 영화의 서사구조를 전체적으로 복잡하게 만들지만, 이것은 서사는 밀당이며 서프라이즈와 서스펜스가 조화되어야 한다는 메시지를 담고 있다.

이것이 메시지라고 생각되는 이유는 마지막에 등장하는 고우츠키 때문이다. 세 번째 에피소드에서 백작은 히데코에게 사랑을 고백하며 마지막

에피소드의 시점을 형성하려 하는데, 그 순간 그의 모든 계획은 실패하며 오히려 고우츠키가 서사의 시점을 차지한다. 고우츠키는 백작의 손가락을 자르며 복수하는데, 그 이유는 백작의 정혼녀 히데코가 도주했기 때문이 아니며 백작이 자신이 차지하게 될 재산을 가로챘기 때문도 아니다. 자신이 즐겨 읽었던 책이 모두 파손되어 고우츠키가 탐닉했던 이야기가 사라졌기 때문이다. 그런데 고우츠키의 태도는 세 명의 주인공을 둘러싼 이야기에 탐닉했던 관객의 태도와 비슷하다. 고우츠키는 이야기 안에서 존재할 수 없는 관객의 모습을 보여준다. 고우츠키가 원했던 것은 관객이 영화에서 기대하는 것과 같다. 고우츠키가 백작에게 보상받기 원하는 것은 이야기이자 이야기의 흥미로운 구성이다. 고우츠키는 "같은 이야기를 들어도 상상은 저마다 다르지 않나? 그 하나하나를 들여다보는 게 이 늙은이의 조촐한 도락이었는데, 이제는 다 끝나버렸으니 어떡하나. 자네라도 얘기를 들려줘야지", "이야기는 과정이 생명이지 않나?"라고 말한다. 이 영화에서 고우츠키의 존재는 특별하다. 그는 결말을 알고 싶지만 서두르지 않고 그 과정을 즐기려는 관객이다. 그렇게 관객은 이야기 안에 존재할 수 없기에 고우츠키라는 인물로 '형상화'되었다.

5. 후기구조주의적 영상이해에 대한 두 가지 견해

1) 비판적 견해: 패스티시와 플로

후기구조주의 관점은 사실주의적 설명을 부정하면서 기호가 어떤 의미를 내포한다는 기호학적 입장과도 거리를 둔다. 그리하여 영상을 과거를 기록하거나 세상을 보여주는 수단으로 이해하지 않으며, 영상이 기의를 지닌 기표로 작용한다고 보지도 않는다. 오히려 영상은 그 영상을 수용하는 사람의 욕망에 맞추어져 만들어진 것이라고 여긴다. 사람들이 좋아할 만한 영상을 제작하는 데서는 새로운 사실이나 정확한 정보를 추구하는 것이 그다지 중요하지 않다. 그렇다면 '기의 없는 기표'를 찍어내는 영상 미디어는 역사를 공부하고 정보를 얻으려는 사람들에게는 큰 의미가 없을까? 사실 이 질문은 후기구조주의적 영상을 이해하는 전반에 관한 문제 제기이다. 이에 대해서는 비판적인 의견과 더불어 그래도 영상이 나름대로 중요한 의미를 지닌다는 의견도 있다.

먼저 비판적인 의견을 들어보자. 미국의 인문학자 프레드릭 제임슨(Fredric Jameson)은 기의 없는 기표로 된 예술작품을 패스티시(pastiche)라고 칭했다. 우리말로 혼성모방이라고 한다. 패스티시는 원작을 개작해 작품을 만들 때 특별한 의식 없이 그대로 모사하는 것을 말한다. 원작을 변형하지 않고 그대로 수용자에게 제공하면 결과적으로 그 작품이 수용되는 시간과 공간만 바뀐다. 반대로 어떤 작품을 변형하거나 개작한 작품은, 원작과 관계있다는 것을 암시하기만 하면, 패러디(parody)이다. 패러디는 패스티시와 달리 원작에 형식적인 변화를 주거나 원작의 의미를 재해석하는 변형을 말한다. 따라서 원작을 비판하는 기능도 한다. 물론 두 가지 경우 모두 표절은 아니다. 창작자가 원작을 숨기고 자신이 그 작품을 창작했다고 거짓말하는 것이 표절이다.

제임슨은 패러디가 현대 예술의 특징인 반면, 패스티시는 탈현대 또는 포스트모더니즘 예술의 특징이라고 분석했다. 그는 블록버스터 영화를 예로 드는데, 〈스타워즈〉가 대표적이다. 〈스타워즈〉의 이야기는 전통적 서사와 큰 차이가 없다. 그래도 관객은 신기한 영상으로 포장된 이야기를 재미있어 한다. 따라서 〈스타워즈〉는 기의 없는 기표로 된 패스티시이다. 이처럼 원작을 그대로 옮겨놓는 것은 노스탤지어와 같다. 우리는 간혹 좋았던 과거를 기억하면서 그때를 그리워하는데, 제임슨은 블록버스터 영화를 즐기는 것이 이와 비슷한 경험이라고 한다. 추억에 몰입하는 것이 왜 나쁜가 하고 반문할 수 있지만, 역사의 발전을 추구한다면 향수에 빠지는 것에 만족해서는 안 된다.

영상 미디어에 대한 제임슨의 비판을 좀 더 언급하자면, 그는 비디오 영상을 논평하면서 비디오 영상은 "해석 없는 책 읽기"라고 비판했다.[6] 끊임없이 흘러나오는 영상 미디어를 바라보는 일은 끝도 시작도 없는 영상의 흐름의 어느 지점에 자신을 맡기는 것이라고 보았던 것이다. 그러한 상태에서 수용자는 "무계획적이고 연속적인 몰입"을 하게 된다. 우리는 특정 프로그램을 보기 위해 텔레비전을 켜기보다 별생각 없이 리모컨을 누르는 경우가 더 많다. 그렇기 때문에 여러 프로그램 중에서 하나를 선택하고 또 망설임 없이 다른 프로그램으로 옮겨간다. 이런 상황에서는 의미를 파헤치는 해석작업이 수반되지 않는다. 제임슨이 비판한 비디오는 당시로서는 새로운 미디어였는데 그가 이후에 발전된 디지털 영상을 보았다면 더 크게 걱정했을 것이다. 유튜브 같은 OTT도 "무계획적이고 연속적인" 감상을 하기에 좋은 영상 미디어이기 때문이다.

몰입이라는 심리가 항상 부정적인 것은 아니다. 헝가리 태생의 심리학자 미하이 칙센트미하이(Mihaly Csikszentmihaly)는 몰입의 긍정적인 효과를 강조했다.[7] 특히 지금 하는 일에 심취해서 편안한 느낌이 드는 상황을

---

6   프레드릭 제임슨, 「해석 없는 책 읽기: 포스트모더니즘과 비디오 텍스트」, 김진경 옮김, ≪외국문학≫, 34(1993), 39~56쪽.
7   미하이 칙센트미하이, 『몰입의 즐거움』, 이희재 옮김(해냄, 2021).

플로(flow)라고 했다(여기서의 플로는 텔레비전의 특성을 설명할 때 언급했던 개념과 다르다). 그리고 어려운 일에 도전할 때 더욱 큰 플로를 경험할 수 있다고 했다. 그렇다면 영상 미디어를 보면서 몰입을 경험하는 것도 플로라고 할 수 있을까? 이것은 자기 일에 만족감을 느끼는 것이 아니라 다른 이의 만족감을 나의 것으로 생각하는 것이므로 다르다. 라캉은 사람들이 자신의 욕망을 충족하는 것에 만족하기도 하지만 다른 사람의 욕망을 자신에게 투영할 수도 있다고 했는데, 영상 미디어를 보면서 느끼는 몰입이 바로 이러한 것이다. 그래서 어떤 이는 몰입이란 다른 이가 디자인한 세상에 피동적으로 종속되는 것이라고 말하기도 한다.

기술장치를 통해 몰입이 이루어지면 내가 아닌 다른 사람의 시점을 취하게 되는데 그렇게 다른 이와 내가 일치되는 효과를 동일화(identification)라고 한다. 내가 다른 사람이 된 것 같은 착각에 빠지면 불가능한 바람이 잠시나마 이루어져 기분이 좋아진다. 하지만 일시적인 동일화를 통해서 느끼는 플로가 큰 의미가 있을까?

2) 긍정적 견해: 몰입과 관조

이처럼 제임슨은 '기의 없는 기표' 영상에 대해 두 가지 사항을 비판했다. 즉, 첫째는 내용이 없다는 점이며, 둘째는 수용자를 몰입시킨다는 점이다. 많은 이들이 이러한 점을 우려하지만 이에 대해 다른 의견도 있다.

첫째 비판에 대한 이견은 이미 언급했다. 영상이 현실의 특정한 대상을 지시하지 못한다고 해서 그 영상이 모두 의미 없는 것은 아니라는 것이다. 형상의 기능을 수행하는 경우에는 달리 생각해야 한다. 형상을 통해 영상의 원리를 파악할 수 있고 아울러 영상을 감상하는 사람은 자신의 태도를 되돌아볼 수 있다.

둘째 비판도 다른 관점에서 볼 수 있다. 영상 미디어가 수용자를 쉽게 몰입시키지만 모든 영상 미디어가 이런 용도로 사용되는 것은 아니다. 오히려 영상 미디어는 몰입에서 벗어나게 해줄 수 있다. 다시 말해서 몰입을 유발하지만 동시에 몰입에서 벗어나는 심리도 일으킬 수도 있는데, 그러한 심리를 표현하는 용어 가운데 하나가 관조(contemplation)이다.

메츠는 영상 미디어를 보는 사람들이 동일화를 경험하지만 그렇다고 해서 자신을 완전히 망각하는 것은 아니라고 주장했다. 메츠는 수용자의 미묘한 심리에 대해 분석했다. 메츠는 영상에 빠졌더라도 관객은 "자신이 어떤 것을 상상하고 있음을 알고 있고 그것을 지각하는 것이 자신임을 알고 있다"라고 말했다. 관객은 영화를 보는 자신을 의식하기 때문이다. 그것은 꿈을 꾸면서 지금 내가 꿈을 꾸고 있다는 것을 알고 있는 것과 비슷하다. 이것을 자각몽(lucid dream)이라고 하는데, 영상 미디어의 자각몽은 일종의 자기성찰(self-reflexion)이다. 미디어에 등장하는 멋진 인물이 자기 자신이라고 착각할 수도 있지만, 지금 내가 동일화 심리상태에 있으며 그것이 환상에 불과하다는 것도 은연중에 깨닫는다. 이것은 영상에 빠져들지 않고 거리를 두며 관조할 때 가능하다.

메츠는 영상 미디어에 몰입했을 때 수용자가 느끼는 관조에 대해 언급했지만, 의도적으로 수용자에게 거리를 두도록 하는 영상 미디어도 있다.[8]

---

8   제8장 '예술영화의 도전'; 제9장 '텔레비전 실험과 디지털 영상예술' 참조.

6. 디지털 영상과 성찰

1) 소외효과

감상자를 몰입에서 벗어나도록 하려는 시도는 예전에도 있었다. 연극은 무대 위에서 벌어지는 일들을 사실인 것처럼 꾸밀 수 있는데, 그렇게 하면 관객은 연극의 사건과 인물에 자신을 동일시한다. 그리고 카타르시스나 연민의 감정을 느끼게 된다. 하지만 독일의 극작가 베르톨트 브레히트(Bertolt Brecht)는 관객이 연극 내용에 빠져들수록 스스로 생각할 수 있는 기회가 사라진다고 보았다. 그래서 어떻게 하면 연극이 어떤 사건을 표현하면서 관객이 그 사건에 몰입되지 않도록 할 것인지를 고민했다. 예를 들어 배우들에게 그가 실제 인물로 생각되지 않도록 연기할 것을 요구했고 간혹 관객들에게 말을 걸거나 노래를 불러 몰입을 깨뜨리도록 했다. 브레히트의 생각은 이해할 만하다. 몰입하면 내가 다른 사람의 생각을 따라가게 되기 때문이다. 브레히트는 이것을 서사극(epic theater)이라고 칭했으며, 여기에서 파생된 효과를 소외효과(Verfremdungseffekt/alienation effect)라고 칭했다.

이처럼 몰입에 대한 우려는 아주 오래전부터 있었다. 브레히트의 착안은 연극론에서 그치는 것이 아니라 다른 예술이나 미디어로도 확산되었다. 예를 들어 고다르는 브레히트의 이론을 영화에 적용했다. 그렇게 누벨바그가 형성되었고 누벨바그는 예술영화의 전범이 되었다. 고다르는 영화처럼 사람들을 몰입시키기 쉬운 영상 미디어를 오히려 몰입으로부터 빠져나와 관조할 수 있는 미디어로 만들려고 했다. 아울러 영상은 관객의 흥미를 위해 창작되지만 반대로 자기성찰을 하도록 유도할 수 있다는 점을 보여주려고 했다.

디지털 기술로 인한 영상 미디어의 발전은 진행 중이며 그 끝을 가늠하기 어렵다. 아마도 앞으로 더 크게 발전할 것이다. 따라서 지금까지 축적된 이론을 바탕으로 첨단 영상 미디어를 이용해 어떤 미래를 만들어갈지 고민해야 한다. 특히 몰입과 관조의 문제가 중요하다. 왜냐하면 몰입과 관조 자체가 인간의 지각과 사유에 중대한 문제이기 때문이기도 하지만, 특히 디지털 영상은 내용이 없는 경우가 많고 사람들을 쉽게 몰입시키기 때문이다. 몰입이 반드시 부정적인 것은 아니지만 관조적인 감상과 균형을 이루는 것이 중요하다.

따라서 균형 잡힌 수용을 통해 하나의 미디어, 하나의 콘텐츠에만 매달리지 않고 여러 가지 영상, 여러 가지 세상을 고루 접할 필요가 있다. 디지털 영상은 가상의 세계를 마치 현실인 것처럼 완벽하게 실현할 수 있다. 그렇게 통합된 가상현실에서는 관찰자가 지각하는 영상의 세계와 관찰자가 실재하는 세계 간의 경계가 사라진다. 관찰자가 존재하는 곳이 바로 가상현실의 내부이기 때문이다. 또한 감상자는 완벽한 환영을 통해 철저한 몰입의 상태에 도달할 수 있다. 영상의 프레임이 존재하는 한 환영과 몰입은 한계가 있기 마련인데 VR기기의 발전으로 실현된 가상현실은 몰입을 지향하는 영상 미디어 발전의 종착지인 듯하다.

2) 틸트 브러시와 모딩

2014년 개발되고 2016년에 구글에 의해 출시된 틸트 브러시(tilt brush)라는 장치를 생각해 보자. 이 변형된 VR 영상 미디어는 헤드셋을 쓰고 영상을 피동적으로 감상하도록 하는 데 그치지 않고 사용자에게 3차원의 영

그림 16-10 **아나 질레예바 작가의 틸트 브러시 작업**

상을 직접 제작할 수 있도록 해준다. 틸트 브러시는 수용자에게 가상현실에 몰입하도록 강제하는 영상 미디어가 아니라 반대로 가상현실의 영상을 스스로 창작할 수 있도록 지원해 주는 장치이다. 창작행위를 통해 사용자는 오히려 몰입상태로부터 빠져나올 수 있다. 사용자는 HMD를 착용하고 있지만, 그는 세계를 스스로 창조하며 언제라도 그 세계에서 벗어나 또 다른 세계를 창조할 수 있다(〈그림 16-10〉). 페이스북에 오큘러스가 있으면 구글에 틸트 브러시가 있듯이, 몰입을 위한 장치가 있으면 몰입에서 벗어나 다른 세상으로 가도록 하는 장치도 개발된다. 디지털 영상은 영상을 활용하는 방식에 따라 수용자에게 강한 몰입을 유발하지만 몰입에서 빠져나오는 목적으로도 활용될 수 있다.

또 다른 예를 들어보자. 몰입에 대해 말하려면 컴퓨터게임을 빼놓을 수 없다. 게임에 디지털 영상이 도입되면서 게임 현실과 실제 현실을 구별할 수 없게 되었고 더 흥미로운 게임을 즐길 수 있게 되었다. 하지만 혹자는 컴퓨터게임 상황에서는 게이머가 원치 않더라도 현실을 자각하는 경험을

그림 16-11 〈둠〉 게임의 모드 버전 애시즈 2063(Ashes 2063)

한다고 주장한다. 이때 게이머는 게임 현실과 자신이 처한 실제 현실 모두를 인식하게 된다. 게이머는 게임에 빠져들기도 하지만 스스로 게임의 세계를 창작하기도 하는데, 이러한 창작을 모딩(modding)이라고 한다. 모딩이란 게이머가 게임만 하는 것에서 벗어나 스스로 게임을 변형시키거나 수정해 게임의 새로운 환경을 구현하는 작업을 일컫는다.

사실 많은 게이머는 이미 컴퓨터게임의 초창기 때부터 자신들이 원하는 대로 게임을 모딩했다. 1993년 FPS 게임을 대중화시킨 〈둠(Doom)〉이 대표적인 사례이다. 〈둠〉을 즐겼던 게이머들은 곧 새로운 버전의 둠 WAD 파일을 만들었고 수십 년이 지난 지금까지도 SNS를 통해 새로운 〈둠〉 버전이 마니아들 사이에서 교류된다(〈그림 16-11〉). 〈둠〉은 1인칭 시점으로 사용자의 몰입을 최대한 끌어올렸지만, 동시에 게임 모딩을 지원해 주는 프로그램도 제공해 사용자들이 원하는 게임 환경을 스스로 제작하도록 했다. 사용자의 몰입을 목표로 하면서 동시에 몰입에서 벗어난 게임환경을 직접 만들도록 한 것이다.

지금도 많은 컴퓨터게임이 모딩 프로그램을 게이머에게 제공하고 있으며, 이것은 컴퓨터게임의 성공에 큰 영향을 미친다. 어떤 게이머들은 가상현실에서의 활동을 즐길 수도 있지만, 다른 게이머들은 가상현실 자체를 구성하는 데 큰 만족감을 느낀다. 이런 게이머는 게임의 내부와 외부를 계속해서 옮겨 다니면서 빠져드는 몰입과 거리를 두는 관조의 입장을 동시에 취한다.

　영상 미디어의 주요 기능은 현실과 구분할 수 없을 정도로 현실을 완벽하게 재현하는 것이지만, 이것이 유일한 기능은 아니다. 영상 미디어는 사용자로 하여금 집중해서 그 영상을 수용할 수 있도록 해주지만, 동시에 집중의 상태에서 벗어나도록 한다. 인간의 지각 상태가 다양한 것처럼, 미디어를 통한 지각도 다양하다. 충족시키려는 욕망이 있으면 절제하려는 욕망도 존재하는 것처럼, 몰입이라는 쾌감의 이면에는 관조적 성찰도 존재한다. 미디어이론가들은 이 두 가지 욕망의 상호작용과 이와 관련된 영상 미디어의 두 가지 유형에 대해 이미 많이 연구했으며 예술가들은 영상 미디어를 주제로 과감한 실험을 하기도 했다. 20세기 이후 기술발전의 도움으로 미디어는 다양해졌고, 몰입을 추구했던 영상 미디어의 반대편에서는 거리를 두고 관조하는 영상 미디어 역시 발전했다.

　미디어는 본디 인간의 지각능력과 사유능력을 확장하는 기능을 수행하며, 인간은 미디어의 도움을 받아 자신의 능력을 발굴한다. 그리고 발굴된 자신의 능력을 바탕으로 타인과 소통하고 사회를 구성한다. 이러한 확장을 달리 표현하면 시간과 공간의 차이를 극복하는 것이라 할 수 있다. 미디어는 과거에 있었던 것, 그리고 멀리 떨어진 것을 지각하고 그것에 대해 생각할 수 있도록 해준다. 하지만 또 다른 기능이 있다는 것도 간과해서는 안 된다. 바로 다른 것을 인지하고 사유할 수 있도록 눈앞에 실현된 것으로부터 거리를 두도록 도와주는 기능이다. 우리가 우리 앞에 다가온 것에서 떨어지지 못한다면 우리는 계속해서 그것에 머물러야만 할 것이다. 또한 머무르는 시간이 오래 지속되면 이미 지각한 것에서 벗어나 새로운 것을 대면할 수 없게 된다. 고다르의 누벨바그 영화, 백남준의 텔레비전, 구글의 틸트 브러시는 모두 수용자로 하여금 거리를 둠으로써 다양한 것을 보도록 하는 영상 미디어이다. 우리는 지금 뉴미디어 영상들을 통해 다양한 경험을 하고 있다. 이러한 경험을 성찰함으로써 새로운 미디어 세상을 만들어가는 과제는 우리의 손에 달려 있다.

찾아보기

김무규

연세대학교에서 독어독문학을 전공하고 독일 콘스탄츠 대학교 미디어학과에서 상호미디어성(intermediality)에 관한 논문으로 박사학위를 취득했다. 현재 국립부경대학교 미디어커뮤니케이션학부 교수로 재직하고 있다. 영화이론, 영상이론, 미디어이론을 연구하고 있으며, 주요 저서로는 『서사적 영상에서 성찰적 형상으로: 영화 미디어론』, 『뉴미디어 영화론: 수용에서 수행으로』가 있다.

한울아카데미 2504

영상 미디어의 이해
영화, 텔레비전, 디지털 영상의 경쟁과 융합

ⓒ 김무규, 2024

지은이 김무규
펴낸이 김종수
펴낸곳 한울엠플러스(주)
편집 신순남

초판 1쇄 인쇄 2024년 2월 15일
초판 1쇄 발행 2024년 2월 29일

주소 10881 경기도 파주시 광인사길 153 한울시소빌딩 3층
전화 031-955-0655
팩스 031-955-0656
홈페이지 www.hanulmplus.kr
등록번호 제406-2015-000143호

Printed in Korea.
ISBN 978-89-460-7504-7 93300

※ 이 저서는 2018년 대한민국 교육부와 한국연구재단의 지원을 받아 수행된 연구입니다.
   (NRF-2018S1A6A4A01036719)

※ 책값은 겉표지에 표시되어 있습니다.